グローバル関係学 3

多元化する地域統合

グローバル関係学 3

多元化する地域統合

編集 石戸 光／鈴木絢女

岩波書店

刊行にあたって

二一世紀に入り、ISなど武装勢力の突発的な出現、国家破綻と内戦の頻発、路上抗議行動の連鎖など、世界で動乱が多発している。大規模な人の移動が発生し、反動で排外主義や偏狭なナショナリズムが進行している。新型コロナウイルスの世界的感染拡大は、「グローバルな危機」そのものだ。

これらの「グローバルな危機」の、広範な波及性や連鎖性、唐突さは、必ずしも現代にのみ特徴的なものではない。しかし、その原因や背景の多くについて、主に欧米の国家主体を分析対象としてきた従来の学問分野は、十分に解明できていない。なぜなら、既存の学問分野が「主語」のある、主体の明確な出来事しか分析対象とせず、伝統的、古典的な主体中心主義の視座を取っているために、今起きている現象とますます乖離してきているからである。

それに対して、本シリーズが提唱する「グローバル関係学」は、主体よりもその間で交錯するさまざまな「関係性」を分析することに重きを置く。関係性が双方向、複方向的に交錯し連鎖するなかで出来事が起きると捉え、関係性の網のなかにこそ、澱や瘤のように「主体」が浮き彫りになると考える。

「グローバル関係学」とは、狭い範囲の地域共同体から超領域的グローバルなネットワークまで、非欧米世界を含めた世界を総体として把握する視座を確立し、主体中心的視座で「みえなかった／みえなかった」ものを、関係中心的視座から「みえる」ようにすることを目的とする新しい学問である。

（編集代表　酒井啓子）

目次

序章　地域統合におけるマクロ的主体・メソ的主体・ミクロ的主体

石戸　光
鈴木絢女

はじめに

ヨーロッパ経済共同体の萌芽となるヨーロッパ石炭鉄鋼共同体が発足してから、七〇年近くがたつ。この間、南極を除く地球上のすべての大陸において、なんらかの地域統合の試みがなされてきた。しかし、その道程は線形の発展というわけではない。二一世紀以降の事例に限ってみても、フランスとオランダにおけるEU憲法批准否決(二〇〇五年)、反EUポピュリズムの台頭、ブレグジット、ASEANの南シナ海問題をめぐる加盟国間の分裂やロヒンギャ問題の継続など、地域統合の「つまずき」ともいえる現象が起きている。

さらに、二〇二〇年の新型コロナウィルスの地球規模での拡大は、加盟国が共通のリスクに直面しながら、地域統合の原則を維持することができるかをうらなっているかのようである。たとえば、ASEANは加盟国間での情報共有や、サプライチェーンの維持へ向けた協力を行なっている。しかし、加盟国のいくつかは国境封鎖や国境管理に踏み切り、帰国難民となった他の加盟国の移住者や旅行者が続出した。同様に、EUでも感染拡大防止のための情報共有や国境を超えた物流の確保の重要性が確認される一方で、国境封鎖、医用品の禁輸措置や国家管理、対策資金調達のための債券発行をめぐる対立も起きた。

地域統合を促進させる、あるいは停滞させる要因は一体何なのか?

おおまかにみて、地域統合については、地域における紛争の回避や、大国の影響力の排除あるいは大国の関与の促進、国境を超えた問題の解決といった政治的目的や、貿易障壁の撤廃や単一市場の創設といった経済的な動機をもつ国家が、主体的に統合を促進する(地域主義)という見方と、貿易や投資、分業ネットワークの拡大といった経済相互依存の深化によって牽引される(地域化)という見方とがある(大庭二〇一四:第一章)。

主権国家の意思あるいは市場主導のネットワークに焦点をあてる既存研究に対して、本書は、「マクロ的主体(国家を超えた政治経済統合枠組み)」、「メソ的主体(国家)」、および「ミクロ的主体(産業団体や民族集団、企業、政治家など)」といった異なる階層の主体が関係を紡ぎながら相互作用し、政治経済的地域統合のダイナミクスを決めるという視点を重視したいくつかの論稿を所収している。筆者らはそれぞれ国際経済学、国際政治学、比較政治学、地域研究分野などそれぞれの専門領域を踏まえつつも、「関係性」という視点から経済統合、政治統合の重要テーマを観察し、既存の学理を批判的に乗り越えようとしている。

一　本書の構成

本書の第Ⅰ部（第1章より第5章）では、貿易・資源・企業といった事象に焦点をあてながら、地域統合について論じている。

第1章「地域経済統合が重層化する理由――アジア太平洋地域から考える」（畑佐伸英）では、近年、世界の成長センターとしての地位を確固なものとしているアジア太平洋地域における地域経済統合枠組みが生成されるメカニズムをひもとく。アジア太平洋地域では、大国、中小国、先進国、途上国に加えて、ビジネス・コミュニティや産官学連携組織といったミクロレベルのアクターが、ダイナミックに変化する世界経済の動向や、多国間自由貿易交渉の進展、先進国における保護主義や反グローバリズムの広まりといったマクロレベルの環境に反応しながら、複雑で重複する地域統合の仕組みを作り上げてきた。この章では、アジア太平洋地域における経済協力の枠組みの生成過程や現状、今後の課題や展望について、本地域をめぐる国際情勢や国際関係の変化や各国の対外政策の変遷に注目しながら考察する。

第2章「日中韓経済連携の可能性」（韓葵花、尹相国、韓炳燮）では、中国の国家主導的な貿易や開発政策が地域統合の政策に影響を及ぼしている点についての分析を行い、今後の日中韓の経済連携の可能性について言及していく。また、世界中で貿易の自由化により保護貿易主義の色が濃くなる現在、日中韓三カ国間の経済連携協定の実現可能性について、その問題点を浮き彫りにし、日中韓ＦＴＡの必要性について考察、その可能性について言及する。最後に、北朝鮮の政治・経済的動向と南北統一を超えた統合の阻害要因について言及し、南北統一すなわち朝鮮半島における「地域統合」への可能性について検討していく。

第3章「国際化する偽造品貿易——地域統合を扇動する国際貿易」(渥美利弘)では、経済のグローバル化に伴う偽造品・模倣品の流通増加と国際的取り組みについて、偽造品・模倣品生産者と消費者の関係、先進国、新興国および後発の途上国政府間の関係に注目しながら検討する。偽造品・模倣品・海賊版による知的財産権侵害は、本来権利者が得るべき利益や、企業が培ったブランドイメージを損ない、イノベーション意欲を減退させ、さらには消費者の健康や安全を脅かしうる。他方で、模倣からイノベーションが始まるとの主張もあり、経済理論もある種の偽造品・模倣品については幾分「寛容」な姿勢をみせている。このような性格から、偽造品・模倣品取引をめぐっては、自国産業の知的財産保護をめざす先進国、産業発展の機会や安価な医薬品へのアクセスを確保しようとする途上国、偽造品・模倣品と知りながら、もしくは騙されて購入する消費者といったアクターのあいだで、態度に大きな隔たりがある。本章は、このような関係性をひもときながら、先進国、途上国の双方が参加する偽造品・模倣品貿易の国際的な取り組みのあり方を提案する。

第4章「企業の異質性と地域統合についての実態分析——日本の海外進出企業を中心に」(梁立成)では、貿易によって低生産性企業から高生産性企業への労働力の再配分が起こり、生産性が上昇するという主張を核とする「新々貿易理論」にもとづき、東アジアにおける海外進出企業の実証分析を行う。特に企業の規模や生産性の違い(異質性)が輸出や対外投資の決定を左右するという主張は地域統合の趨勢を理解するうえで重要である。この章では、生産性の高い企業が外国への進出から利益を得ることができる一方で、生産性の低い中小企業は、外国への進出に伴う高いビジネス・コストを抱える傾向にあることから、ＦＴＡや地域統合への対応が企業ごとに異なり、これがひいては地域統合の分断要因にもなりうることが示される。

第５章「新たな政治経済エネルギー移行における炭素資源の役割」(ジャコモ・ルキアーニ)では、二一世紀に入り、グローバル化の進行によって、国家や地理的に規定された従来の地域を超えて共通・連動する諸問題が増え、二〇世紀までの主権国家とそれを軸とした国際社会という近代社会科学の「常識」が崩壊し、社会の安定と発展を確保してきた諸制度が機能不全に陥っているなか、このような「新しい危機」に、我々はいかに対応することができるのかにつき論じる。エネルギー資源の転換、国際移民、政治経済的地域統合という今日の我々の世界を揺るがす問題を通して、将来のエネルギー移行における炭素資源の役割に焦点をあて、資源が地域統合の分断にも統合にも影響するという点、湾岸協力理事会以上に石油資源が統合要因になる一方、中東においては分断の要因となる点について分析している。

本書の第Ⅱ部(第6章より第10章)では、アフリカ、中東、東南アジア、ヨーロッパの地域統合を事例に、そのドライバとなる多様な主体間の対立・協調関係に焦点を当てる。

関係という観点から地域統合を眺めた場合に顕著なのが、統合の「主体」の捉えどころのなさである。一般に、地域統合は加盟国の合意によって進展するので、統合の主体は国家ということになろう。既存研究の焦点が主に国家にあたっているのも、当然のことである。しかし、いったん国家という主体を関係概念のなかに埋めてしまうと、地域統合の担い手は意外な姿をみせる。

第6章「アフリカ地域主義の世界――五本のスレッドを読み解く」(ダニエル・C・バック)は、地域主義第一の波(一九五〇―六〇年代)、第二の波(一九九〇年代)といった捉え方では把握できないアフリカの地域統合を論じる。自らの権力強化をめざす政府どうしの合意や、重層的に広がる自由貿易協定など、国家によって推進される統合に加えて、社会的、宗教的、民族的集団が担う密輸や違法ドラッグ、人身売買などの脱国家的ネットワークによる地域化や、植民地支配の遺制としての共通通貨といった要因がアフリカの地域主義の推進要因となっていること、これが従来の地域主義研究を相対化する可能性を持つことが示される。

第7章「だれが中東地域を「統合」しうるのか――中東地域における主体の多義性」(池田明史)は、主体の多義性・不安定性により、中東で統合が進展しないメカニズムを解く。池田は、冷戦期からポスト冷戦期にかけての中東和平プロセスの事例を振り返り、中東地域の分裂と統合のダイナミクスを説明する。中東では、国家間の合従連衡やモノ・カネ・ヒトを軸とした経済統合を原動力とする地域統合が試みられてきたが、現実には進展はない。というのも、宗教や地縁・血縁、イデオロギーにもとづく強力な帰属意識が国内、あるいは国境を超えて並存し、国家を相対化しながら、状況によって主体となり、ときには後景に退き、流動的な友敵関係を紡いでいるからである。このような「主体の多義性」のため、中東では対立・協力の構図が不安定であり、また、統合を促進する求心力をもつ主体も存在しないというのが、この章の主張である。

主権国家が突如として主体性を失い、ミクロのアクターが主体として運転席に座る場合がある。このことを示すのが、第8章「「主権国家」の合理性と政治統合――ASEANと南シナ海問題」(鈴木絢女)である。地域統合の成功物語として語られることの多いASEANが、南シナ海問題で有効な立場を打ち出せない原因として、多くの研究は、加盟国の対中政策の違いや「ASEAN Way」を指摘する。これに対して、本章は政治家個人の合理性が主権国家の合理性を凌駕しうる事例として分析する。国内政治における自らの生存戦略として必要な政治的資源を中国に依存するリーダーが権力を握り、主体性を獲得し、中国との関係を自国の主権や利益、地域機構の中心性よりも優先させたことで、南シナ海における海洋秩序が変化しつつある。

第9章「ASEANの縮図としての多民族国家ミャンマーの統合と開発」(吉田鈴香)は、国家という主体を、少数民族、国軍、反乱軍といったミクロレベルの主体間の相互作用に分解して観察する。ミャンマーでは、独立国家設立以降も、国境を接する大国からミャンマー周辺部への人口流入が続き、武装した少数民族による国境管理が行われてきた。ミャンマーの国家建設は、ヤンゴンやネピドーを中心に展開してきた軍政から民主化といった流れと同時に、こうした少数民族集団による周辺地域での統治、そして国軍と民族集団との対立や緊張といったダイナミクスによって特徴づけられる。ASEANはロヒンギャ問題をめぐり分断され、有効な手段を講じることができないままだが、この背景には、ミャンマーの国家統一がいまだ達成されていないという事情がある。

統合が進展するなかで、マクロ主体と国家との関係性が変化していき、これがやがて地域統合に大きなインパクトを与えることがある。第10章「ブレグジット時代のヨーロッパ地域統合――「中心」と「周辺」の関係性から」(水島治郎)では、地域統合の先進地域であったヨーロッパで、ブレグジットに典型的な離反や反発が大きく広がっている現状を、ヨーロッパにおける「中心－周辺」という関係概念にもとづいて歴史的に分析する。ローマ帝国以降のヨーロッパ史において、イギリスは常に周辺に位置し、ヨーロッパに憧憬をいだきつつも、それを相対化しながら自らのアイデンティティを形成してきた。ドイツとフランスが主導した戦後ヨーロッパ統合においても「周辺」にとどまったイギリスは、ドイツの経済的プレゼンスと超国家機構の権限を拡大させたEUに対して反発を強め、最終的にブレグジットという選択をする一方で、自らが「中心」と規定されうるコモンウェルスに活路を求めるようになった。

本書の第Ⅲ部（第11章および第12章）では、政治経済的地域統合に関する新たな学理を踏まえた方法論と分析枠組みに重きを置いた二つの章を所収している。

第11章「ポジティブ公共システム理論と地域統合――日本内外の関係論的な多層的・多次元的分析」（小林正弥）は、主観的な幸福度あるいは厚生（Well-being）が国家の対外関係や地域共同体の創出にインパクトを与える仕組みをシステム論に依拠しながら解く。日本の対外政策を主な事例としながら、地方、国民、地域、地球と階層的に広がる空間、それぞれの主体内部の関係性原理、そして、政治、経済、文化といった下位システム間の相互作用を統合的に把握する分析枠組みの構築を通じて、国際関係の基本的主体とされる国家のみならず、国家内部の個人の心理要因や人間関係を分析することが重要であることが主張されるとともに、地域統合の促進要因が提示される。

第12章「なにが統合と分断を促すのか――地域統合のテキスト解析」（田代佑妃・石戸光）では、カタストロフィ理論（突然の地域統合の分断が起こる様を記述する枠組み）、ソシオン理論（社会的関係性を視覚化する試み）と言語解析（地域統合をめぐるテキストの可視化）を通じて、地域統合の分断と統合の促進要因を探り、これら三つの手法により、第三巻の多様な内容を可能な限り統一的に俯瞰する。ここでの主眼点は、政治経済的地域統合を横断的にとりあげながら、「関係性があって初めて主体のあり方が規定され、同時に主体のあり方が逆に関係性へ作用を及ぼしている」、という関係性についての学理を浮かび上がらせることである。

二　地域統合をめぐる階層的要因

ロシアの文豪トルストイは、歴史過程においては、民衆から権力者に至るまで、無数の力が諸民族の運動を生み出していると『戦争と平和』最終章で考察している。それはいわば歴史過程にみられる主体間の関係性をめぐる学理といってもよいものである。トルストイの指摘の通り、無数の主体間の取り結ぶ関係性は、一部だけ切り取ることの本来不可能なプロセスである。

地域統合を論じるにあたっては、いわば無数の主体とそれらの間の関係性が総体として地域統合を生成させ、また分断・瓦解させている点が示されている。しかし無数の要因をある程度単純化・観察可能な形にしたうえで、地域統合の生成や分断の過程を記述することは社会的に意義があろう。そこで本書の冒頭にあたり、地域統合についての「見取り図」的なものとして、地域統合の促進要因と分断要因を示してみたい。本シリーズ第一巻の第4章（石戸）で言及した地域統合の階層的な統合・分断要因につき、本書で考察する主な地域ごとに示してみたのが図0-1―図0-5である。これらはいず

被作用素 ＼ 作用素	マクロ的帰結	メソ的帰結	ミクロ的帰結
マクロ的要因	**統合要因**：国際貿易の発達，インターネットの普及，経済連携(FTA) **分断要因**：領土・領海問題，政治経済社会面でのイデオロギーの相違，中国による ASEAN への分断工作	**統合要因**：WTO 停滞による複数国・二国間貿易協定の隆盛 **分断要因**：WTO の機能低下，過去の大戦に起因する見解の相違，民族・宗教間による対立，格差と貧困問題，模倣品問題，貿易の自由化と保護貿易主義	
メソ的要因	**統合要因**： **分断要因**：米国による地域統合の見直し	**統合要因**： **分断要因**：ASEAN 加盟国内の異質性(温度差)	**統合要因**： **分断要因**：未完成の国家建設がもたらす国境管理の不徹底と難民問題
ミクロ的要因	**統合要因**：企業の国際化と経済の地域化 **分断要因**：米国における自国中心的なトランプ政権の誕生，中国から政治資源を与えられた政治家，企業の異質性に由来する経済統合をめぐる対立	**統合要因**： **分断要因**：(主要少数民族との和平交渉の不振による)国内での騒乱状態	**統合要因**： **分断要因**：反政府武装勢力と政府軍の対立，民族対立に由来する難民問題

注）図中の矢印は階層間の因果波及の大まかな方向性を示し，矢印が太いほど重要な因果連鎖となっている点を示す(以下の図すべてに共通)
出所）田代佑妃氏の原案をもとに加筆(以下の図すべてに共通)

図 0-1 アジア太平洋における階層的な統合・分断要因

れも本書の各章の記述を読み解くなかで得られた暫定的な整理結果で、政治経済的な地域統合をめぐる「階層的な天気図」のようなものである（さらに統合・分断要因および階層を超えた因果的な波及の様子を書き加えることも可能と思われる）。階層的な視点の重要性を意識する意味で、各章の本文とともに参照していただきたい。

参考文献

大庭三枝（二〇一四）『重層的地域としてのアジア——対立と共存の構

被作用素 ＼ 作用素	マクロ的帰結	メソ的帰結	ミクロ的帰結
マクロ的要因	**統合要因**：海外投資の増大と信用等級上昇，東北アジア全体の平和体制 **分断要因**：核実験，ミサイル開発，米国および周辺国家との認識差		
メソ的要因		**統合要因**：民主主義拡散，南北外交競争費用の削減，国防費減少，南北間地域経済の有機的な結合 **分断要因**：主体思想，先軍思想，我式社会主義，朝鮮第一民族主義，党支配体制，国家所有制度，計画経済体制，社会主義大家庭体制，所得格差，文化的格差，経済的格差	
ミクロ的要因			**統合要因**：離散家族問題の将来的解決の展望 **分断要因**：首領に忠誠と力を尽くして親孝行する，金氏一家神格化教育，共産主義意識，離散家族問題

図 0-2　朝鮮半島における階層的な統合・分断要因(北朝鮮を主軸に)

図』有斐閣
トルストイ(一九七二)『戦争と平和(四)』工藤精一郎訳、新潮文庫

被作用素／作用素	マクロ的帰結	メソ的帰結	ミクロ的帰結
マクロ的要因	**統合要因**：エネルギー資源 **分断要因**：移民，エネルギー資源，主権国家制と諸国体制の揺らぎ，内戦，戦争，動乱，紛争，暴力，軍事力，複雑な競合関係，（イラン・サウジアラビア・トルコ・イスラエルの）4 極，国家を単位とするシステムの機能不全		
メソ的要因		**統合要因**： **分断要因**：宗派対立，階級間対立，多義的な主体間の突発的に変化する競合もしくは協調関係，国家を単位とするシステムの機能不全，レンティア国家，君主制	**統合要因**： **分断要因**：各個人のアイデンティティーの複数性
ミクロ的要因		**統合要因**： **分断要因**：中東で石油を持つ国と持たない国の間の格差	**統合要因**： **分断要因**：宗派対立，階級間対立，各個人のアイデンティティーの複数性

図 0–3　中東における階層的な統合・分断要因

被作用素 / 作用素	マクロ的帰結	メソ的帰結	ミクロ的帰結
マクロ的要因	**統合要因**：植民地の国境線 **分断要因**：帝国主義の遺制，植民地支配の歴史		
メソ的要因	**統合要因**： **分断要因**：植民地下で決定された国境線	**統合要因**：経済・通貨・金融・教育・運輸などの諸分野における地域協力の枠組み，西・中部アフリカのCFAフラン通貨圏，自由貿易協定(FTA) **分断要因**：隣国間の紛争	
ミクロ的要因	**統合要因**： **分断要因**：国内の紛争，人身売買，非合法ドラッグ貿易，総体的な貧困国と富裕国との格差		

図 0-4　アフリカにおける階層的な統合・分断要因

被作用素／作用素	マクロ的帰結	メソ的帰結	ミクロ的帰結
マクロ的要因	**統合要因**： **分断要因**：ポピュリズム，反イスラム，イギリスEU離脱，移民，EU批判，難民の増大，キリスト教民主主義系や社会民主主義2大勢力の溶解		
メソ的要因		**統合要因**：自由貿易の先導地域としての歴史 **分断要因**：反イスラム，イギリスEU離脱，難民受け入れを巡ってのEU各国の温度差	
ミクロ的要因		**統合要因**： **分断要因**：	**統合要因**： **分断要因**：ポピュリズム，反イスラム

図0-5　EUにおける階層的な統合・分断要因

I

貿易・資源・企業

第1章 地域経済統合が重層化する理由
――アジア太平洋地域から考える――

畑佐伸英

はじめに

アジア太平洋地域には、メンバー構成や内容の異なる様々な地域経済統合の形が存在している。図1-1は、その様相を枠組みの名称と構成国と共に示したものであるが、国によっては異なる複数の枠組みに所属しており、それぞれの地域経済統合の範囲が重複・重層化している状況が見て取れる。米国は、シンガポール、ブルネイ、ニュージーランド、チリの四カ国から成る既存の環太平洋戦略的経済連携協定(Trans-Pacific Strategic Economic Partnership Agreement：TPSEP，別名：P4協定)を包摂する形で、TPP(Trans-Pacific Partnership Agreement，環太平洋パートナーシップ協定)の構築を意図したが、結局は自身が離脱を宣言したことで、米国抜きのTPPが「環太平洋パートナーシップに関する包括的かつ先進的な協定(Comprehensive and Progressive Agreement for Trans-Pacific Partnership：CPTPP，別名：TPP11協定)」として発効された。

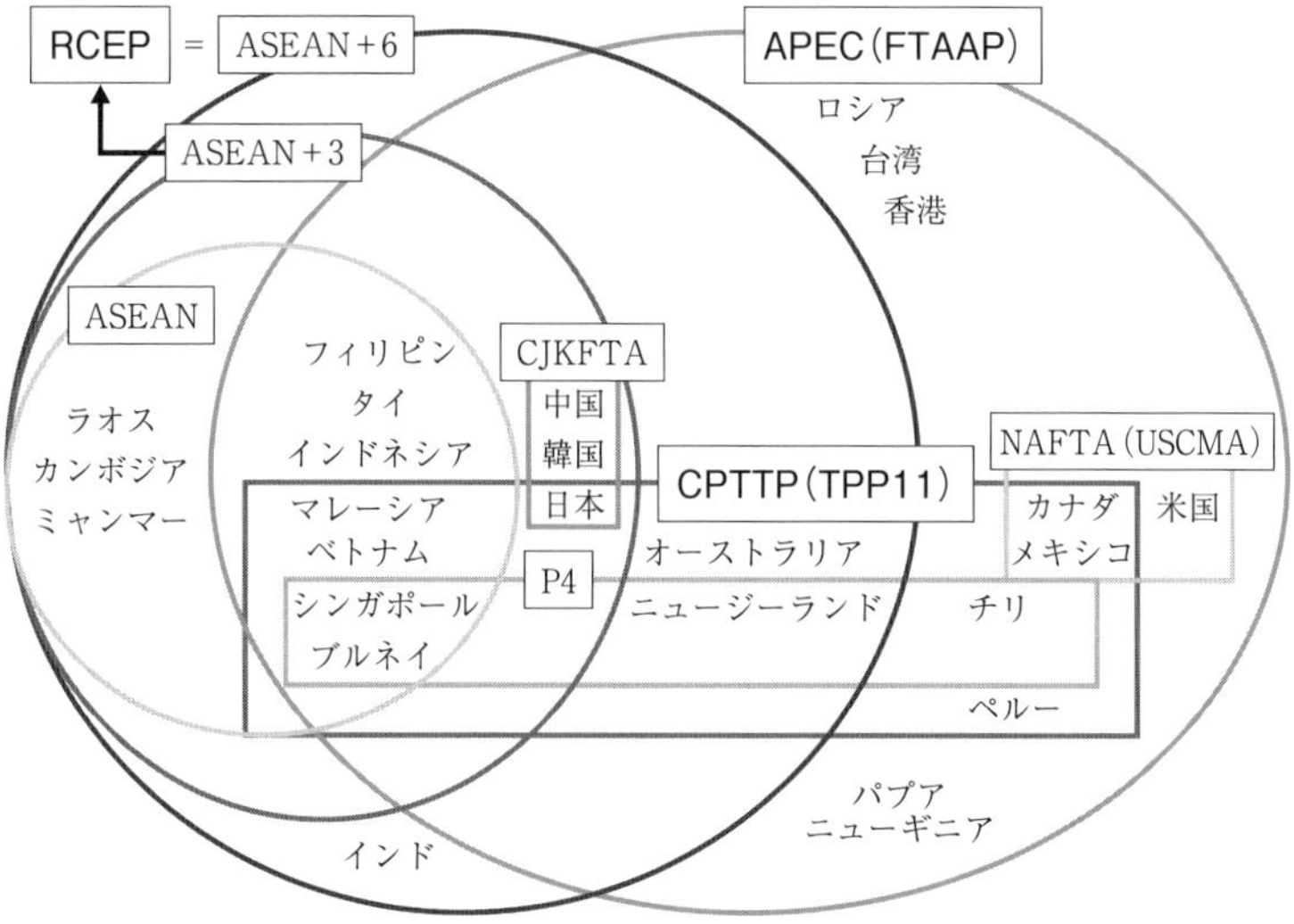

図 1-1　アジア太平洋における地域経済統合のフレームワーク

欧州や東南アジア、北米などで地域経済統合の進展が見込まれる中で、その流れに乗り遅れまいと自由貿易地域の空白地帯を埋める形で、日本とオーストラリアが主導的役割を担って構築されたＡＰＥＣ（Asia-Pacific Economic Cooperation，アジア太平洋経済協力）は、ＴＰＰの存在によって二つに裂かれる事態となっている。ＴＰＰ11のメンバー国は同時にＡＰＥＣの構成員であることから、ＡＰＥＣ内にはＴＰＰ11に加盟している国とそうでない国・地域という二つのグループに分かれており、ＡＰＥＣの全メンバーでの構築を目指しているアジア太平洋自由貿易圏（Free Trade Area of the Asia-Pacific, FTAAP）とＴＰＰ11は重層的かつ競合的な関係にある。

　東アジアでは、経済統合の先陣を切るＡＳＥＡＮ（Association of Southeast Asian Nations，東南アジア諸国連合）に北東アジアの日本・中国・韓国が加わり，ＡＳＥＡＮ＋３の枠組みが形成された。さらに，中国の牽制を意図する日本の強い主張もあり，オーストラリア，ニュージーランド，インドを加えたＡＳＥＡＮ＋６の枠組みも誕生した。日本と中国の綱引きによって，東アジアにおける地域経済統合の枠組みはＡＳＥＡＮ＋３か，ＡＳＥＡＮ＋６かで揺れ動いたが，ＴＰＰ構想がこうした膠着状態を打破する契機となり，最終的にはＡＳＥＡＮ＋６をメンバー国とするＲＣＥＰ（Regional Comprehensive Economic Partnership，東アジア地域包括的経済連携）で決着することとなった。

本章では，アジア太平洋地域の主要な経済統合の枠組みともいえる，ＡＰＥＣとＴＰＰ，ＲＣＥＰに焦点を絞って，その生成過程を，序章において示されたマクロ・メソ・ミクロの各階層間の関係性に着目して説明する。そして，それぞれの地域経済統合の成り立ちを理解することで，なぜこのような多様で複雑な枠組みが，本地域において重層的に存在しているのかを明らかにする。以下では，まず，ＡＰＥＣ設立の経緯と，ＦＴＡＡＰ構想が浮上してきた状況や背景を概説する。次に，ＴＰＰ構想がどのような意図で提唱され，その後，それにとって代わるＣＰＴＰＰ（ＴＰＰ11）が，なぜ米国が不在の中でも締結されるに至ったのかを解説する。さらに，対立構造を呈していたＡＳＥＡＮ＋３とＡＳＥＡＮ＋６の生い立ちと，それらがＲＣＥＰへと収斂していく様子を説明していく。最後に，ＡＰＥＣ，ＴＰＰ，ＲＣＥＰの三つの地域経済統合の枠組みが，アジア太平洋地域で重層的に存在している状況を，それぞれの機能や役割，意義，特徴などをもとに，五つの側面から整理，分析する。

一　APEC設立とFTAAP構想

アジア太平洋における地域経済協力構想は、一九六五年頃に日本の学者である小島清が提唱し、一九六八年には、学術界が中心となりPAFTAD（Pacific Trade and Development，太平洋貿易開発会議）が設立された。前年には産業界がPBEC（Pacific Basin Economic Council，太平洋経済委員会）を発足させており、こうした産学のうねりが国家にも影響を与え、産官学の組織であるPECC（Pacific Economic Cooperation Council，太平洋経済協力会議）が誕生した（寺田二〇一三：一七）。

こうしたミクロレベルでの動きは、戦後からGATT（General Agreement on Tariffs and Trade，関税および貿易に関する一般協定）のもとで推進されてきた自由貿易体制の確立を、アジア太平洋地域においても構築していくべきであるという意図の表れであり、国家や国際組織への要望でもあった。欧州では戦後いち早く経済的な統合が加速度的に進み、また、東南アジアでも一九六七年にASEANが設立されたことで、各地域で進行するこうした経済協力の進展から、日本が孤立してしまうのは、経済面のみならず、政治安全保障上においても由々しき問題である。このような危機感は、いずれ日本政府も共有することになり、一九七八年に大平正芳首相が「環太平洋連帯構想」を打ち出したのを皮切りに、日本も積極的な外交を展開することとなった。

当時のアジア太平洋地域の中での日本の立場は、若干複雑であった。経済的には高度成長期を経て、米国にも引けを取らないような力をつけた一方で、安全保障面においては、憲法上の制約もあり、米

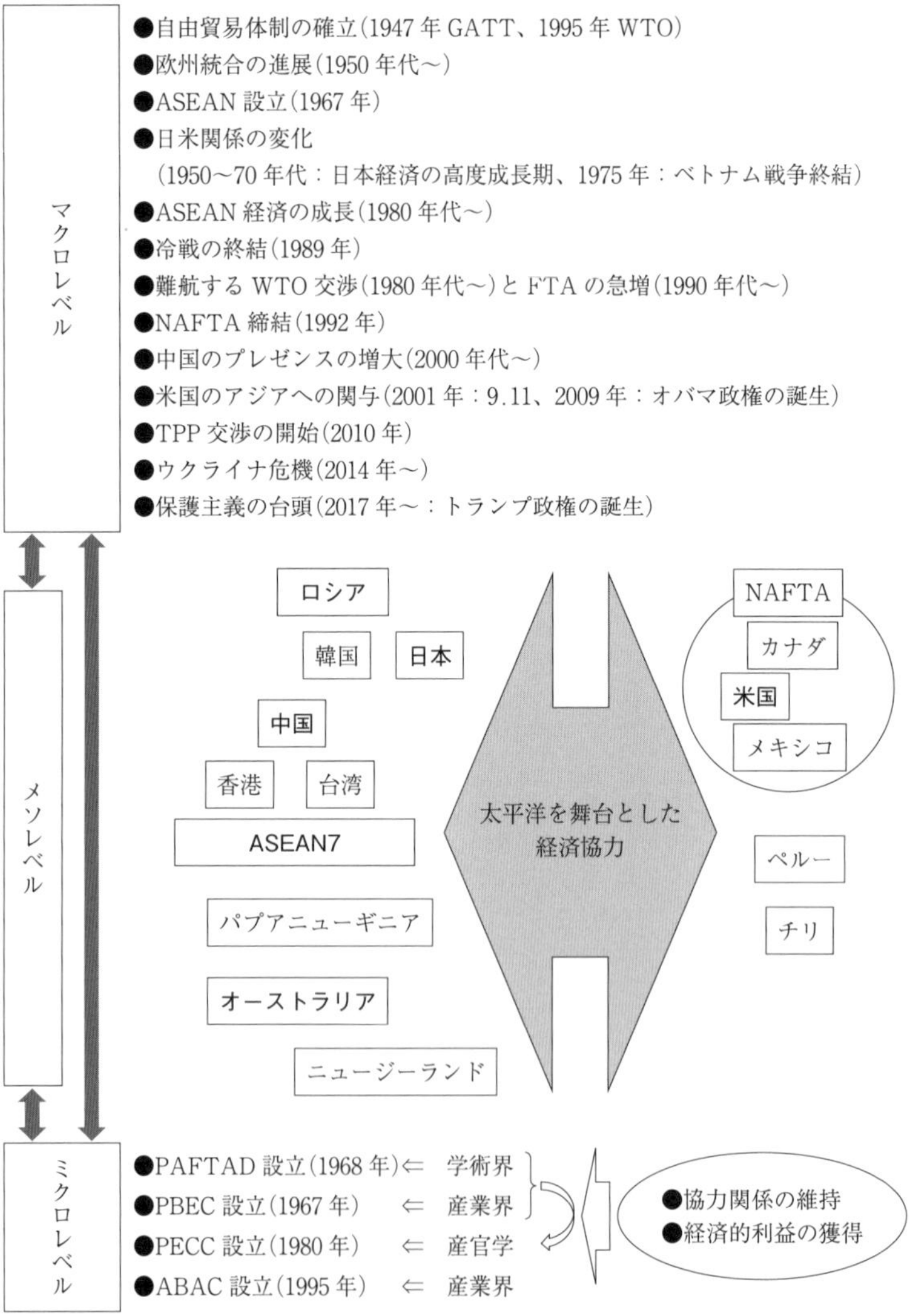
マクロレベル
●自由貿易体制の確立(1947 年 GATT、1995 年 WTO)
●欧州統合の進展(1950 年代～)
●ASEAN 設立(1967 年)
●日米関係の変化
(1950～70 年代：日本経済の高度成長期、1975 年：ベトナム戦争終結)
●ASEAN 経済の成長(1980 年代～)
●冷戦の終結(1989 年)
●難航する WTO 交渉(1980 年代～)と FTA の急増(1990 年代～)
●NAFTA 締結(1992 年)
●中国のプレゼンスの増大(2000 年代～)
●米国のアジアへの関与(2001 年：9.11、2009 年：オバマ政権の誕生)
●TPP 交渉の開始(2010 年)
●ウクライナ危機(2014 年～)
●保護主義の台頭(2017 年～：トランプ政権の誕生)
メソレベル
ロシア
韓国
日本
中国
香港
台湾
ASEAN7
パプアニューギニア
オーストラリア
ニュージーランド
太平洋を舞台とした経済協力
NAFTA
カナダ
米国
メキシコ
ペルー
チリ
ミクロレベル
●PAFTAD 設立(1968 年)⇐ 学術界
●PBEC 設立(1967 年) ⇐ 産業界
●PECC 設立(1980 年) ⇐ 産官学
●ABAC 設立(1995 年) ⇐ 産業界
●協力関係の維持
●経済的利益の獲得

図 1-2　APEC 設立(1989 年)と FTAAP 構想(2004 年～)

国の同盟国としての地位を堅持しなければならない。また、日本は戦後賠償の一環として、莫大な経済援助などを通して、積極的にアジア諸国に関与してきたものの、ASEANを含めたアジア近隣諸国からの根強い警戒心は、完全には払拭できていない状況であった。一方で、米国はベトナム戦争で疲弊した経済や内政を立て直すことに必死で、海の向こうのアジアとの関係構築に力を注ぐ余裕はなかった。そこで日本は、同じ米国の同盟国であるオーストラリアに協力を仰いで、表向きにはリーダーシップを発揮してもらうという戦略をとって、アジア近隣諸国の警戒感を和らげ、かつ、米国もアジア太平洋のフレームワークに組み入れていくことで、同盟国間の連携強化の維持にも貢献することにした。

一九八〇年に大平首相はオーストラリアを訪問し、フレーザー首相と太平洋協力構想を推進することで合意した。その合意のもとキャンベラにて「環太平洋共同体セミナー」が開催され、それが第一回目のPECC総会として認識されている。こうしたマクロ・ミクロ・メソレベルでの絡み合いの中で誕生した、産官学の連携組織であるPECCという土壌を温めながら、アジア太平洋地域における経済統合への機運は徐々にではあるが進展し、一九八九年にはAPECという政府間での地域プラットフォームがついに誕生した。APECの設立もオーストラリアがその主導的な役割を果たしているのだが、ここにも同様に日本の周到な根回しがあったことが指摘されており、影の立役者に徹するという外交戦略は依然として堅持されていたことがうかがえる。

一九八〇年のPECC設立から一九八九年のAPEC誕生までの間、マクロレベルにおいては、経済統合を深化させるいくつかの重要な変化が見て取れる。第一に、ASEAN経済の発展である。タイ、マレーシア、インドネシアなどは、日本や欧米諸国からの投資を積極的に受け入れて、輸出志向型の経済戦略を展開し、経済が飛躍的に成長した。こうした対外開放政策は当然のことながら、外国との自由な経済活動を促進していくことで成り立つものであり、まさしくＡＰＥＣの目的と一致していた。貿易と投資の自由化を謳うＡＰＥＣの開かれた地域主義は、外国の市場に活路を見出したＡＳＥＡＮ諸国のみならず、ＡＳＥＡＮと経済取引をする周辺国にとっても、魅力的であったに違いない。

第二に、冷戦の終結である。ＡＳＥＡＮは、ＰＥＣＣ設立時には、対ソ連の防波堤としての役割を担わされ、冷戦に巻き込まれるのではないかという警戒心を抱いていた。しかし、一九八五年にソ連でゴルバチョフ政権が誕生し、新思考外交が浸透していくと、このような懸念は払拭されていった。もはや域内のメンバー間でのイデオロギー的な牽制は不要となり、米国とアジアを包摂するアジア太平洋を舞台とする国際レジームの創設へのハードルは低下したといえる。さらに、冷戦の終結は、一九九一年の中国、一九九八年のロシアのＡＰＥＣへの加入に、直接的に影響を与える大きな歴史的転換でもあり、三つの主要な大国を抱える現在のメンバー構成を形作り、世界的にも大きな影響力を与える国際組織として認識されるに至った原動力であったといえる。

第三に、戦後、ＧＡＴＴを経てＷＴＯ(World Trade Organization, 世界貿易機関)体制の下で促進されてきた、世界経済の自由化のうねりが、ここにきて少し雲行きが怪しくなってきたことが挙げられる。ＷＴＯのラウンド交渉は、回を重ねるにつけ議論の幅が広がっていき、また自由化の程度も引き上げられていくことから、いずれ各国とも自国にとっては譲れない項目にも踏み込まれることとなる。さらに、ＷＴＯへの加盟国数も徐々に増加し、一九八六年に開始されたウルグアイ・ラウンド交渉には一二三カ国が参加した。利害関係が複雑に絡み合う貿易や投資の問題において、多数の異なる意見を一つにまとめあげるのは容易ではなく、交渉は難航しながら長期間を要することになった。ウルグアイ・ラウンドは、八年をかけてなんとか調印にまで漕ぎ着けることができたが、その後、二〇〇一年に始まったドーハ・ラウンド交渉は、いまだ決着することなく停滞したままとなっている。

一九九〇年代以降、二国間や複数国間、或いは、地域内で自由貿易協定(Free Trade Agreement, FTA)を締結しようという動きが活発化し始めたのは、こうした多数国間で行うGATT・WTO交渉の停滞によるところが大きい。たとえ世界全体として自由化が進まなくても、自国と利害関係にありかつ意見がまとまりやすい相手国とは、率先してFTAを締結して、少しでも早期に経済的利益を獲得していくというのが得策であるという判断である。

北米では一九八九年に米国とカナダの間でFTAが発効し、そこにメキシコも加わったNAFTA(North American Free Trade Agreement, 北米自由貿易協定)の交渉も進められていた。GATT体制が崩壊の危機に瀕している状況の中で、EU(European Union, 欧州連合)、ASEAN、NAFTAと各地域での経済統合が進んでいくと、その枠組みから除外された国は、域内国よりも不利な立場で競争しなければならなくなる。いずれの枠組みにも属さない日本やオーストラリアが、ひときわ大きなプレッシャーを感じていたことは想像に難くない。したがって、APECの設立は、日本のみならず、オーストラリアにとっても、時宜を得た絶好の機会であった。

一二のメンバーで発足したAPECは、その後、現在の二一メンバーとなり、一九九三年からは首脳が集う一大イベントとして注目を集めるようになった。さらに、一九九五年には、産業界が中心となってＡＢＡＣ（APEC Business Advisory Council, ＡＰＥＣビジネス諮問委員会）を立ち上げた。ＡＢＡＣは、ミクロの視点から政策提言などを行ったり、また、メンバー間のビジネス交流を活性化させるなど、ＡＰＥＣを下支えする活動に取り組んでいる。さらに、二〇〇四年には、アジア太平洋自由貿易圏（ＦＴＡＡＰ）構想を提案するなど、ＡＢＡＣがＡＰＥＣに果たす役割は決して小さくない。

ＡＰＥＣは、ＡＳＥＡＮウェイとも称される「内政不干渉の原則」や「コンセンサスによる意思決定」という原則を重視する傾向が強く、強制力を持たせるようなルールの制定には消極的である。会議は開くが具体的な方針は何も決まらないというＡＰＥＣの在り方に一石を投じ、現実的な政策を提言してきたＡＢＡＣは、ＡＰＥＣに存在意義を与えることとなった。時として、ＡＰＥＣは米国などの大国の力の入れようによって、その政治的な影響力は大きく増減することもある。しかし、ＡＢＡＣのようなミクロレベルでの下支えがあることで、政治的ダイナミクスにかかわらず、着実かつ堅実に、実際の現場で生かされるような、利便性と効率性に資する具体的な政策の立案と遂行が可能となる。

ＦＴＡＡＰの提案も、ＷＴＯ交渉の停滞と域外の地域経済統合の進展で孤立しかねないメンバー国の企業家たちの悲痛の叫びともいえる。また、ＦＴＡの増大で、適用すべきルールや制度が複雑化してしまい、そのための事務処理や手続きといった取引コストがかかってしまうという、いわゆるスパゲティ・ボウル現象への対策としても、ＦＴＡＡＰの早期締結は喫緊の課題であった。しかし、ＦＴＡＡＰはメンバー国・地域の行動を強制的に縛る条約であるため、その道のりは険しく長いものとなりそうである。とりわけ、二〇〇〇年代以降、中国が世界的に大きな経済的かつ政治的な力を誇示するようになったことで、ＦＴＡＡＰの進展は米中の思惑によって右往左往することになる。

二〇〇一年の同時多発テロ以降、中東への対応に追われていた米国が、ようやくアジアに目を向け始め、ＦＴＡＡＰへの米国の関心が高まったこともあって、二〇〇六年の首脳宣言において、初めてＦＴＡＡＰ構想の文字が躍り、その研究の実施について言及がされることになった。しかし、その二年後には、米国のもっぱらの関心はＴＰＰに移ってしまい、そのモメンタムは一気に冷めてしまった。だが、皮肉なことに、米国がＴＰＰの推進に舵を切ったことで、これまであまり積極的でなかった中国が、逆にＦＴＡＡＰの早期締結を声高に叫ぶようになった(Choi 2016: 19–20)。

二　ＴＰＰ構想とＣＰＴＰＰ(ＴＰＰ11)の締結

ＴＰＰは米国の対アジア戦略の見直しの中で、二〇〇八年ごろから米国が主導して形成された協定である。ＴＰＰの淵源は、シンガポール、ブルネイ、ニュージーランド、チリの四カ国が、二〇〇五年六月三日に調印したＰ４協定にあり、これに米国が加わっていく中で、その呼びかけもあって参加国が拡大していくこととなる。上述したように、米国は二〇〇六年の時点では、ＦＴＡＡＰに関心を抱いていたが、そのわずか二年後には、ＴＰＰへの比重が高まっていくことになる。その背景には、当時の米国内の政治状況の変化と世界経済情勢の変遷が大きく関わっている。

米国では二〇〇八年の大統領選挙において、バラク・オバマ氏が勝利し政権交代が起きたことで、大幅な政策転換が行われ、それは対アジア外交についても及んでいった。オバマ大統領自身がアジア

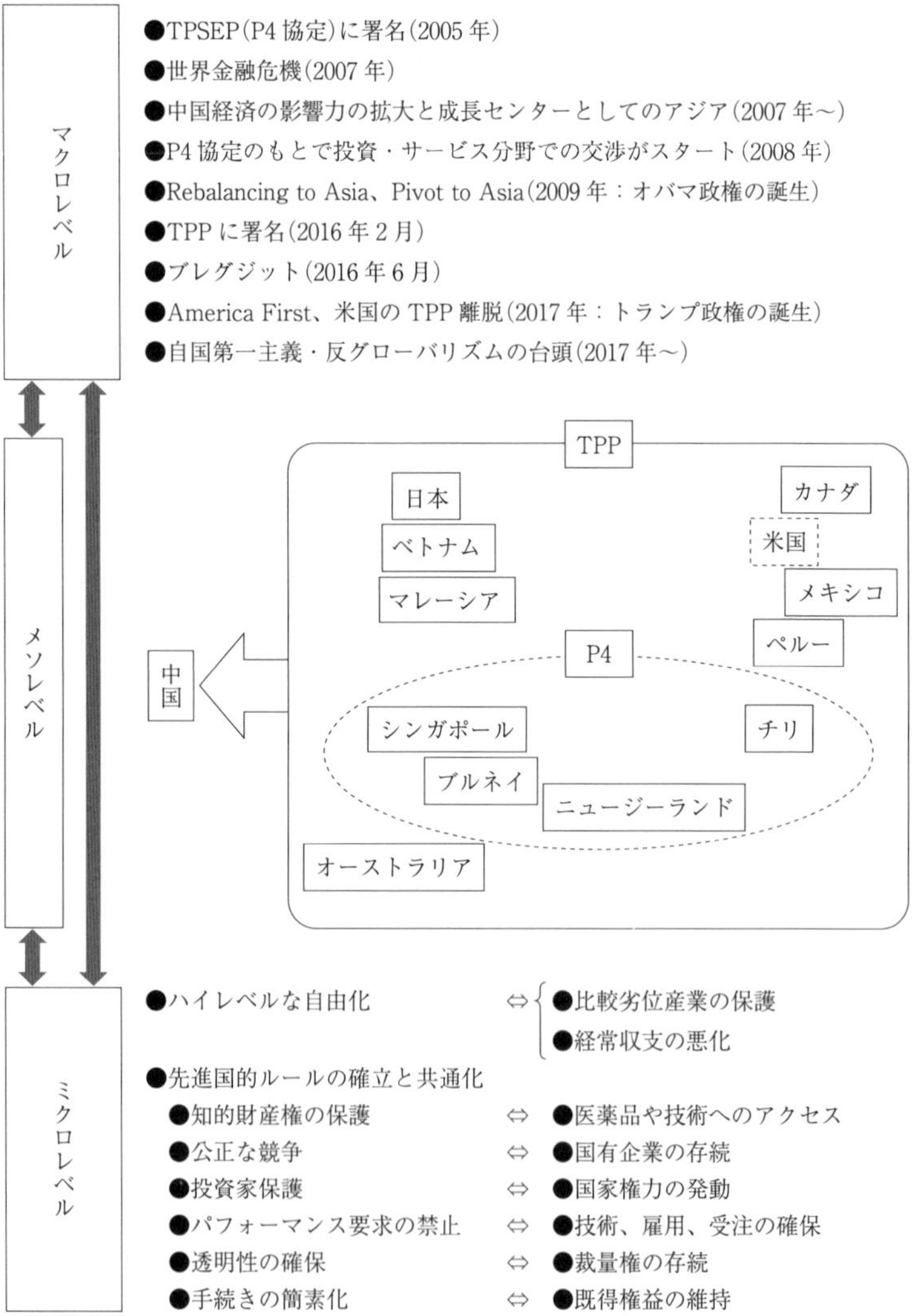
マクロレベル
●TPSEP(P4協定)に署名(2005年)
●世界金融危機(2007年)
●中国経済の影響力の拡大と成長センターとしてのアジア(2007年〜)
●P4協定のもとで投資・サービス分野での交渉がスタート(2008年)
●Rebalancing to Asia、Pivot to Asia(2009年：オバマ政権の誕生)
●TPPに署名(2016年2月)
●ブレグジット(2016年6月)
●America First、米国のTPP離脱(2017年：トランプ政権の誕生)
●自国第一主義・反グローバリズムの台頭(2017年〜)
メソレベル
TPP
日本
ベトナム
マレーシア
カナダ
米国
メキシコ
ペルー
P4
中国
シンガポール
チリ
ブルネイ
ニュージーランド
オーストラリア
ミクロレベル
●ハイレベルな自由化 ⇔ ●比較劣位産業の保護 ●経常収支の悪化
●先進国的ルールの確立と共通化
●知的財産権の保護 ⇔ ●医薬品や技術へのアクセス
●公正な競争 ⇔ ●国有企業の存続
●投資家保護 ⇔ ●国家権力の発動
●パフォーマンス要求の禁止 ⇔ ●技術、雇用、受注の確保
●透明性の確保 ⇔ ●裁量権の存続
●手続きの簡素化 ⇔ ●既得権益の維持

図 1-3　TPP構想(2008年〜)とCPTPP(TPP11)の締結(2018年)

にもルーツを持っていることで、これまで以上にアジアを重要視する方針へと傾いていった。

世界金融危機によって停滞した世界経済をかろうじて牽引していたのは、急成長を継続していた中国であり、中国の影響力は大きく上昇することとなった。その中国の成長に導かれるように、周辺のアジア諸国も勢いをつけてきたことで、アジアは世界の成長センターへと躍進していった。当時、冷え込んだ自国経済を押し上げるため、とりわけ、深刻になりつつある貿易赤字を解消するために、米国がアジアに目をつけたことは、当然の流れといってもよいだろう（清水二〇一五：三九）。

しかしながら、既存のFTAAP構想を推進するという戦略には、乗り越えなければならない大きな壁があった。二一カ国・地域に及ぶAPECのメンバー間で意見の集約を図るのは、WTO交渉まではいかなくても、多大な労力と時間を要する。さらに、EUとは違いAPECは多様性に富んでおり、政治経済制度の違いが顕著であることも、その交渉の困難さに拍車をかける事態となっている。

そこで米国が目をつけたのが、二〇〇五年に調印され、翌年から運用されていたP4協定である。米国は二〇〇八年にこの協定に参画する意思を示し、その後ペルー、ベトナム、オーストラリアも参加を表明し、二〇一〇年にはこれら八カ国間で交渉をスタートさせた。さらに、マレーシア、メキシコ、カナダ、日本も加わって、最終的には一二カ国が構成メンバーとなって、二〇一六年二月に署名にまで漕ぎ着けた。各国は自主的にTPPメンバーとなったわけではあるが、特にベトナムやマレーシアなど、若干保守的なアジアの途上国も含まれていたことから、その交渉は予想以上に困難を極めた。

国家間同士での意見の食い違いだけでなく、現場のビジネス界からの意向とそれぞれの国家の主張が対立することもあり、TPP交渉は幾度となく難航したが、日本の力強いリーダーシップとその働きかけによって、最後は結束することでまとまり、二〇一六年二月の署名まで、なんとか漕ぎ着けることができた。あとは、メンバー国内で行われる批准手続きを待つばかりの中で、突如、その進行に待ったをかけてきたのが、米国で新たに誕生したトランプ政権であった。

ドナルド・トランプ氏は、米国にとって利益とならないＴＰＰからの離脱や、自国の貿易赤字などを理由にＮＡＦＴＡなどのマルチの貿易協定の見直しなどを主張し、二〇一七年一月二〇日に大統領に就任すると、その三日後にはＴＰＰ離脱を決定する大統領令に署名した。米国の政策転換は、兼ねてからトランプ氏が合言葉としていた「America First」、つまり、あくまでも米国の利益を最優先させるという、自国第一主義の理念に即したものである。

このような反グローバリズム的な施策が、幅広い層に受け入れられやすくなったという状況は、二〇一六年六月に行われた英国のＥＵからの離脱を判断する国民投票においても如実に表れている。行き過ぎたグローバル化に対して警戒感を抱いた国民が、投票という手段を用いて警鐘を鳴らしている現状において、世界のあちこちで反グローバル的な主張を有する政治家や政党が台頭しつつある。各国で遂行されているグローバル化の抑制策が、人の移動という範疇から、サービスや財の移動にまで踏み込むようになれば、世界経済への悪影響は避けられない。そして、こうした保護主義の席巻は、第二次世界大戦の原因の一つともなった、経済のブロック化を誘発させる土壌を形成しかねない。

日本は過去の大戦の反省の意味も込めて、これまでアジア周辺国に多額の経済援助を行ってきた。また、これらの国々に対して、貿易・投資を推し進め、経済的な協力や結びつきを強化し、共に繁栄してきた。特に日本では、急速に少子高齢化が進展し、人口の減少とそれに伴う内需縮小が見込まれている。世界に目を向けて海外の市場との繋がりを広げ、経済の活力を取り込み、痩せ細る内需を補っていくことが、今後の日本経済の更なる躍進の鍵となることは間違いなく、第二次安倍内閣におけるアベノミクスにおいてもその方針は堅持されていた。したがって、ＴＰＰの推進は安倍政権の経済浮揚策の一つでもあった。

たとえ米国がＴＰＰから抜けたとしても、日本がＴＰＰ11を推進していくという戦略には、いくつかの思惑があった。一つは、アジア太平洋地域における貿易投資の活性化や経済協力の深化の流れを停滞させることなく維持し、本地域にも保護主義が蔓延しないように、主導していくべきであるという、経済大国、貿易立国、そして、責任ある先進国としての日本の立場を堅持していくことである。

二つ目は、ＴＰＰの頓挫は、今後のＲＣＥＰ交渉やＦＴＡＡＰの推進においても、悪影響を与えかねないという懸念である。ＲＣＥＰには中国やインドも含まれているため、その内容については以前から、自由化度のレベルや先進国ルールの適用性などの点において、十分な質が保てるのかという不安が、日本などの先進国の間では囁かれていた（助川二〇一七：一六四）。そのため日本は、まずは米国と共に、国際ルールに則った自由度の高いＴＰＰを早期に締結し、それをもってＲＣＥＰの中身をより高度なものへ進化させるべく議論をリードし、かつ、交渉を加速化させ、最終的にはＦＴＡＡＰへと繋げる、という戦略をとることで、そのような懸念を振り払おうとしていた。実際に、こうした日本の意図は、二〇一〇年に横浜で開催されたＡＰＥＣにおいても示されていた(1)。

日本が米国抜きのＴＰＰ11の推進に傾いた三つ目の理由は、そのほうが米国のＴＰＰへの復帰を促すうえで、より効果的であると判断したからである。当初から日本には米国を出し抜くような意図はなく、むしろ、アジア太平洋地域の経済協力においては、米国への配慮を最大限に行ってきた。米国のＴＰＰ離脱はトランプ大統領の政権公約である以上、その実行は避けられないが、ＴＰＰを支持する人たちが米国内に多くいることも事実である。特に、経済界や産業界からは肯定的な意見がほとんどで、そうした支持者を抱える政治家も含めて、トランプ氏の判断に失望している米国民は、決して少なくはない。したがって、署名済のＴＰＰを米国が戻ってくるまで放置しておくよりも、米国抜きでもＴＰＰを締結させて、その枠から外された米国が貿易転換効果によって経済的な不利益を被れば、トランプ政権も焦りを感じるであろうと判断したわけである（馬田二〇一九：一二五）。

四つ目の最後の要因は、もっぱら日本のみの都合ではあるが、かねてからトランプ大統領が主張していた、米国との二国間協定への防波堤を築くことであった。トランプ氏は、貿易協定は多国間ではなく二国間で行っていく、という方針を選挙中から示しており、米国に対して比較的巨額の貿易黒字を計上している日本も、その米国の要求の対象となることは十分に予想されていた。事実、日米の貿易協議において、米国は何度も日本に対してバイの貿易協定に向けた交渉の開始を持ちかけてきた。

日米ＦＴＡに対抗するカードとして、日本が利用しようとしていたのが、米国のＴＰＰ復帰であり、ＴＰＰ11の成果であった。二国間交渉ともなれば、相対的に立場が弱い日本は防戦一方となり、日本にとって不利な要求を呑まされかねない。その際に利用できるのが、ＴＰＰ11である。日本は既に署名済のＴＰＰで行った約束より譲歩することはしないという方針を示しており、それとほぼ同じ内容で成立し運用されるＴＰＰ11を、米国との交渉においてもベンチマークとして活用できる。このような守りを固める意味でも、ＴＰＰ11の締結は日本にとっては、重要な意味を持っていたのである。

ＴＰＰ11は無事に二〇一八年三月に署名された。ＴＰＰやＴＰＰ11の交渉は、日本の力強いリーダーシップがあってこそ、前進したといっても過言ではない。関税削減の対象品目や税率の下げ幅、特定分野のサービスや投資の自由化を巡る対立、また、各種ルールの適用が難しい、などの様々な諸問題がハードルとなって、交渉の長期化や停滞、決裂などの危機に直面する場面もあった。しかし、その度に日本が仲介に入り、並々ならぬ外交努力を駆使して、その打開に向けて積極的に動いてきたことで、最終的に交渉の妥結と署名にまで、漕ぎ着けることができたのである。また、何度も日本国内で交渉の場を提供するなど、その存在感は絶大であったといえる。

三　ＡＳＥＡＮ＋３・ＡＳＥＡＮ＋６の成立とＲＣＥＰへの収斂

東アジア地域では、一九六七年のＡＳＥＡＮ設立を起点として、東南アジア諸国内での結束と独自性が高まっていき、ＡＳＥＡＮを中心とした地域統合の動きを表すＡＳＥＡＮセントラリティーや、ＡＳＥＡＮ固有の地域制度の在り方や議会運営の手法などを意味するＡＳＥＡＮウェイなどの言葉が聞かれるようになってきた。緩やかながらも着実に結束を深めつつあるＡＳＥＡＮであったが、一九八九年のＡＰＥＣ設立を契機に、今一度、東アジア域内での協力関係の強化が謳われるようになってきた。当時のマレーシアの首相であったマハティールは一九九〇年に、東アジア経済グループ（East Asian Economic Group, EAEG）と呼ばれる構想を打ち出し、ＡＳＥＡＮに日本、中国、韓国、香港、台湾を含む形で、東アジアで貿易ブロックを構築することを提案した。当初はＡＰＥＣに対抗するため

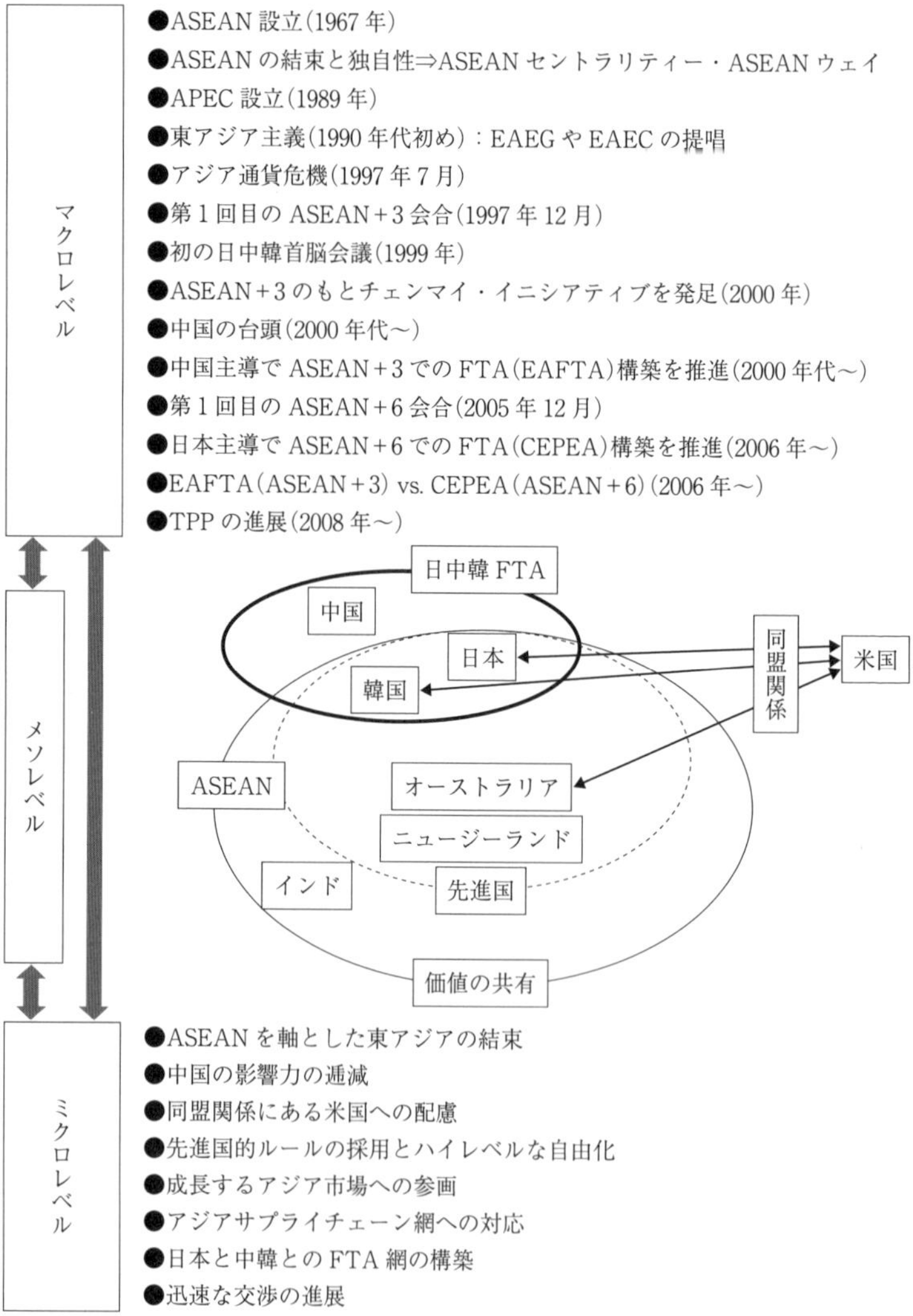
マクロレベル
●ASEAN 設立(1967 年)
●ASEAN の結束と独自性⇒ASEAN セントラリティー・ASEAN ウェイ
●APEC 設立(1989 年)
●東アジア主義(1990 年代初め)：EAEG や EAEC の提唱
●アジア通貨危機(1997 年 7 月)
●第 1 回目の ASEAN+3 会合(1997 年 12 月)
●初の日中韓首脳会議(1999 年)
●ASEAN+3 のもとチェンマイ・イニシアティブを発足(2000 年)
●中国の台頭(2000 年代～)
●中国主導で ASEAN+3 での FTA(EAFTA)構築を推進(2000 年代～)
●第 1 回目の ASEAN+6 会合(2005 年 12 月)
●日本主導で ASEAN+6 での FTA(CEPEA)構築を推進(2006 年～)
●EAFTA(ASEAN+3) vs. CEPEA(ASEAN+6)(2006 年～)
●TPP の進展(2008 年～)
メソレベル
日中韓 FTA
中国
日本
韓国
同盟関係
米国
ASEAN
オーストラリア
ニュージーランド
インド
先進国
価値の共有
ミクロレベル
●ASEAN を軸とした東アジアの結束
●中国の影響力の逓減
●同盟関係にある米国への配慮
●先進国的ルールの採用とハイレベルな自由化
●成長するアジア市場への参画
●アジアサプライチェーン網への対応
●日本と中韓との FTA 網の構築
●迅速な交渉の進展

図 1-4　ASEAN+3・ASEAN+6 の成立と RCEP への収斂(2011 年～)

の排他的で保護主義的な構想だとの批判もあり、翌年には名称をＥＡＥＧからＥＡＥＣ(East Asian Economic Caucus，東アジア経済協議体)へと変更し、中身も経済ブロック的な要素を弱める形にしたが、依然として警戒感は拭い切れず、しばらくは膠着状態が続いていた。

ＡＳＥＡＮを中心とする東アジア主義が、ＡＳＥＡＮに日本・中国・韓国を加えた、いわゆるＡＳＥＡＮ＋３の形で注目を浴びるようになるきっかけとなったのが、一九九七年七月に起きたアジア通貨危機である(2)。その五か月後の一二月には第一回のＡＳＥＡＮ＋３首脳会議が開催され、ＡＳＥＡＮと日中韓が協力してこの経済の混乱に適切に対処していくことが確認された。二〇〇〇年にはＡＳＥＡＮ＋３の枠組みで通貨スワップを行う取り決めが、「チェンマイ・イニシアティブ」として結実し、また、このメンバーで自由貿易協定を締結するという「東アジア自由貿易圏(East Asia Free Trade Area, EAFTA)」についての研究や提案もこの頃から開始された。

一九九七年以降、ＡＳＥＡＮ＋３首脳会議は毎年行われるＡＳＥＡＮ関連首脳会議に合わせて開催されてきたが、一九九九年にはその機会を利用して、日本、中国、韓国の首脳が初めて三国間のみで会談を行い、それが第一回の日中韓首脳会議となった。様々な難しい問題をはらむ日中韓の三国が結束したという事実は、とりわけＡＳＥＡＮ＋３協力の維持と深化にとっては重要な出来事であった(3)。

このままＡＳＥＡＮ＋３の枠組みにおいて東アジアの地域統合が進んでいくのかと思いきや、それに懸念を示したのが日本であった。もともと、日本はＥＡＥＧやＥＡＥＣ構想の際にも、米国やカナダが除外されていることに難色を示しており、また、オーストラリアやニュージーランドなどもアジアの枠組みに参画するのが望ましいという考えを堅持していた。とりわけ、中国がＥＡＦＴＡの具体的な進捗に積極的になったことで、このような法的拘束力を持つ経済協定が、中国主導で進められることに、日本は強い危機感を持つに至った。

日米同盟を第一義的に考える日本にとっては、東アジアでのFTA網に同じ同盟国のオーストラリアを組み入れることは必須であり、また、ニュージーランドも含めた形で、先進国的なルールの採用とハイレベルな自由化を目指すことも重要であると考えていた。さらに、オーストラリアとニュージーランドにしても、成長著しいアジアとの経済的な結びつきを強めておくことは、自国の経済的利益の拡大にとっては欠かせない要素となっており、まさに相思相愛のめぐり合わせといってよい。

世界最大の民主主義国家で、いずれは中国を抜いて世界第一位の人口を抱えるであろうインドも、近年の経済発展は目覚ましく、有望な巨大市場として大きな注目を浴びている。いくつかのASEAN諸国は中国の存在感の高まりに警戒感を抱いていたため、日本がASEAN＋3にオーストラリア、ニュージーランド、インドを加えたASEAN＋6の枠組みを提唱した時、ASEANからは執拗な反発は出なかった。むしろ、ASEANにとっては、日中対立によって、ASEAN自体が分裂されてしまうことの方を恐れており、特段ASEAN＋3とASEAN＋6のどちらか一方を推進するということはなく、両者とも併存する形で静観するという姿勢を貫いていた。韓国も米国の同盟国であることもあり、米国に配慮した日本の行動を敢えて止める必要もなく、むしろ、経済ルールや価値基準においては、韓国は中国よりもオーストラリアやニュージーランドにより近いといえる。

こうして、日本の主導で動き出したASEAN＋6の枠組みは、二〇〇五年一二月に第一回目の首脳会議が開催されたことで、正式にASEAN＋3と併存する新たな東アジアの地域経済協力の形となった。その翌年には、日本から東アジア包括的経済連携(Comprehensive Economic Partnership in East Asia, CEPEA)が提唱され、ASEAN+6の一六カ国で経済統合を促進していくことが確認された。それ以降、東アジアでは、EAFTA(ASEAN+3)とCEPEA(ASEAN+6)の対立が鮮明となっていくが、ASEANもこれ以上の日中の争いの激化は避けたい意図から、その取り扱いには慎重かつ公平中立の姿勢を貫いており、基本的には両者ともに同じような比重で関与し前進させていくというスタンスがとられていた(浦田二〇一二:一一九)。

ASEAN+3とASEAN+6の対立に一石を投じる転機となったのが、TPP構想である。TPPについての詳細は上述したとおりであるが、これが東アジア地域での経済統合を巡る日中対立を終息させるという、予期せぬ副産物をもたらした意義は大きい。米国がイニシアティブをとって進めてきたTPPは、先進国的なルールの採用とハイレベルな自由化を目指すという、中国への対抗意識を剝き出しにした協定であったことから、中国もその動きに対しては神経を尖らせていた。

二〇〇八年九月に米国がP4協定に加わることを表明して以降、その翌月にはオーストラリア、ベトナム、ペルーが交渉への参加を明確にし、二〇一〇年には八カ国での交渉が開始された。また、その年にはマレーシアが交渉参加の意思を示し、その他にもTPPに強い関心を抱いている国も複数名乗り出るようになった。中国が参画することが難しいTPPへの関心が年々高まっていき、交渉への参加国も徐々に増えていく中で、中国包囲網は益々現実的なものへと進化していった。

日米欧が経済危機からの立ち直りに手をこまねいている間に着実に成長を遂げた中国経済は二〇一〇年には日本を抜いて世界第二位の経済大国へと躍り出て、その存在感はアジアでは絶大な地位を確立するまでになっていた。自国抜きの自由貿易圏がアジアで出来上がってしまうことに危機感を覚えた中国は、米国がメンバーとなっていない東アジア地域でのFTAの早期締結に動き出した。

東アジアでは中国が主導するEAFTAか、後に日本が提案したCEPEAかの、どちらを推進していくかで揉めていたが、交渉の進展が阻まれると、その結実はおのずと遠のくこととなる。米国主導で現実味を帯びつつあるTPPを目の前にした中国にとって、もはやASEAN＋3なのか＋6なのかという、そのメンバー構成という細かいことにこだわるよりは、できるだけ早期に中国が構成員となった経済連携協定が東アジア地域で確立されることの方が、経済的なメリットのうえでも、政治的なメンツを保つうえでも、何より米国に一矢報いるうえでも、より重要で喫緊な関心事であった。

最終的には中国が柔軟な姿勢に転じたことで、日本は中国と共に「EAFTAおよびCEPEA構築を加速させるためのイニシアティブ」を二〇一一年八月に提案し、これを受けてASEANは一一月にEAFTAとCEPEAを統合したRCEP構想を打ち出した(石川二〇一五：二三七)。RCEPのメンバー構成はASEAN＋6となっており、結果的には中国が折れて日本の案を飲んだ形で決着を見た。こうして、東アジアにおける地域経済統合の枠組みは、ASEAN一〇カ国と日本、中国、韓国、オーストラリア、ニュージーランド、インドを参加国とするRCEPに収斂することとなった。

おわりに

ここまで、APEC・FTAAP、TPP・TPP11、RCEPの成り立ちを見てきたが、そこにはミクロ・メソ・マクロのレベルにおいて複雑に絡み合う関係性の中で、それぞれ特有の事情のもとに生成されてきたことがうかがえる。過去から今日に至るまでの各レベルでの状況や思惑をバランスよく積み重ねたことで、現在のこのような重層的な枠組みが出来上がったのである。そのうえで、現時点でAPEC、TPP、RCEPの三つの主要な経済統合の枠組みが、アジア太平洋地域において重層的に存在している状況を、以下の五つの観点から考察していくことにする。

一つ目は、地理的かつ政治的な要因である。地理的には、特に東アジア地域といった場合、米国が当該地域に含まれる余地はない。また、政治的には、米国がアジアにどこまで関与できるのか、或いは米国のアジアへの関与をどこまで許容するのかという議論がある。東アジア地域には、いち早くASEANが設立され、ASEANが中心となって、地域統合の設計図を描いてきた。こうしたASEANセントラリティーが、米国の関与によって弱体化される危険性は是非とも避けたいというのが、一部のASEAN諸国から聞こえるのも致し方ないことである。

二つ目は、ASEANウェイとWesternウェイの対峙としても説明可能なように、規範や慣行の相違が存在している点である。ASEANにおいては、内政不干渉の原則が掲げられ、また、コンセンサスによる決議が基本となっていることから、自国の意に反した強制力のある決定に従わなければならないというルールは存在しない。一方で、欧米を中心とする西洋では、人権や民主主義の基本的価値を尊重する立場から、他国への干渉も辞さない姿勢が見受けられ、また多数決ルールの採用によって拘束力のある決定に従わざるを得ない場合もある。APECやRCEPは今のところASEANウェイで運営されているところが多く、TPPはどちらかといえばWesternウェイの様相が強い印象がある。

三つ目は組織形態の違いである。ＡＰＥＣは、定例会議を伴う国際組織として確立されており、その事務局の機能も有している。一方で、ＴＰＰはアドホック的な経済協定であり、常勤の職員が存在するような国際組織ではない。ＲＣＥＰはその中間に位置されるものと理解できる。ＡＳＥＡＮを軸にして、ＡＳＥＡＮ＋３、ＡＳＥＡＮ＋６の枠組みで首脳会議が毎年開催されており、単に経済的な連携強化のみならず、様々な事柄を話し合う場を提供してきており、その存在は国際組織的な側面も持ち合わせている。しかしながら、ＡＳＥＡＮ事務局は常在しているものの、ＡＳＥＡＮ＋６のみに特化した固有の事務局機能を有しているわけではなく、ＲＣＥＰという名称にのみ固執すれば、それはやはり経済連携協定以外の何ものでもない。ＡＰＥＣはあくまでも国際組織である以上、それが提唱しているＦＴＡＡＰの構成メンバーは、ＡＰＥＣの加盟国と同じであることが基本となる。より柔軟にＦＴＡＡＰへの参加国・地域を組み替えるというシナリオも想定されてはいるが(Petri and Abdul-Raheem 2014: 36-37)、そうしたプロセスを踏むにしても、ＡＰＥＣのすべてのメンバー間での話し合いのもとで、決定していかなければならないことから、多くの時間と労力が費やされることになる。ＲＣＥＰについても、その中核を成すＡＳＥＡＮが緊密に関わっていることから、協定への参加の自由度という側面において、ＦＴＡＡＰとの類似性が少なからず存在していることは否めない。

四つ目は、経済連携協定に盛り込まれる具体的な内容について、大きな違いが見受けられる点である。特に注目されるのが、自由化の程度と採用されるルールの中身である。ＴＰＰは当初から先進国的なルールを基に、高いレベルの自由化を目指す野心的な協定を目標に提案されたもので、こうした高次元のハードルを越えられる国のみの参加を想定していた。したがって、当初からＡＰＥＣやＡＳＥＡＮ＋６のすべてのメンバーを取り込む意図は持っていなかった。むしろＴＰＰは、それらの枠組みでは米国やその他の先進国が望むような内容のＦＴＡは構築できないであろうという危機感のもとで提唱された面があり、その意味ではＦＴＡＡＰやＲＣＥＰとは一線を画す協定である。高度な自由化と先進国的なルールを携えて一早く完成されたＴＰＰは、今後出来上がるであろうＲＣＥＰやＦＴＡＡＰのベンチマークとしての役割を果たすのみならず、ＴＰＰに加わっていないＡＰＥＣやＡＳＥＡＮ＋６のメンバーを牽制する働きも有している。

最後に、バランシングとヘッジングの作用が、本地域での地域経済統合の重層化の要因となっていることが指摘できる（菊池二〇一〇：二五―二七）。アジア太平洋地域には、米国と中国という二大国が存在しており、とりわけ二〇〇〇年代に中国経済の躍進が顕著になって以降、両国の覇権争いは激化の一途を辿っている。域内の他の国や地域は、米中との狭間にあって、時には中国に、またある時には米国にも配慮しながら、ヘッジングとバランシングを駆使して、自らの経済的繁栄と政治的安定を最大限に確保するべく、良好な関係改善に向けて右往左往しているともいえる。

以上、アジア太平洋地域で三つの重層的な地域経済統合の枠組みが存在している要因を、主に五つの視点から述べてきたが、その根幹には本地域特有の多様性が横たわっていることに注目したい。西洋と東洋の制度や価値観がぶつかり合っているだけでなく、アジア域内においても政治体制の相違や経済力の格差が著しく、さらに民族、宗教、文化など、多様性の例を挙げればいとまがない。こうした多様性がうまく調和した産物として、複数の重層的な現在の地域経済統合の様相が形作られた、というのが適切な解答なのかもしれない。今後も、五つの要素が相互に絡み合いながら、多様性を上手に融合させる過程の中で、アジア太平洋地域を巡る地域経済統合の形は、重層的かつ複雑に変化を遂げていくものと思われる。

注

（1）　ＦＴＡＡＰはまだ構想段階であることから、既に交渉が行われているＲＣＥＰやＴＰＰなどを基礎として発展させる、という趣旨の内容がＡＰＥＣの首脳会議で採択された文書に含まれている。

（2）　実際にＡＳＥＡＮ＋３がまとまって国際社会の表舞台に初めて登場したのは、アジアと欧州の協力関係を強化することを目的に、一九九六年に開催されたＡＳＥＭ（Asia-Europe Meeting. アジア欧州会合）であった。しかし欧州対アジアの対話という文脈において、オーストラリアやニュージーランドはアジアの代表の一員と成り得るのか、また、アジア的な価値を共有しているのかといった、根本的な疑念が払拭できなかったことが、ＡＳＥＡＮ＋３の枠組みがすんなりと認められた背景にあろうことが想像できる（畑佐二〇一七：三二）。

（3）　一九九九年よりＡＳＥＡＮ＋３会合の際に行われていた日中韓首脳会議は、二〇〇八年から日中韓サミットとして単独で開催されるようになり、二〇一一年には日中韓協力事務局が韓国（ソウル）に創設された。しかし、二〇一二年に日中関係が再び悪化すると、それ以降は日韓や中韓の間での対立もあり、日中韓サミットの毎年の定例的な開催は見送られるケースが散見されるようになっている。二〇一三年には日中韓ＦＴＡの第一回目の政府間交渉会合が開催されているが、恒例のように散発的に繰り返される日本と中韓との争いによって、その締結への道のりはいまだ険しいのが現状である。

参考文献

石川幸一（二〇一五）「ＲＣＥＰの新たな課題」、朽木昭文・馬田啓一・石川幸一編『アジアの開発と地域統合　新しい

国際協力を求めて』日本評論社
馬田啓一（二〇一九）「揺らぐグローバル通商秩序と日本の通商戦略——トランプ米政権の暴走に歯止めをかけられるか」、『反グローバリズム再考——国際経済秩序を揺るがす危機要因の研究「世界経済研究会」報告書』日本国際問題研究所
浦田秀次郎（二〇一二）「東アジアにおける地域経済統合」、浦田秀次郎・金ゼンマ編『グローバリゼーションとアジア地域統合』アジア地域統合講座　総合研究シリーズ第二巻、勁草書房
菊池勉（二〇一〇）「アジア太平洋の重層的な地域制度とＡＰＥＣ」、渡邉昭夫編『アジア太平洋と新しい地域主義の展開』千倉書房
清水一史（二〇一五）「ＲＣＥＰ——東アジアのメガＦＴＡ」、石川幸一・高橋俊樹・馬田啓一編『メガＦＴＡ時代の新通商戦略　現状と課題』文眞堂
助川成也（二〇一七）「アジア太平洋での経済圏形成の動きとＡＳＥＡＮの対応」、長谷川聡哲編『アジア太平洋地域のメガ市場統合』中央大学出版部
寺田貴（二〇一二）「日本とアジア地域主義の五〇年——その指導力と三つの規範変遷」、梅森直之・平川幸子・三牧聖子編『歴史の中のアジア地域統合』アジア地域統合講座　総合研究シリーズ第三巻、勁草書房
畑佐伸英（二〇一七）「アジア太平洋における重層的な地域経済統合——生成過程、現状、展望と課題」、石戸光編『グローバル関係学ブックレット　政治経済的地域統合　アジア太平洋地域の関係性を巡って』三恵社
Choi, Byung-il (2016) "Paths and Strategies towards the FTAAP: Linking Integration and Inclusive Growth," *APEC Study Series* 16-01, Korea Institute for International Economic Policy (KIEP).
Petri, Peter A., and Ali Abdul-Raheem (2014) "Can RCEP and the TPP be pathways to FTAAP?," *State of the Region 2014-2015*, Pacific Economic Cooperation Council (PECC).

第2章　日中韓経済連携の可能性

韓　葵花
尹　相国
韓　炳燮

はじめに

東アジアでは、地域統合が進んでいる。しかし、それは主に東南アジア諸国連合（Association of Southeast Asian Nations, ASEAN）をハブとした統合であって、経済規模のうえではＡＳＥＡＮを凌駕する中国、日本、そして朝鮮半島などからなる北東アジアは、統合の後進地域ともいえる。日中韓自由貿易協定（Free Trade Agreement, FTA）の交渉は二〇一二年にはじまったものの、いまだに妥結はされていない。また、この地域には、国交正常化に至っていない国が存在する。

北東アジアにおける地域統合の可能性はあるのか？　本章では、まず、中国の国家主義的な貿易・開発政策や世界的な保護主義の潮流に焦点を当てながら、日中韓ＦＴＡの阻害要因や可能性を検討する。さらに、より広い意味での北東アジアの統合という観点から、北朝鮮の包摂、より具体的には南北統一についても議論する。とりわけ、北朝鮮の政治・経済的特性およびそれらの動向、南北統一の可能性と阻害要因、さらには南北統一が東アジア国際関係に与えうる影響について論じる。

一　日中韓の経済連携の現状

日本、中国、韓国三カ国は二〇一二年五月に署名された「投資の促進、円滑化及び保護に関する日本国政府、大韓民国政府及び中華人民共和国政府の間の協定（略称は「日中韓投資協定」、二〇一四年五月から発効）」にもとづき、日中韓FTAの交渉を開始した。交渉は二〇一三年三月に第一回目の会合が韓国のソウルで開催され、二〇一七年四月に東京で第一二回目の会合が開催された（URL①）。日本側の首席代表は片上慶一外務審議官、中国側の首席代表は王受文商務部副部長、韓国側の首席代表は李相珍産業通商資源部通商交渉室長であった。

表2-1から読み取れる日中韓三カ国におけるEPA[1]・FTAの現状は以下の通りである。EPA・FTAの署名、発効数においては、日中韓三カ国でそれほどの差はないが、FTAカバー比率（貿易全体に占めるFTAを活用した貿易の比率）では韓国が六八・二%と、日本、中国よりも大きくなっている。これは、国内市場が比較的小さい韓国は輸出に依存する割合が大きく、韓国政府が「FTA強国」を目指し活発なFTAの締結を目指した結果である。とりわけ、中韓FTAの発効は、韓国のFTAカバー比率上昇の大きな要因となった。日本のFTAカバー比率（三六・五%）は、米国のTPP離脱で一五・一%に減った。二〇二〇年一月に発効した日米貿易協定により、FTAカバー比率は五一・六%に増加する可能性は高いが、それでも政府が目指している七〇%からは大きくかけ離れてい

表 2-1　日中韓における EPA・FTA の現状

（2018 年 8 月末時点）

国名	署名・発効数	FTA による貿易の比率	交　渉　中
日本	17	36.5%	RCEP，トルコ，コロンビア，日中韓など
中国	14	38.7%	RCEP，GCC，日中韓など
韓国	15	68.2%	日中韓，RCEP など

出所）　日本の外務省，中国の商務部，韓国の産業通商資源部の HP 報道資料により作成

る。また、中国政府は自由貿易の拡大を目指して「一帯一路」、「伙《ほう》伴《ばん》関係（対外関係についての中国政府独自の優先順位づけ）」戦略を打ち出し、世界規模で経済連携を強化している。日中韓ＦＴＡが締結されれば、中国のＦＴＡカバー比率は六％以上増加すると見込まれる。これは中国政府の目標を達成するうえで、重要な一因になるであろう。ＦＴＡカバー比率が大きい韓国においても、比較的小さい日本と中国においても、貿易から得られる実利を重視し、経済連携について積極的な戦略をとっている点は同様である。

二　日中の経済関係を巡って

日中貿易関係とその特徴

ここでは、日中韓の経済関係でも特に重要な日中間の関係に焦点を当て、一九八〇年代―二〇一〇年以降における日中貿易関係について検討する。

日中貿易の製品は比較優位のうえで相違性を持ち、産業間の分業体制の確立が可能である。日中間の貿易統計を見ると、以前、中国は国内経済の近代化を促すために、日本から先進的な機械、鉄鋼、化学肥料、農薬を大量に輸入していたが、現在では、主に日本から機械、鋼材、プラント、自動

車、ハイテク製品などの付加価値の高い製品を輸入している。一方、日本は中国から大量の石油、石炭、農産物、原材料などを輸入し、国内のエネルギーと資源の不足を緩和した。現在は、主に軽工業製品、電子製品と一部の電気製品、機械などの付加価値の低い製品を輸入している。

日本の中国に対する貿易依存度は持続的に上昇している。中国と日本は重要な貿易パートナーであるが、近年中国市場の多元化戦略の実施及び一帯一路建設の進展により、中国の対外貿易における日本への依存度は持続的に下がっている。しかし、日中間の貿易規模が大きく下がったわけではなく、日本の中国貿易依存度はますます大きくなり、日中貿易の成長率は日米貿易の成長率に比べ、各段に高い。二〇〇九年に中国から日本への輸出総額は米国を初めて上回り、中国は日本にとって第一位の輸入相手国となった。孫麗の分析によると二〇〇九年から日本の中国に対する貿易依存度は年々上昇しており、貿易依存度指数は一九九七年の一・四二%から二〇一七年に六・三五%へと増えている(孫二〇一九：一〇一)。一方、中国は日本の資本・技術集約型製品に対する依存性が強い。全体的に中国の日本貿易依存性は低下しているが、中国の日本に対する資本・技術集約型製品への依存性は依然として高く、例えば、中国は高機能のNC工作機械の分野ではまだ世界的競争力がなく、日本からの輸入に依存している。

日中間相互の投資状況

次に、日中間の相互投資関係について概観する。二〇一七年末までの、中国の日本への直接投資は日本の中国への直接投資の約一〇分の一であった。投資の主な分野は電子、製造、情報、ソフト、貿易、金融、物流、飲食、航空などである。一九八〇年代は資金不足のため、日本企業と連携する形で投資することが多かった。二〇〇三年末までに、中国資本が日本で設立した会社の数は二五〇社に達し、総計八九六一・四五億ドルの資金を投資した。二〇〇九年に蘇寧電器が日本のＬＡＯＸグループを買収したのを皮切りに、日本への本格的な投資が始まった。二〇一〇年には、中国石油国際事業有限公司が新日本石油大阪製油所を買収した。その後、日本円の大幅下落が、中国の多くの企業が日本のホテルなどのサービス業を買収するきっかけとなった。現在、蘇寧、ハイアール、ファーウェイなどの中国の大企業は日本のソフトウェア、機械、電子、商業、サービス業などに直接投資を行っている。

逆に、日本からの直接投資は、中国国内の比較的安い労働力を誘因とした生産拠点設立が多い。また、中国が巨大な消費市場であることも大きな要因の一つである。日本の多くの企業は、北京、上海、天津などの中心都市と沿岸部の都市だけでなく、重慶や西安など内陸都市にも生産拠点を設立した。中国の日本への投資は、いまのところサービス業に集中しているが、投資額は年々増えており、様々な分野に及んでいる。将来、両国の企業が労働集約型と資本・技術集約型の優位を補う形でお互いに投資を行うことが予想される。

日中経済関係に影響を与える主な要因

最後に、日中経済関係に影響する政治的要因、日中間の貿易摩擦、変化し続ける国際情勢について見てみる。四〇年にわたる日中間の貿易や投資を通じて、中国と日本の間では産業間分業体制が構築されており、更なる協力が必要となっている。今までの日中経済関係は、政治対立と国際情勢の変化などの要素が絡み、平坦ではなかった。また、アメリカの保護貿易主義により、TPPの脱退問題(貿易面での保護主義の世界的蔓延を助長しうる)や、米中貿易摩擦問題まで起きている。

しかし、日中両国には共通の利益があり、更なる経済協力の契機があることも忘れてはならない。中国は二〇一五年に新たな産業政策として「中国製造二〇二五」を打ち出した。このなかで、製造業のモデルチェンジ、ハイテク性を備えた外資系企業の中国への投資の必要性がうたわれている。将来、日本のロボット、人工知能(AI)、生命科学、新エネルギー自動車などのハイテク産業において日中間協力が期待される。

三　日中韓の現状と「統合」(関係性の良化・密接化)に向けた課題

「一帯一路」と日中韓

続いて、中国の提唱するアジアからアフリカ・ヨーロッパに至るインフラ建設の構想「一帯一路」の観点から、日中韓の現状を解き明かしていく。「一帯一路」サイトは、同構想での国際協力の仕組みについて、①二国間の協力を強化し、マルチレベル、マルチチャンネルの疎通を展開し議論すること、②既存の多国間協力のメカニズムの役割を発揮すること、③沿線の各プラットフォームの建設的な役割を発揮すること、としている(URL②)。同サイト内の習近平主席による国際協力サミットでの基調演説によると、一帯一路のための協力は、「五つのつながり(五通)」をその主な内容としている。すなわち「政策連携（政策沟通）」、「インフラ連結（设施联通）」、「貿易の円滑化（贸易畅通）」、「資金融通（资金融通）」、「民心の相通（民心相通）」である。特に「貿易の円滑化」では、中国と一帯一路の参加国との間で貿易と投資の円滑化を推進し、ビジネス環境を絶えず改善するとしている。習主席は、貿易は経済成長の重要なエンジンであり、多角的貿易体制を守り、自由貿易区の建設を推進し、貿易と投資の自由化を促進するとしたうえで、発展のバランスが崩れかねないことに留意し、デジタルデバイド・分配の格差などの問題を解決し、オープンで非差別的、また包摂的、平等であり、ウィンウィンのグローバル経済をつくるという。

しかし、経済と政治との相互関係性を切り離すことは困難である。経済を通じた日中関係の大枠として、一帯一路の構想を日中韓FTAやRCEP（Regional Comprehensive Economic Partnership, 東アジア地域包括的経済連携）等と連関させることが肝要である。一帯一路および複数国間のFTAによって物流や人の移動などにかかる広義の貿易コストを低減させ、それを通じて、大国や大都市のみならず、一帯一路およびFTAに参加する諸国内で中小規模の都市も発展しうる「分散型」経済網を構築していくことが鍵である。実感を伴った経済的利益（地元スーパーでの品ぞろえの豊富さや割安な価格など）を創出することが、中国と近隣諸国との政治面の関係性にも好転をもたらすであろう。東アジアにおけるFTAの動きは、中国の一帯一路を求心力として加速しているが、それに先駆けて日本は二〇一八年一二月に発効されたTPP11、日中韓FTAおよびRCEPの三つの広域FTAのいずれにも属する交渉参加国として求心力を発揮してきている。中国と日本それぞれの求心力が良い意味での「競争効果」となって、米国に起因する保護主義が台頭する中において、貿易投資の自由化が加速していくことを期待する。

日中韓FTAと日中韓「三カ国＋X」協力の可能性

次に、日中韓FTAと日中韓「三カ国＋X」協力の可能性について考察する。日中韓の三カ国は、経済的なメリットに関しては「異床同夢」を見ているようである。政治面および地政学的な関係性が経済的な関係性の構築の妨げになっている点は常に指摘され、それは妥当であるが、経済連携という「同じ夢」を、ノーベル経済学賞を受賞したトーマス・シェリングの提唱した「フォーカルポイント（合焦点）」、すなわち「他国が、ある国がこうするであろうと期待しているであろうと期待する各国の期待値の焦点」として捉え、交渉会合という情報の交流が仮に断絶しかかった際にも、経済的なメリットという合焦点をもとに日中韓三カ国の経済連携が実現し、さらには経済関係の好転が政治社会面の日中韓の関係性にプラスのスピルオーバー効果をもたらすことが予想される。今後は日中韓という三カ国にとっても、域内での相互貿易のみならず、ASEAN諸国など第三国・地域あるいは第四国・地域における経済・産業上の協力が望ましいことはいうまでもない。RCEPより高いレベルの自由化となりうる点が日中韓FTAの持つ重要性である。米国を中心とした保護貿易主義が台頭する中で、日中韓による貿易自由化が三カ国の経済成長につながり、世界経済の牽引力ともなることを期待したい。一帯一路、そして日中韓FTA、RCEPなど東アジアの経済統合に対する期待は今後さらに高くなるであろう。

日中韓ＦＴＡの必要性

続いて、日中韓ＦＴＡの必要性について見ていく。日中韓の世界経済に占める割合は大きく、さらに三カ国間の貿易額も高く、お互いに主要貿易相手国になっている。日中韓ＦＴＡはメンバーが三カ国のみであるが、世界総生産の約二四％、世界貿易総額の約一七％、世界人口の約一八％を占めるメガＦＴＡである。とりわけ中国は日本にとって最大の貿易相手国であり、韓国は第三位であり、日本の貿易額のそれぞれ約二一％と六％を占める。日本の主要貿易相手国上位三カ国が中国、米国、韓国になったのは二〇〇七年からであり、十数年継続している。日本のみならず、中国と韓国においても相互に主要貿易相手国である。

中国と韓国の政府戦略を見ると、中国は一帯一路戦略で積極的な自由貿易を提唱し、韓国は「ＦＴＡ強国を目指している」ので、日本の「二〇一八年までのＦＴＡカバー比率七〇％」の目標と、おおむね同じである。たとえ二〇一六年から世界で先進国を中心に保護貿易政策が唱えられているとはいえ、世界経済の二割を占め、世界貿易の二割に迫る日中韓では地域バリューチェーンも盛んであり、貿易創出効果や、貿易転換効果がさらに期待できるため、各国の目標を達成するためにも日中韓ＦＴＡの実現が早くなることが予測できる。

四　北東アジアの地域統合と朝鮮半島における南北統一の可能性

日中韓ＦＴＡは、北東アジアにおける地域統合ではあるものの、現時点では北朝鮮を除外した枠組みとなっている。将来的に、北朝鮮も含めた形での地域統合は達成されうるのか。この問題にアプローチするためには、朝鮮半島統一の可能性を探る必要がある。そこで本節では朝鮮半島の南北統一の可能性をめぐる問題につき考察する。朝鮮半島の統一は、分断以前に回帰するのではなく、南北二つの体制を統合し、自由民主主義と市場経済、人間の尊厳と価値尊重などを基盤にした民族共同体を建設することを意味する。朝鮮半島の統一が物理的な結合だとすれば、統合は化学的結合だといえる。物理的な結合は有機的ではないために社会的に摩擦が生じ、うまく機能しない。しかし真の統一とは、南北が平等かつ、いかなる疎外現象もない状況で一つに再構成される内的統合を意味する。南北統一は、朝鮮半島のためだけではなく、戦争の懸念を取り除き、北東アジアの平和増進のためにも、人類共栄のためにも切実である。統一は漸進的かつ段階的に一つの民族共同体を建設する方向に成していく必要がある。また、南北統一を通して、ユーラシアと太平洋経済圏の中核的(ハブ)国家としてユーラシアと太平洋をつなぐ経済共同体圏としての役割を担うことが期待される。

北朝鮮における社会主義体制の経済的特徴

北朝鮮は旧ソ連の指導下、一九四八年に政権を樹立し、以降社会主義体制を建設した。この時期に形成された北朝鮮の社会主義は一九世紀のマルクスとエンゲルスが言及した社会主義ではなく、ソ連により形成された全体主義体制を意味する。北朝鮮はソ連の制度を移植して一党支配体制(労働党)、国家所有制度、計画経済体制を樹立した。その特徴は次の三つの通りである。

(1)首領が党と国家の上にある首領唯一的領導の下で統治されている首領独裁体制である。

(2)他の社会主義国家よりも集中度が高い中央集権的計画経済制度を採択し、自力更生を強調している。二〇〇二年七月一日北朝鮮式計画経済の核心である国家配給制を縮小し、住民たちが市場で生活品を購入するようにした。つまり既存の中央集権的計画経済制度に市場経済的要素を一部導入したのである。

(3)全体主義社会として、首領を父として絶対的な服従を強いられる社会主義大家庭体制である。これは、北朝鮮全体を一つの家庭と見なし、首領・党・人民の関係を父・母・子どもの関係と同じだとする概念である。北朝鮮は社会主義大家庭論に基づき、首領は恵みを施し、全ての社会構成員は首領に忠誠と力を尽くして「親孝行」することで、政権の安定と体制の基盤を構築している。儒教思想の伝統がある北朝鮮において社会主義大家庭論は、首領・党・人民大衆を一つに結び付ける一番確実な結合方式になっている。このような特徴は、他の社会主義国家にはない形であり、首領崇拝は無条件的な忠誠を強要する論理として使われている。金正日時代と同じく、金正恩時代の北朝鮮も、体制の維持と経済問題の解決のために改革・開放が不可欠であることを認識しつつも、これが体制崩壊につながる恐れも持っている。そのため、金正恩は体制の強化に注力し、改革・開放より「経済建設と核武力建設の並進路線」を推進している。

北朝鮮以外の他の社会主義国家は、初期社会主義国家樹立以降、一定時間が過ぎると中央集権的計画経済体制の非効率性を漸進的に改革していった。

その結果、大部分の社会主義国家は一九六〇年代以降、市場機能を部分導入し、次第に社会主義的市場経済、または市場社会主義体制などに変化していった。旧社会主義国家は市場機能を体制内部で部分活用する部分改革体制を実験したが、結局、脱冷戦以降市場経済体制に転換していった。一方で、北朝鮮は一九八〇年代末までこのような社会主義の計画経済体制（centrally planned socialist command system）の典型を維持してきた。一九九〇年代経済難以降、事実上中央集権的社会主義の計画経済システム維持が困難になっていたにもかかわらず、北朝鮮は社会主義原則固守を強調し、経済体制の意味ある変化を追求しなかった。計画経済の機能の麻痺により、経済の実態としては市場化現象が拡散しているが、北朝鮮当局は一部の経済管理の措置だけを実施し、制度と現実が乖離した経済体制の二重化現象を招いた。

開城工業団地事業をめぐって

北朝鮮の経済体制は、国家所有中心の社会主義制度、中央集権的計画経済と集体的経済管理方式を特徴としているが、近年はこのような体制に加え、さらに市場化の現象も観察されるようになっている。これは制限的ではあっても対外的な開放政策とみることもできる。その大きな柱である開城工業団地の事業が南北関係に与える意味合いは、①開城工業団地は、南北協力を象徴する事業で、朝鮮半島の平和と繁栄を謳歌する通路である点、②開城工業団地は、南北が協力して製品を生産する経済的空間を超えて、朝鮮半島の平和に寄与する小さな統一空間であり、また統一の実験空間である点、③その意味で、開城工業団地事業は、南北間平和のための安全装置であり、将来統一のための呼び水である点、④開城工業団地事業は、北朝鮮において外部世界に対する受容能力を増加し、他の経済特区を生み出す礎になり、同時に北朝鮮の経済開放に実際的に働き、国際社会への進出を促すきっかけとなる、といった点が挙げられ、いずれも重要なミクロ的な統合要因となっている。[3]

前項では経済体制について概観したが、次に経済の実態面として、北朝鮮の経済成長率と産業成長率についてみていく。

まず北朝鮮の国民総所得（GNI）に注目し、南北統一と統合を阻害するいくつかの要因について考察する。北朝鮮の国民所得は、一般的な国民所得と概念上の差があるだけではなく、独自に定義した統計による国民所得さえも十分に発表せず、たまに発表される一人当たり国民所得も政治的目的によって恣意的に調整されていて統計的信頼度が極めて低い。代表的な専門研究機関は米国の中央情報局（CIA：Handbook of Economic Statistics）、ストックホルム国際平和研究所（SIPRI：SIPRI Yearbook）、イギリスの国際戦略問題研究所（IISS：The Military Balance）などがある。韓国政府は一九九〇年から国連の国民計定体系方式に従って北朝鮮の国民所得を推定している。韓国政府も依拠している北朝鮮の年度別GNIおよび一人当たりGNIは表2-2の通りである。表に示される通り、北朝鮮の一人当たりGNIは低水準にあり、国連の定義による「低所得国（一人当たりGNIが一〇〇五米ドル以下）」に分類される。韓国の一人当たりGNIが二〇一八年時点で三万三七一五ドルで、[4]「先進国」に分類される水準のため、朝鮮半島の南北経済格差は非常に大きく、統合を妨げる混乱要因となっていることは明らかである。

二〇一七年九月に千葉大学にて開かれた講演会での脱北者（現在韓国に在住）の証言によると、北朝鮮の多くの人たちは食料不足による餓死状態になり、脱北者が増えているという。現在、韓国にいる脱北者の数は約三万二〇〇〇人にのぼる。また、韓国の政治は、勝者独食（勝者による独り占め状態）、理念の対立、地域主義により、身動きが取れない縄で縛られている。巨大政党が相手の党派の政策を無条件拒否するビトクラシー(vetocracy, 拒否権政治)の極端な党派政治である。さらに、既得権に安住して地代追求(rent seeking)に専心している。政治家は一般国民のニーズを政策に反映する能力も意志

表 2-2　北朝鮮の年度別 GNI および 1 人当たり GNI

	名目 GNI(100 万 US ドル)	1 人当たり GNI(US ドル)
1990	16,706	835
1991	15,554	753
1992	13,842	659
1993	11,678	547
1994	9,334	432
1995	5,215	239
1996	10,528	476
1997	10,309	461
1998	10,260	455
1999	10,265	451
2000	10,593	461
2001	11,007	475
2002	10,887	467
2003	11,028	470
2004	11,145	472
2005	13,001	547
2006	13,741	574
2007	14,349	596
2008	13,327	550
2009	12,044	495
2010	13,960	570
2011	15,719	639
2012	15,962	645
2013	16,602	668
2014	17,462	699
2015	16,386	652
2016	16,834	667
2017	17,404	686
2018	17,517	687

出所)　国連(【GNI】https://www.globalnote.jp/post-1346.html, 【1 人当たり GNI】https://www.globalnote.jp/post-1353.html)

もなく、経済学用語でいう取引費用(transaction cost)を政治の最終消費者である国民に転嫁させている。現在の政治形態が民主政治(democracy)から拒否権政治(vetocracy)の方に変わっており、このような韓国政治はまだ統一の準備ができていない。統一のために民主主義形態を持ちつつ、未来志向的で、北朝鮮を混乱に陥らせないような政治システムを構築することが重要である。

南北統一と統合を阻害する諸要因

最後に、南北統一と統合を阻害するいくつかの要因について見ていく。まず、南北における文化的格差が挙げられる。長い間、資本主義と社会主義の中で、特に北朝鮮の住民たちは、金氏一家神格化教育を受け、共産主義意識も持っており、全体主義的な雰囲気が根強くある。その反面、韓国は個人主義的で、政治の権威を信奉しない傾向がある。

次に経済的格差が挙げられる。韓国は朝鮮戦争以来、海洋勢力(アメリカ、日本)と協力関係を持ち、民主主義開放市場経済により経済が奇跡的に発展した。しかし、北朝鮮は、大陸勢力(中国、ロシア)と協力関係を持ち、社会主義閉鎖経済政策により貧困国家になってしまっている。GDP(国内総生産)でみた北朝鮮の経済規模は二〇一八年の統計では韓国のおよそ一〇〇分の一、貿易取引は三二〇分の一の水準に過ぎない(5)。韓国にとっては、統一の費用よりも経済的・非経済的便益のほうが大きい。経済的な利益としては、分断の費用解消、規模の経済実現、市場の拡大などがある。また国土と人口が増加することは、統一後の国際的な存在感を増すことにもなる。このほかにも、南北外交競争にともなう費用の削減や国防費減少、南北間地域経済の有機的な結合、さらには、紛争地域というイメージを払拭することによる海外投資の増大と信用等級の上昇などの点が挙げられよう。これ以外にも、離散家族問題の解決、民主主義の拡散といった社会・文化的な利益が想定される。

周辺国家(中国、日本、アメリカ、ロシア)との関係性

朝鮮半島における統一が周辺の中国、日本、アメリカ、ロシアなど多国間での安全保障体制の中で平和的になされるのであれば、統一の波及効果は朝鮮半島のみならず中国、日本など北東アジア全体へ広がると予想される。また統一により、北東アジアが従来の冷戦的・対立的な仕組みから抜け出し、より平和的な体制へ進むことができる。そのためには、それぞれの国の認識差を縮めるための周知の策を積極的に進めていく必要がある。アサン政策研究院は統一韓国と中国、そして日本の三カ国が年間六六〇億ドルにのぼる莫大な軍事費支出を抑えることができるようになり、それを経済開発へ投資することにより、北東アジア共同繁栄の礎になると分析している(URL③)。朝鮮半島の分断状態が続くと、北東アジアで軍事的緊張が継続するため、中国は経済建設のために北東アジアで平和的安保環境が整えられるのを願っているはずである。万が一多者間安保協議なしで統一になると、韓・米・日・中間での葛藤や軍事衝突が起こる可能性を排除できない(URL④)。

日中韓の関係性(本章執筆の二〇二〇年一〇月上旬時点)を、「ソシオン」(社会学で用いられる関係図、本書第12章を参照)を用いて示してみると、図2-1のようになる。この図において、白の矢印が当面の「ポジティブな評価」、黒の矢印が自国にとっての相手国の「ネガティブな評価」を表し、矢印の太さ・細さで好き嫌いの度合いを表している。図中で日中韓に視点を向けると、ネガティブとポジティ

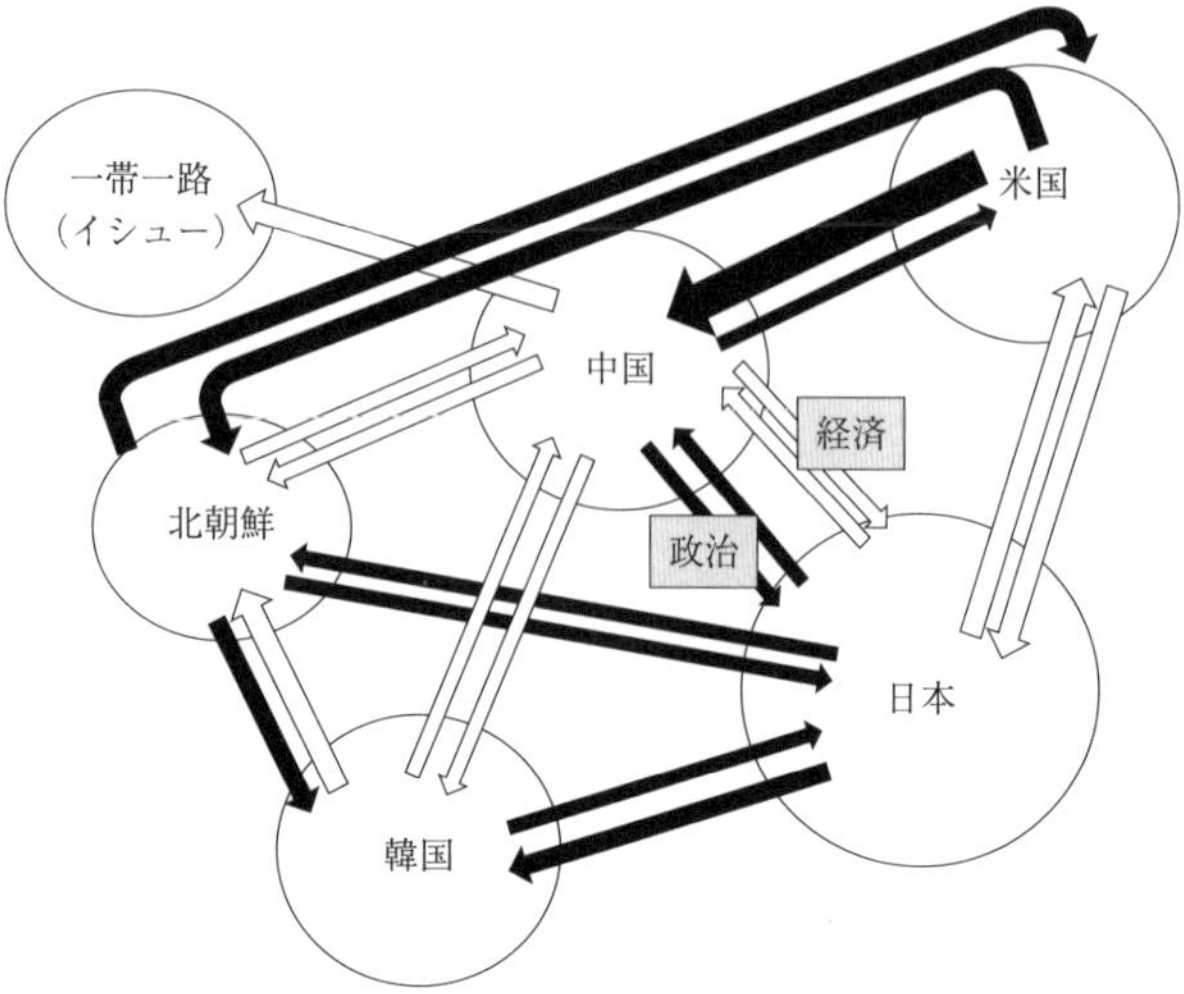

図 2-1　日中韓をめぐる関係性のソシオンによる図示

ブ双方の関係がこれら三カ国を取り巻いていることが可視化される。すなわち中国と日本は政治面でネガティブの関係、経済面では基本的にポジティブの関係であるが、韓国は中国と基本的にポジティブな関係、また日本とは現在のところ基本的にネガティブな関係となっている。さらに第三国ながら影響力の強い米国と日本とはポジティブな関係であるが、米国は中国および北朝鮮にネガティブな評価をしている。北朝鮮に対しては、宥和的な韓国と日本で評価が分かれており、日中韓三カ国の関係性に影を落としている。一帯一路をめぐっては、「マクロ」的な中国への脅威認識につながるため、図中には表しきれない（欧州、アフリカ、中東を含めた）諸外国の脅威認識にもつながり、それら諸国と日中韓それぞれの同盟・対立関係は、マクロからメソへ階層を超えた形で日中韓三カ国の関係性の不安定化の一因となっている。さらに図中に示される国の内部におけるミクロ的主体（経済利益を見据えた産業団体、朝鮮半島の南北統一を願う団体を含む）もまた、メソレベルの関係性に正負の影響を与え、それら自身も影響を受けるために、階層を超えた関係性を不安定で予測困難なものにしている。

本章では、日中韓を巡る関係性について、それら三国のいわば「メソ」的国家間関係に着目して、中国独自の一帯一路構想、朝鮮半島における統一の問題を論じた。さらにグローバル関係学の階層的な視点に立つと、米国とこれら諸国との関係性がマクロな国際社会にも影響を与えるため、日中韓の地域統合の進展を見るうえで少なくともこれらの複層的な要因への考察が欠かせない。米中貿易摩擦は、場合によっては「メソ」的な日中間の政治経済関係を改善させる可能性がある一方で、「マクロ」的には、米中対立による保護貿易もしくはブロック経済的な機運が全体的な貿易の縮小を招きかねない。日中韓を巡る地域統合の把握には、政治・経済・社会状況が階層的な影響を与えており、グローバル関係学としての視点が不可欠である。

注

(1) 日本政府は物品の関税やサービス貿易の障壁等を削減・撤廃することを目的とする自由貿易協定(FTA)に代えて、貿易の自由化のみならず投資、人の移動、知的財産の保護や競争政策におけるルール作り、様々な分野での協力の要素を含む、幅広い経済関係の強化を目的とした「経済連携協定」(Economic Partnership Agreement, EPA)という呼称を使用している。

(2) 北朝鮮の中央集権的計画経済制度は次の三つの特徴を持っている。①所有制度面で集団及び国家の所有だけを認める。②経済活動に必要な資源分配面に中央計画当局の計画が重要な役割を行う。③家計を含むあらゆる経済活動面において中央計画当局の指導及び命令指標が意思決定の基準になる。

(3) しかし二〇二〇年六月に、金正恩を非難するビラが韓国の脱北者支援団体により北朝鮮に向けて飛ばされたことを理由に、北朝鮮は開城市の南北共同連絡事務所の閉鎖を宣言した上で、同月のうちに事務所を爆破解体した。本章執筆時点でこのことの影響は不透明であるが、南北統一の統合に向けた気運を低下させていることは間違いない。

(4) Global Note (https://www.globalnote.jp/) より。

(5) Global Note に掲載の統計数字によると、二〇一八年において韓国のGDPは一兆七二〇五億ドル、貿易総額(輸出と輸入の合計)は一兆四五六億ドルであったのに対して、北朝鮮のGDPは一七四億八七〇〇万ドル、貿易総額は三二億三〇〇〇万ドルであった。

参考文献

阿部清司・石戸光(二〇〇八)『相互依存のグローバル経済学——国際公共性を見すえて』明石書店

石戸光編著(二〇一七)『グローバル関係学ブックレット　政治経済的地域統合　アジア太平洋地域の関係性を巡って』三恵社

外務省(二〇一九)『外交青書』

公安調査庁(二〇二〇)『内外情勢の回顧と展望』

秦兵(二〇一九)「中日経貿合作回顧与展望」『東北亜経済研究』第一〇期

孫麗(二〇一九)「中日貿易結構変化対中国産業結構対昇級的影響」『東北亜経済研究』第六期

鄭程灿・倪偉清(二〇一六)「中日貿易摩擦的現状、原因及対策思考」『現代商業』第一一期

田正(二〇一八)「日本対華直接投資対中国経済発展影響研究」『日本問題研究』第三期

金仁淑・孫玥(二〇一八)「全球経済新形勢下中日合作探析」『人民論壇』第九期

URL

① https://www.mofa.go.jp/mofaj/press/release/press4_004507.html(二〇二〇年一〇月一五日閲覧)

② https://web.archive.org/web/20190815185030/https://www.yidaiyilu.gov.cn/（二〇二〇年一〇月一五日閲覧）

③ http://en.asaninst.org/（二〇二〇年一〇月一五日閲覧）

④ http://news.chosun.com/site/data/html_dir/2014/01/17/2014011700259.html（二〇二〇年一〇月一五日閲覧）

第3章　国際化する偽造品貿易——地域統合を扇動する国際貿易

渥美利弘

はじめに

偽造品と聞いて、誰しもまず思い浮かべるのは、いわゆる偽ブランド品ではないだろうか。知的財産権には商標権、特許権、意匠権、著作権などいくつかの種類があるが、偽ブランド品は通常、商標権の侵害となる。偽造品は、このように企業等が有する知的財産権を侵害し、さらには長期的にはイノベーションの停滞を招きかねないことなどから問題視される。現代社会において知的財産権は保護されるべき権利として、法制度が整備されており、知的財産権の侵害は政府による取り締まりの対象となって久しい。

ところが偽造品は、量のみならずその範囲においても拡大傾向にある。日本でも偽ブランド品にとどまらず、偽造薬の流通が明らかになるなど、偽造品が物的損害のみでなく、生活や生命を脅かしうる事態が迫っている。

偽造品問題の背景の一つには経済活動のグローバル化がある。国際貿易の障壁が取り除かれ、国際貿易が価格メカニズムに基づき自由に行われるようになることは、原理的には各国の経済厚生を高める。これは欧州やアジア太平洋地域で展開されてきた経済統合のメリットの一つである。他方でボーダーレスな物品貿易は偽造品の国際流通を容易にしてしまう側面もあり、人々が知らぬ間に損害を受けるようになってきているとすれば、偽造品問題は静かに忍び寄るグローバル危機であると言えよう。

一方、偽造品対策は、特に知的所有権の貿易関連の側面に関する協定（Agreement on Trade-Related Aspects of Intellectual Property Rights, ＴＲＩＰＳ協定）の成立以降、先進国による新興国・途上国包囲網が形成されつつあるが、両者の間の溝は深まるばかりで、国際的な取り組みは行き詰まりの様相を呈している。

本章は市場における偽造品生産者と消費者の関係性、また先進国、新興国および後発の途上国政府間の関係性に着目して、偽造品のグローバル危機への対応を検討する。関係性の検討を通じて導かれる、優先度に応じ時間軸を考慮に入れた偽造品の国際的取り組みの再構築、具体的には、共通の課題であるプライマリー市場の問題を優先することによる、新興国・後発途上国の参加を得た取り組みが行われるべきであることを提言したい。

一　偽造品貿易の実態

経済協力開発機構（Organisation for Economic Co-operation and Development, OECD）は加盟国からの報

表3-1　物品貿易に占める偽造品割合

	2005年	2013年	2016年
偽造品貿易額（全世界，億ドル）	2,000	4,610	5,090
偽造品貿易割合			
全世界	1.9%	2.5%	3.3%
EUのみ	n.a.	5.0%	6.8%

出所）OECD（2008）およびOECD/EUIPO（2016；2019）

告を集計・分析して、世界の偽造品の被害状況を発表している。二〇〇八年に第一回調査が実施され、その後欧州連合知的財産庁（European Union Intellectual Property Office, EUIPO）も加わった二〇一一年から二〇一三年の情報をもとにした改訂版（OECD/EUIPO 2016）が出されたが、このたび二〇一九年版（OECD/EUIPO 2019）が発行されたところである。これら一連の調査によると、年々偽造品貿易は増加傾向にある。表3-1にまとめたように、二〇〇八年調査では一・九％であった世界貿易に占める偽造品割合の推計値は、最新データでは三・三％まで上昇している。被害国の上位にはアメリカ、イタリア、フランス、スイス、日本、ドイツ、イギリスおよびルクセンブルクが挙げられており、欧州連合（European Union, EU）のみでみると、近年では域外からの輸入の六・八％までもが偽造品の可能性がある。ＯＥＣＤ報告は偽造品の量的拡大のみならず、偽造品の種類・範囲の拡大をも指摘しており、偽造品がいわゆる高級ブランド品にとどまらず、生命に危険を及ぼすもの、例えば欠陥のある自動車部品、人体に害のある医薬品、子供に危害を与える玩具、滋養物のない乳幼児用飲料や不適格な医療機器などに広がっていることを警告している。

偽造品の仕出国は、後に示す日本や米国の資料からも明らかなように、中国を筆頭に新興国や中進国が主で、背景にはこれらの国では工業生産の能力が高まっている一方で、それに見合ったガバナンスがなく、また法の十分な執行、後述のエンフォースメントができていないためであるとみられる。

偽造品の流通には、郵便小包が最もよく使われる(六二%)。これはインターネットの普及により国際小口販売が普及しているためとみられる。流通ルートは複雑で、香港、シンガポールやアラブ首長国連邦の自由貿易地などのハブや、ガバナンスが弱く、組織犯罪が広がっている国などを経由する。しかも取り締まりを逃れるため、頻繁にルートは変えられるという。

次に日本の水際での取り締まりから得られる情報から、より詳細に偽造品貿易の実態をみてみる。日本では財務省が税関業務で検出された偽造品の情報を公開している。財務省(二〇一九)によれば、二〇一八年の輸入差止二万六〇〇五件中、二万二五七八件(八六・八%)が中国、次いで香港が一一五〇件(四・四%)と中国発のものが圧倒的である。また差止となった物品の点数でも九二万九六七五点中、中国が七七万三四六〇点(八三・二%)と最大で、次いで香港が一〇万四三〇点(一〇・八%)であった。侵害された権利別には、件数では商標権が圧倒的に多く、九六・六%、次いで著作権が一・七%であり、点数別でも同様の傾向にある。品目別では、件数でみてバッグ類が最大で、三三%、次いで衣類(二一・四%)、靴類(一一・一%)、携帯電話および付属品(八・四%)、時計類(五・七%)、帽子類(二・七%)、コンピュータ製品(二・一%)等となっている。一方、点数でみた場合には医薬品が一番多く、三四・四%を占める。輸送形態別には件数では、OECD報告同様、郵便物が一般貨物より多く、八六・八%、点数でも郵便物が多いがその割合は五六・二%である。税関で発見された偽造品が本物であったとした場合の金額の推計は約一三五億円、このうち四三・七%がバッグ類であった。日本の企業等が偽造に気付き、偽造品の輸入差止要求(輸入差止申立)をすることもある。輸入差止申立件数は七〇一件、このうち商標権が四〇一件で五七・二%、意匠権が一一二件(一六%)、著作権が一〇二件(一四・六%)、著作隣接権が六〇件で八・六％であった。また旅客携帯品の放棄という形態もあり、これが一〇七九件(四万八九一点)であった。輸入差止に係る仕出国は中国、香港、韓国の順に多い(1)。

経済産業省でも偽造品対策を実施しており、二〇〇四年に模倣品・海賊版対策総合窓口を設置して相談等の業務を行い、年次報告をまとめている。経済産業省(二〇一九)によると、この窓口への相談案件のうち、やはり香港を含む中国に関する案件が五割以上を占めているが、近年は東南アジア諸国における相談も増加傾向にある。

表3-2は日本の物品輸入額と、輸入差止価額、そしてそれらから計算される偽造品割合を示したものである。二〇一八年の日本の総物品輸入額は八三兆円弱、これに対して実際に発見された偽造品の推計評価額は一三五億円であるから、日本へ向けて輸出される物品のうち、少なくとも〇・〇二％が偽造品であったということになる(2)。日本での偽造品検出上位国・地域についてみていくと、中国からの総輸入額が一九兆円超でこれが日本の物品輸入の二割を超えているが、中国仕出の偽造品推計額が全体の八割であり、中国との貿易規模の大きさを考慮しても、それ以上の偽造品が見つかっているということになる。第二位の香港からの日本の輸入額は小さいが、偽造品の割合は最も高く、少なくとも香港仕出物品の〇・五％は偽造品であった。またフィリピンも日本との貿易規模に比して偽造品がやや多い傾向にある。

偽造品問題に対する先進国産業界のいら立ちがストレートに反映されているのが米国政府の対応である。一九七四年通商法三〇一条(Section 301 of the Trade Act of 1974, スペシャル三〇一条)によって、米国では通商協定における同国の権利が侵害されている場合、外国の措置や政策等が通商協定の規定

表 3-2　2018 年の日本の輸入と知的財産侵害物品の輸入差止

	輸入額	構成比	輸入差止価額	構成比	最低偽造品割合
中国	191,937	23.2%	108	80.0%	0.06%
香港	2,347	0.3%	12	8.9%	0.51%
韓国	35,505	4.3%	4	3.0%	0.01%
フィリピン	11,524	1.4%	4	3.0%	0.03%
ベトナム	23,352	2.8%	3	2.2%	0.01%
その他	562,369	68.0%	4	3.0%	0.00%
日本の総輸入額	827,033	100.0%	135	100.0%	0.02%

注）　金額は億円単位．輸入差止価額は正規品であった場合の推計価額
出所）　輸入額は財務省貿易統計，輸入差止価額は財務省(2019)

に違反、または不整合である場合等に、一定の措置を講じる権限が、米国通商代表部(United States Trade Representative, USTR)に与えられている。そしてUSTRは偽造品問題の状況を毎年スペシャル三〇一条報告書として公表する。同報告書は、貿易相手国での知的財産権保護や法執行の状況を毎年レビューするものであるが、上述のOECDや日本政府の資料と異なり、内容はアグレッシブである。USTRは特に懸念のある国を名指しし、それらを「優先監視国」や「監視国」等の名称でランク付けして、各国の知財保護の現状・問題点を指摘、改善を促す。模倣品・海賊版による権利侵害は特許権、商標権および著作権等多岐にわたるが、米国はそれ以外にも企業秘密(trade secret)、すなわち機密事項として管理されている企業の顧客情報や未公開の新製品・ノウハウなども含めた保護を求めている。

USTR(2016)によれば米国の水際での偽造品押収のうち金額で五二%が中国仕出であり、香港経由のものを含めると八五%に達する。しかし中国以外にも多様な国々がUSTRの監視対象になっている。USTR(2019)による優先監視国は、中国、インドネシア、インド、アルジェリア、クウェイト、サウジアラ

ビア、ロシア、ウクライナ、アルゼンチン、チリおよびベネズエラの一一カ国であった。またそれらとは別にタイ、ベトナムを含むアジア諸国、中東や南米諸国などの他、スイスやカナダといった一部の先進国、合計二五カ国が監視国に挙げられている(3)。このように数十カ国が米国の知財侵害国とされている中、スペシャル三〇一条報告書は近年では中国を筆頭に掲げ、紙幅を割いて不満を呈しており、米国でも同国の偽造品問題における影響度は大きい(4)。

ＯＥＣＤ、日本そして米国のいずれの資料からも、新興国が仕出国となって、先進国市場に偽造品が流れており、知的財産権を侵害された先進国産業が被害を被っている、という構図を描くのは容易である。しかし、貿易統計では分からない損害が、新興国・途上国の消費者にも及んでいることを看過してはならないだろう。特許庁(二〇一三)によれば、中国で偽造された物品の七〇%以上は輸出されていると推定されるが、これは偽造品の三〇%は国内消費者に向けられている可能性があるということでもある。

先進国に限らず、消費者への損害という点から新興国・途上国においてもとりわけ深刻だとみられるのは後述の偽造薬である。世界保健機関(World Health Organization, WHO)の発表(WHO 2006)によると、世界の医薬品市場の一〇%以上が偽造薬で、途上国に限ると消費される医薬品の二五%が偽造薬であると推計される。個別の市場においてもＷＨＯは偽造薬のフィールド調査を行っており、例えばWHO(1999)はベトナムとミャンマーで流通している医薬品を収集し検査を行ったところ、一割を超えるサンプルで品質の問題を検出している。その他、消費者被害があり得るものの例として自動車補修部品がある。日本貿易振興機構(二〇一七)による中国での実地調査は自動車メーカーの商標を使った偽造補修部品が主として中国国内向けに流通していることを示唆している。この場合は偽造品を使用する消費者のみでなく、事故の発生を通じて社会全体にも被害が及びうるであろう。

二　偽造品問題への国際的取り組み

偽造品は古くて新しい問題である。一九世紀末には工業所有権の保護に関するパリ条約や文学的および美術的著作物の保護に関するベルヌ条約によって知的財産権はグローバルな保護の法的基礎ができている。一九七〇年には世界知的所有権機関（World Intellectual Property Organization, WIPO）が設立された。のちに国際連合の専門機関となって、ＷＩＰＯはパリ条約やベルヌ条約をはじめとする既存の知財関連条約の管理にあたっている。

しかし米国の産業界、とりわけコンピュータ・医薬業界から偽造品対策の実効が上がらないことへの不満・いら立ちは根強く、エンフォースメント、すなわち、国境措置、民事執行、刑事執行など知財権の行使を強く求めるようになっていった。チョート（二〇〇六：三九七）によれば、米国産業界にとって、ＷＩＰＯは「国家間に討論の場を提供したが、エンフォースメント機関ではなかった」のである。

その後ＷＩＰＯ自体は存続したが、「パリ・プラス」を求める米国産業界の主導で日米欧産業界・政府が共同歩調を取り、戦後の世界経済秩序の基礎である関税と貿易に関する一般協定（General Agreement on Tariffs and Trade, GATT）に知財権のエンフォースメントを含める活動が行われてきた。

まずＧＡＴＴのウルグアイ・ラウンドで知的財産権分野が新分野として検討が始められ、一九九五年にはＴＲＩＰＳ協定が発効した。同協定では知財においても加盟国に対してＧＡＴＴの大原則である内国民待遇・最恵国待遇を求め、知財エンフォースメントに関する規定が創設され、国内裁判において加盟国が遵守すべき最低基準が定められるとともに、世界貿易機関（World Trade Organization, WTO）が発足して紛争解決手続きが導入された。ＷＩＰＯは知財関連条約の管理機関として存続し、エンフォースメントをＴＲＩＰＳ協定が担うというグローバルな知財権保護体制ができたのである。

先進国産業界・政府の期待は、ＴＲＩＰＳ協定によって新興国・途上国を含めたＷＴＯの全加盟国において先進国同様の知財のエンフォースメントがなされることであった。またそれがなされない場合にはＷＴＯの紛争仲介メカニズムに訴えることもできる。しかし、ＴＲＩＰＳ協定の適用について途上国には猶予が与えられ、後発途上国を含めた全加盟国への同協定の適用は二〇〇五年からとなった。加えてＷＴＯでは先進国の農業保護を巡る対立が発生、新たに開始されたサービス貿易自由化交渉も停滞するなどＧＡＴＴの歴代ラウンドのような成果を上げることが難しくなってきていた。先進国産業界はＴＲＩＰＳ協定発効から一五年以上経過してもエンフォースメントの実効がなかったことに再び不満を募らせ、これが知財権エンフォースメントの補完・強化をねらった偽造品取引の防止に関する協定（Anti-Counterfeiting Trade Agreement, ACTA）創設へとつながっていく。

三　関係性からみた偽造品問題

以上が主として先進国側からみた偽造品の現状と、日米欧による偽造品対策包囲網構築の経緯である。ここで偽造品の特質と、偽造品を巡る国際関係に目を転じてみたい。偽造品問題を知的財産権侵害の側面から、「善悪」の問題として考えると、偽造品ビジネスは「悪」である。実際、偽造薬などのように、知的財産権の問題にとどまらず、消費者に取り返しのつかない損害を与えてしまうものもある。しかしながら偽造品の所持・使用自体は多くの国で必ずしも違法とはならないことから、偽造品供給のインセンティブが生じる。法を守らない業者がいること、偽物でもいいからブランド品が欲しいという消費者がいることを前提に、「損得」で考えると、偽造品問題はかなり複雑であることが分かる。

市場を通じた関係性の分析は経済学が得意とするところであり、グロスマンとシャピロらによって理論研究が行われてきた(Grossman and Shapiro 1988a, b)。彼らの研究がまず焦点を当てるのは消費者と偽造品供給者の関係である。決定的な違いが生じるのは消費者が騙されて(偽造品と知らずに)偽造品を購入してしまっているのか、それとも消費者が偽造品と知りながら購入しているのかどうかという点である。前者の典型的な例は偽造薬である。偽造品と知りながら薬を買う消費者はまずいないからである。ＯＥＣＤ報告ではこれを偽造品の一次市場またはプライマリー・マーケット(primary market)と呼んでいる。後者の典型例はバッグなどのファッション・アイテム等、いわゆる高級ブランド品の偽物である。偽物でもよいからステイタス性のある商品を所有したいというニーズに応えて偽造品が取引されるこちらの市場は、二次市場またはセカンダリー・マーケット(secondary market)と呼ばれる。

新興国・途上国から偽造品が流入してくるので、先進国政府の偽造品対策は水際での取り締まりが主になる。通関時の検査、また間接的な対応としては偽造品の仕出国となっている国からの輸入品に対して関税を賦課するという対策も取りうる。また経済学のように経済的効率と、すべての経済主体の経済厚生を厳密に考えるならば、政府が没収した偽造品をどう処分するか、すなわち、廃棄するのか、それとも資源の浪費を避けるため(偽ラベルをはがすなどして)偽造品をノーブランド品として消費者に売却するのがよいのかまで検討することになる。

自国企業の利益を代弁して偽造品の包括的取り組みを進める先進国側の対応のみからは見えてこないが、社会厚生の観点からは同じ偽造品でも一次市場の問題が圧倒的に大きいのではないだろうか。財務省(二〇一九)においても指摘されているように、医薬品の他、一次市場で取引されているとみられる煙草および喫煙用具、自動車付属品、電気製品、美容用品などの偽造品は、使用または摂取することにより健康や安全を脅かす危険性があるのである。

医薬分野の偽造は第一節のOECD報告のみならず、日本の税関でも毎年見つかっており、従来からスペシャル三〇一条報告書でも取り上げられるなど、世界中でその影響が懸念されている。[5] WHOは低品質医薬品、偽造薬および模造薬を総称してSSFFC医薬品(Substandard, Spurious, Falsely-labelled, Falsified, Counterfeit Medical Products)と呼んでいる。WHOは、SSFFC医薬品は同一性や起源について偽表示された医薬品であり、一般的には、(1)表示された成分が含まれていない、(2)表示成分以外の有効成分が含まれている、(3)表示とは異なる起源の有効成分が含まれている、および(4)表示量と異なっている(不純物の混入を含む)といった性質を有することが多いとしている。

WHO(2006)によれば、SSFFC医薬品は通常、外見上正規品に似せて作られており、その特性上検出が難しく、すぐに明白な害はなくとも、病気や症状の改善に役立たないものが多い。また偽造薬の生産に必要な機器や材料は容易に入手できるので、生産拠点は容易に立ち上げることができ、非衛生・劣悪な環境下で大小さまざまな生産者がさまざまな国で生産している。

SSFFC医薬品による被害の全貌、拡散や影響度合いは未だ分かっていないが、WHOは加盟国に依頼して、正確な情報を収集し、二〇一三年から世界規模での調査・モニタリングの体制構築を開始し、その実態把握に動いている。それによると、先発・後発医薬品を含めこれまでほぼすべての分野の医薬品で九二〇品目以上が報告されている。

偽造品問題を巡るもう一方の関係性は、偽造品対策を巡る政府間関係である。TRIPS協定によって、少なくとも形式上国際的な知的財産権の保護と法執行が行われるはずであるが、先進国産業界の途上国への不信は解消されていない。この不信はデジタル化が進む社会において多様な偽造が行われるようになって一層高まっている。これが端的に表れたのがACTAである。ACTAは先進国の立場において知的財産権に関するより「効果的」な枠組みをつくるために、二〇〇五年のG8グレンイーグルス・サミットで日本が提唱した知的財産権侵害物品の拡散防止のための法的枠組み策定の必要性をベースにしたものである。ACTAには二〇一一年に日本、オーストラリア、カナダ、韓国、モロッコ、ニュージーランド、シンガポールおよびアメリカの八カ国が署名、翌二〇一二年にはEUおよびEU加盟国のうち二二カ国の署名を得た。ACTAのポイントは(1)新たな侵害手法への対応、(2)デジタル環境下の対策、(3)国境措置の強化、(4)民事上の執行強化、および(5)刑事上の執行強化である。新たな侵害手法とは、模倣品とそれに貼り付ける模倣ラベルを別々に輸出し、税関での取り締まりを回避して、後から輸出先で模倣品にラベルを貼付して販売する手口である。ACTAは模倣ラベルの取り締まりも可能にして、この手口を封じる。デジタル環境下の対策とは、違法なコピーやアクセスを防ぐ暗号等を解除するソフト等の製造、輸入、頒布およびサービス提供を新たに規制して、違法な二次利用を防ぐものである。国境措置の強化により、輸出の取り締まりも行う。輸出品への通関停止措置を義務化、税関当局の職権による輸出品の通関停止が可能になる。民事上の執行強化により輸出侵害物品も対象に含め、侵害品および侵害物作成機材の廃棄等が義務化される。また刑事上の執行強化により、個人のみでなく法人の責任も追及し、幇助・教唆罪についての責任追及も可能になる。

ところが二〇一九年末現在、批准したのは日本(二〇一二年)のみで、ACTAは発効していない(6)。提案国の日本にとっては非常にまずい状況である。上述のACTAの中身はいわば先進国のウィッシュリスト(wish list)であり、新興国・途上国の参加は望むべくもないだろう。しかも二〇一二年、欧州議会はACTA批准を拒否しており、日米欧による包囲網にほころびが出る始末である。欧州の反ACTA運動の背景にはインターネット社会における自由に対する懸念がある。ACTAはデジタル環境下での知財権保護を企図しているが、デジタル社会が知財問題における関係性を複雑化している面もあるのである。

ACTAへの新興国政府への対応はいかなるものであろうか。中国は当初からACTAには参加していない。吾郷(二〇一一)によれば中国は「ACTAは過度の規制強化は権利の独占、さらには貧富の差を拡大させる」と指摘、ACTAが悪影響を及ぼすならWTOへの提訴も辞さない考えを示している。

中国では特許法ができたのが一九八四年、同年パリ条約に加盟、ベルヌ条約参加は一九九二年のことに過ぎない。二〇〇一年の同国のWTO加盟後の中国知財法は一応TRIPS協定に準拠しており、法的にはWIPOの義務を満たしている。先進国が一〇〇年以上かけて造ってきた国際知財保護の制度を、中国はわずか一〇年ほどの間に形式上は整えたのである。中国国内の知財への考えや取り組みが深まらないまま、TRIPS協定に加えて、ACTAへの対応を期待するのは難しく、現実的ではないであろう。

アメリカのスペシャル三〇一条報告書でこれまで監視対象として名指しされた偽造薬生産国としては、インド、中国、ロシア、ブラジル、メキシコなどがある。中でもインドは世界のジェネリック医薬品の製造基地としての地位を築きつつあり、医薬分野での知的財産権の取り扱いに対して非常にセンシティブである。諸々のエンフォースメント強化を警戒して、インドは当初からブラジルなどとともにACTAに反対しているが、ACTAによって同国をはじめとする新興国が得意とするジェネリック医薬品の生産が妨げられると解釈するのは当然のことだろう。

WHO(2006)は、SSFFC医薬品の影響を最も受けているのは、中低所得国および紛争や社会不安があり健康管理の仕組みが弱体化している地域であるとしているが、新興国・途上国の消費者の視点に立つと、安価な医薬品の入手は特に重要であり、後発の途上国にとって医薬品マターは人道問題にもなる。「国境なき医師団」も発展途上国でのジェネリック医薬品使用が困難になりうることから、

ＡＣＴＡに対する懸念を表明した(7)。

このようにＡＣＴＡをはじめとするＴＲＩＰＳを超えた諸協定（ＴＲＩＰＳプラス）が構築される一方で、先進国と新興国・途上国との間の溝は深まってきている。実際ＡＣＴＡはモロッコを除くと新興国・途上国の加盟がないという点では進展がみられない(8)。先進国はあえて中国を中心とする新興国外しをして圧力をかけているとの見方もできよう。

ＡＣＴＡにはあらゆる商品を水も漏らさぬよう包括的に取り締まりたいという先進国産業界の知財権保護のねらいが強く反映されている。確かにＡＣＴＡはＴＲＩＰＳを超えた知財権保護に対する先進国の強い意志を打ち出してはいる。しかし新興国にとってＡＣＴＡは先進国による新興国産業包囲網に映っているのである。

四　関係性からみた今後のあるべき偽造品問題への取り組み

国際的な偽造品対策は行き詰まっている。先進国に残された手立ては水際対策の強化であろう。しかしそれにはより多くのリソースを費やすことになるし、偽造品対策が貿易の管理や制限にまで及ぶと、経済統合を破壊しかねない。偽造品を巡る先進国と新興国の対立・分断は地域統合を扇動し始めているのである。

ＴＲＩＰＳの実効が上がらず、ＡＣＴＡも停止した状況下で、今後起こりうることは（すでに米国がそうであるように）先進各国が二国間（バイラテラル）協定によって知財権保護・エンフォースメントを図ることである。米国が北米自由貿易協定(North American Free Trade Agreement, NAFTA)に向かったように、先進各国が個別貿易相手国との交渉によって知財保護を志向するようになっていく可能性がある。FTAが多数乱立することによってビジネス環境がかえって害される問題は、スパゲッティ・ボール現象とも呼ばれるが、偽造品対策においても、貿易相手国に応じて異なる知財対応を求められる企業にとって新たなコストが生じてしまうのではないだろうか。

偽造に対してTRIPS協定やACTAのような条約によってまとめて対処するのは一見合理的であるが、これまでみてきたように各層の関係性を考慮したとき、果たしてそれが有効な対策として機能するだろうか。あらゆる偽造を対象としてTRIPS協定を超えて偽造品の対象範囲や取り締まり手段を拡大した国際協定を、新興国も取り込みながら加盟国を広げていくことは、新興国の事情を考えると難しいと言わざるを得ない。これまでも関税や輸入数量制限などにおいてそうであったように、貿易政策には生産者の意向が強く反映されるものである。TRIPS協定以降の新興国・途上国包囲網形成は、確かに先進国産業界の偽造品対策に関する強いメッセージではあるものの、実効性をもって社会厚生に寄与しているとは言い難い。現状では偽造品問題に関し、先進国産業界の希望はある程度実現されたとしても、先進国対新興国・途上国という分断が進んでいくであろう。

関係性の視点から改めて偽造品問題を検討することで見えてくるのは、偽造品取引と各国政府間関係の多様性である。取引面では消費者が騙されて偽物を購入している一次市場と、偽物と知りながら購入する二次市場では、偽造品対策の社会厚生上の意義が大きく異なる。さらに一次市場の中でも商品によって社会厚生上の重みは異なるであろう。例えば一次市場における医薬品などは、どの社会でも重大な問題と認識されるであろう。TRIPS以降の偽造品対策には消費者（保護）の視点が欠落しているのである。

政府間関係では少なくとも先進国、新興国、そして新興国以外の後発途上国のそれぞれにおいて偽造品問題への立場は異なる。日米欧を中心とする先進国グループはTRIPS協定を何とか成立させ、さらにACTAを進め、地域貿易協定においても知財保護の徹底を図ろうとしている。(9) 先進国がこのように自国の産業界の知財保護に躍起になるのは自然なことであろう。対して新興国は先進国による「規制」を常に警戒する。「世界の工場」としての中国、医薬品生産で台頭するインドはそれぞれに自国産業発展の「機会」を最大限確保しておきたい。そのために先進国産業界の意向を代弁する先進諸国の知財保護強化包囲網に反発するのもまた、自然なことであろう。新興国ほどグローバル産業基盤のない途上国は、知財保護強化に新興国ほどは反発する必然性はないかもしれないが、先進国の知財強化に乗ってしまうと安価な医薬品等の入手が困難になる可能性があるし、知財保護のための法整備・法執行の負担を嫌うことがありうるだろう。

偽造品問題の多様な側面を踏まえ、現状を打破し、何らかの社会厚生上の成果を国際的に上げていくとすれば、先進国・新興国・途上国が共通の利害を有するところを見出し、それに優先的に取り組むことではないだろうか。その一つが、一次市場の消費者保護であろう。偽造品と知らずに購入して損害を被る消費者被害は、先進国のみで生じているわけではなく、むしろ新興国・途上国においてより深刻なのである。医薬品においては明らかにそうである。TRIPS協定以降の、先進国による「包括的アプローチ」よりは、まず一次市場での消費者保護対策として反一次市場の偽造（Anti“Primary Market" Counterfeiting）に取り組むべきなのではないだろうか。そしてこの中で医薬品、食品、農薬等、商品群別に取り組みを実施していくのである。もともと一九世紀に始まった国際知財保護はどちらかというと「分野別」であったと考えられる。医薬品においてはインドをはじめとする新興国の参加が不可欠である。これらが第一優先商品群であるとすると、第二は、例えば玩具など間接的に生命・健康に影響するものや自動車部品など安全に影響する中間財である。

偽ブランド品や海賊版などに代表される、消費者が偽物と知りながら購入している二次市場に取り組むのは、時間軸としては、その次の段階である。二次市場においては、知的財産権に関して、特に先進国の消費者教育・啓発も必要である。その上で、新興国・途上国の参加を得て、知財権のエンフォースメントを実現していくべきである。新興国・途上国の参加を得るためには、GATTの大原則の一つでもある「途上国への配慮」が求められよう。実際、GATTでの貿易自由化は途上国への配慮をしながら進められてきたのである。

長期的には新興国・途上国でもブランドを確立する企業が増加し、知的財産が蓄積されていくであろう。OECD報告も指摘するように、偽造品被害国は先進国にとどまらず、例えば中国では中国企業自身が被害を受けるケースもあるのだから、長期的には新興国・途上国の企業にとっても知財保護は重要なはずで、長期イノベーションの問題としても偽造品対策に途上国の参加を得ることが重要であろう。

冒頭で示したように、偽造元がアジアに偏っているという実態がある。よってアジアでの国際的取り組みも重要である。すでに日本政府はACTAへの参加呼びかけだけでなく、税関業務のキャパシティ・ビルディングや日中知的財産権ワーキンググループの活動などで、中国政府に対してさまざまな働きかけを行っているが、アジア全体で日本の果たしうる役割は大きい。アジアにおける取り組みの場はすでにアジア太平洋経済協力会議(Asia-Pacific Economic Cooperation, APEC)に用意されている。APECでは二〇〇五年の「模倣品・海賊版対策イニシアチブ」に続き、「APEC模倣品・海賊版対策モデルガイドライン」が作成され、二〇一〇年には「知的財産人材育成機関間協働構想(iPAC Initiative)」が打ち出されている。APECは中国を含め、アジア太平洋地域の多様な経済が欠くことなく毎年継続している貴重なフォーラムであり、先進国・新興国・途上国がそれぞれの立場を超えてグローバルな危機としての偽造品問題に取り組む場として一層活用されるべきである。

注

(1) 製造元は不明だが日本から模倣品等が輸出されることもある。この場合は輸出差止措置が取られる。二〇一八年は商標権侵害で七件、特許権侵害で一件の輸出差止があった。

(2) 前述のOECDの偽造品割合は推計値、表3-2の日本の数値は実際に発見され輸入差止となった偽造品の割合であるから最低値であることに留意されたい。

(3) スペシャル三〇一条報告書においてカナダが例年監視国とされているのは、同国が税関職員に模倣品・海賊版の没収権限を与えていないためである。同様にスイスも監視国とされているのは、著作権保護が不十分であるとみられるためである。

(4) トランプ政権下でのいわゆる「米中貿易戦争」においても米国は知財問題への対応を要求している。

(5) わが国でも偽造薬が一般に流通し始めている。厚生労働省によれば二〇一七年一月一七日、米ギリアド・サイエンシズの日本法人が販売するC型肝炎治療薬（ハーボニー配合錠）の偽造（模造）品が、奈良県内の薬局チェーンで発見された。

（6）ACTA発効には六カ国の批准が必要である。

（7）Médecins Sans Frontières (2012) による。

（8）他にメキシコが交渉に参加している。

（9）トランプ政権によって米国が参加を見合わせた環太平洋パートナーシップ協定（Trans Pacific Partnership, TPP）一八条の知的財産章にもTRIPS協定を上回る水準の知的財産保護や権利行使等の規定が盛り込まれている。

参考文献

吾郷伊都子（二〇一一）「ACTAで知財権の保護強化」『ジェトロセンサー』二〇一一年六月号、日本貿易振興機構

経済産業省（二〇一九）『模倣品・海賊版対策の相談業務に関する年次報告』

財務省（二〇一九）『平成三〇年の税関における知的財産侵害物品の差止状況』

チョート、P（二〇〇六）『模倣社会――忍び寄る模倣品犯罪の恐怖』橋本碩也訳、税務経理協会

特許庁（二〇一三）『二〇一二年度模倣被害調査報告書』

日本貿易振興機構（二〇一五）『タイにおける模倣品流通実態調査』

日本貿易振興機構（二〇一七）『中国における模倣自動車部品被害実態調査』

山本信平・近藤直生（二〇一一）「模倣品・海賊版拡散防止条約（ACTA）（Anti-Counterfeiting Trade Agreement）」『特許研究』五一号

Grossman, Gene M., and Carl Shapiro (1988a) "Counterfeit-Product Trade," *American Economic Review*, 78(1).

Grossman, Gene M., and Carl Shapiro (1988b) "Foreign Counterfeiting of Status Goods," *Quarterly Journal of*

Economics, 103(1).

Médecins Sans Frontières (2012) "A Blank Cheque for Abuse: The Anti-Counterfeiting Trade Agreement (ACTA) and Its Impact on Access to Medicines," *MSF Briefing document.*

Office of the United States Trade Representative, USTR (2016, 2018, 2019) *Special 301 Report.*

Organisation for Economic Co-operation and Development, OECD (2008) *The Economic Impact of Counterfeiting and Piracy*, OECD Publishing.

Organisation for Economic Co-operation and Development, OECD and European Union Intellectual Property Office, EUIPO (2016) *Trade in Counterfeit and Pirated Goods*, OECD Publishing.

Organisation for Economic Co-operation and Development, OECD and European Union Intellectual Property Office, EUIPO (2019) *Illicit Trade: Trends in Trade in Counterfeit and Pirated Goods*, OECD Publishing.

World Health Organization, WHO (1999) "Counterfeit and Substandard Drugs in Myanmar and Viet Nam," WHO/EDM/QSM/99.3.

World Health Organization, WHO (2006) "Counterfeit Medicines," *Fact Sheet* #275.

第4章

企業の異質性と地域統合についての実態分析

——日本の海外進出企業を中心に——

梁　立成

はじめに

グローバル化の進行により、世界の貿易パターンは変革しつつあり、それに対応する貿易理論も日進月歩で変貌している。企業は国際貿易と投資の主体である。今現在、ミクロレベル、すなわち企業レベルを出発点とする研究は国際経済学で大きな注目を集めているが、なかでも「企業の異質性」に関する理論は国際貿易理論の最前線の研究とみられている。

「新貿易理論」は初めて企業レベルまで注目したが、その理論の中ではすべての企業は同じ生産性を持って、同じ質量の製品を生産していることを仮定している。しかし、その仮定は非現実的である。実際には、企業は生産性において大きく異なるからである。生産性の違いは「企業の異質性」と呼ばれ、「新々貿易理論」の焦点となっている。

企業の異質性理論はこれまでの新貿易理論が企業の国際化モード選択にあたって説明できなかった

点をよりよく説明し、国際貿易の研究に新たな視座を提供するものであり、新々貿易理論の新潮流ともみられている。本章では、企業の異質性の観点を踏まえて、企業の国際化モードについて検討していく。第一節では、企業の国際化モードとしての輸出の重要性を論じる。第二節では、もう一つの国際化モードとして、対外投資を概念化し、実証的なデータを示したい。最後に、地域統合と企業の異質性との関係性につき総括を行うこととする。

一　企業の国際化モード――輸出

社会にいる人間一人ひとりが様々な個性を持つことと同様に、ビジネス市場で活動する企業もそれぞれ独自の特徴を持っている。その特徴は様々な面で出てくる。例えば企業規模、設立年数、資本の集積度、経営方針、生産技術などが列挙できる。また、国際化モードの選択、すなわち国際化するかどうか、いかに国際化を推進するかについても各社の特徴を持っている。もちろん、すべての企業が輸出を行うわけではない。むしろ、輸出企業の数は少ないとも言える。バーナードらの実証研究によると、一九九二年のアメリカでは輸出を行った企業はほんの二一%であり、輸出企業のうちの三分の二は自社生産量の一〇%しか外国に輸出しなかった(Bernard et al. 2003)。

日本の場合はどうだろう。表4-1は過去七年間の日本輸出企業の割合を示すものである。輸出企業は二一三―一五%にとどまったことが分かった。

また、八代・平野(二〇一〇)は二〇〇二年から二〇〇五年までの日本の製造業企業の輸出状況を明らかにした。それによると、資本金規模の小さい企業における輸出企業の割合は二一%程度しかなく、製造業において輸出額の最も大きい上位一〇%の製造業企業が製造業全体の輸出額の九二%を占めていることが分かった。

表 4-1　日本の輸出企業の割合

	輸出企業の割合(%)	モノの輸出企業の割合(%)
平成 23 年度	23.2	21.2
平成 24 年度	23.7	21.7
平成 25 年度	24.0	21.9
平成 26 年度	24.4	22.2
平成 27 年度	24.8	22.6
平成 28 年度	25.2	22.8
平成 29 年度	25.5	23.3

出所）「企業活動基本調査」(経済産業省)より筆者計算

実際に、非輸出企業と比べて、輸出企業の数がほんの一部であることは世界各地で確認される状況である。一般的に輸出企業は非輸出企業と比べて、規模はより大きく、熟練労働者はより多く、生産性や技術、資本集約度もより高いということはこれまで多くの研究者により実証されてきた(Bernard and Jensen 1995；Aw et al. 2000；Bernard et al. 2007)。さらに、生産性と外国への輸出の関係、すなわち自己選択(セルフ・セレクション)の効果で、生産性の高い企業のみが輸出できることも実証されている(Clerides et al. 1998)。たとえば、オウらは台湾企業のデータを用いてその効果を検証し(Aw et al. 2000)、バーナードとイェンセンはアメリカ企業のデータでさらに企業の輸出を加速した要因を検討した(Bernard and Jensen 2004)。彼らの研究によると、高い参入コストがあるため、上記の異質性のほか、輸出経験の有無も現時点の企業の国際化方針に影響を与えることを明らかにした。

このような多数の実証結果を踏まえ、メリッツモデル（Melitz 2003）をはじめとする企業の異質性理論が生まれた。このモデルでは、ミクロレベルである企業を研究対象に、主に生産性によって代表される異質性を正面から取り入れ、企業の国際化モードの選択を分析した。メリッツはそれまでの独占的な競争市場の前提を使い続けた。つまり、各企業は他企業とは別の製品を生産し、各自一定の寡占力を持っている。また、このモデルでは企業が輸出を行う際に、必ず外国の市場を開拓するための固定費用（輸出固定費用）に直面するという仮説も立てている。従来の貿易理論との違いは、このモデルが企業レベルの生産性の違いに焦点を当てた点にある。輸出固定費用を前提とすると、生産性と収益性の高い企業のみがこの費用を賄うことができ、国際市場に参入できるというのがこのモデルの主張となる。

メリッツモデルの中では、国内企業 i がある生産部門 j に所属する製品を生産するとする。この生産部門に対する市場ニーズのパラメータを B_j で表す。企業 i の労働生産性を φ で表し、賃金水準 w を1とみなす（個人一人ひとりの賃金ではなく、一単位当たりの労働量に対する賃金を1とする）。したがって、国内生産にかかる固定費用を f とする場合、該当企業の利益 π_D と労働生産性 φ の関係は次のように表記することができる：$\pi_D = B_j\varphi^{\sigma-1} - f$。$\sigma$ とは各製品の代替の弾力性であり、常に1より大きい（$\sigma>1$）。$\alpha = \varphi^{\sigma-1}$ とすると、利益と生産性の関係はさらに次のように簡潔化できる：$\pi_D = \alpha B_j - f$。言うまでもなく、企業は利益を見込むことができる（つまり、$\pi_D>0$）から市場に参入する。この式から得られるように、利益性と生産性の間には正の相関がある。ここでは生産性を φ^* に設定する。$\pi_D(\varphi^*) = 0$ を目安に、式の値が0以上になる場合、企業は正の利益を求めることができる。そうでない場合は、負になる。この生産性φ^*は市場参入の閾値とも呼ばれている。

言い換えれば、ある企業の生産性がφ^*に達していないと市場に参入することがない。また、もう一つ注意しないといけないのは固定費用のことである。固定費用fが下がると、本来利益が負になるはずの企業は、生産が始まると利益がプラスになると考え、市場参入を始める。逆に、固定費用fが上がる場合、利益を見込めない企業は市場から離脱することになる。上記は閉鎖経済を前提とする場合である。

次に輸出企業の利潤関数を分析する。今回、企業は輸出するかしないかを選択することができる。しかし、輸出する場合は「入場費」、つまり国際展開を行うのに、異なる商習慣、宗教、文化や言語などに対応するための輸出固定費用が発生する。その輸出固定費用をf_eとする。すでに国内生産を行い、輸出に向かう企業がかかる費用をf_xとする。$f_x = f_e + f$と表示できる。一方で、企業が輸出を行う際に、多くの氷山物流コスト(みえない物流費の多いことを示す用語)に直面している。一つの単位の製品を確実に目的地に輸送させるために、企業はτ単位($\tau>1$)の製品を輸送しないといけない。この氷山物流コストは一定程度輸出製品の価格と収益に反映する。国内市場の収益を$r_d = \alpha B_j$と表示すると、輸出する時の収益は$r_x = \tau^{1-\sigma}\alpha B_j$になる。上記を踏まえ、輸出企業の利潤関数は公式$\pi_x = \tau^{1-\sigma}B_j\varphi^{\sigma-1} - f_x$で表示することができる。さらに、$\alpha$に変えると$\pi_x = \tau^{1-\sigma}\alpha B_j - f_x$で表すこともできる。$\tau>1, \sigma>1$のため、$0<\tau^{1-\sigma}<1$になる。二つの直線で生産性と利益の線形関係を表すと、輸出企業の関数π_xの傾きは国内企業の関数π_Dの傾きより小さい。

同様に、ここでは生産性φ^xが存在し、$\pi_x(\varphi^x)=0$にさせる。φ^xは輸出企業の生産性臨界値になる。

生産性がφ_xより高い場合は、輸出を行うことで新たな利益が見込めると思い、輸出を選択する。生産性がちょうどφ_xに等しい企業は輸出してもしなくても損にはならない。また、生産性がφ_xよりも低い企業は輸出することで負の利益、つまり損になる。π_Dの傾きはπ_xよりも高いことから、$\varphi_x > \varphi^*$となることが推測できる。

上記の議論を踏まえて、次のような結論を導き出すことができる。企業の生産性がφ^*より低い場合、利益は負になり、輸出すること以前に、当該企業は市場から離脱することになる。生産性がφ^*とφ_xの間にある場合、国内生産する場合のみ正の利益を得ることができ、企業は輸出せず、国内市場だけで取引する。企業の生産性がφ_xよりも大きい場合、輸出を行うことで正の利益を得ることができるため、企業は国際化に進むことになる。

メリッツモデルでは自由貿易の影響を正面から論じた。自由貿易の背景における国際貿易が盛んになり、国内企業の輸出可変費用(例えば、関税の引き下げ、τが小さくなる)を下げることができる。それにしたがい、輸出のハードルが下がる一方、得られる利益も増える。同時に、企業輸出の限界生産性、つまり輸出閾値が引き下げられる。その際、生産性の高い企業は輸出を始め、利益を獲得できる。

一方、自由貿易も国内市場の開放を促進する。外国製の産品は国内市場に参入し、国内市場の競争が激しくなり、生産性の高い企業のみが生き残ることになる。その結果、業界の平均生産性が向上し、市場参入に必要な限界生産性が上がる。最終的に、市場リソースは生産性の高い企業に流れ、それらの企業の市場シェアと利益は増えることになる。

簡単にまとめると、自由貿易の影響で一部の低生産性の企業は市場から退出し、一部の高生産性の企業は輸出に転じ、自国生産の製品種類は減る傾向になる。メリッツモデルからみると、貿易自由化により減った国産製品の種類の数は外国産の製品の数を下回るので、逆に消費者のニーズにより対応することになる。また、自由貿易で国内企業の平均生産性も高まることになる。

二　企業の国際化モード――対外投資

現代社会では、通信技術、交通、貿易手段の発達で、多くの企業が国際化を図っている。そのうち、よく使われる手段として、海外で子会社を設立するなどの対外投資がある。表4-2は日本企業のうち海外子会社を保有する企業の割合である。

国際化モードを選択する際に、輸出は唯一の手段ではない。ヘルプマンらはメリッツモデルを展開し、企業内異質性という視点から企業の水平型対外直接投資と輸出の選択を考察した(Helpman et al. 2004)。

このモデルは、基本的にメリッツの仮定を使っている。企業は輸出または外国直接投資を選択する際にいろいろと配慮すべきことがある。直接投資を通じて当地で工場を作ることで輸送費用を避けられるが、大きな建設費用(固定費用)が必要になる。逆に輸出する場合は工場建設による固定費用はかからないが、莫大な輸送費用に直面することになる。もちろん外国に進出せず、国内生産だけを行う選択肢もあるため、三つの可能性がヘルプマンらのモデルで仮定されている。すなわち、国内生産、輸出と直接投資(グリーンフィールド投資とも呼ばれている)である。

表 4-2　日本の海外子会社保有企業の割合(%)

平成 23 年度	17.7
平成 24 年度	18.6
平成 25 年度	19.1
平成 26 年度	19.3
平成 27 年度	19.4
平成 28 年度	19.6
平成 29 年度	19.9

出所）「企業活動基本調査」(経済産業省)より筆者計算

前にも言及したメリッツモデルのように、国際化モードの違いで企業の利潤関数も異なってくる。ここではメリッツのモデルとの整合性をとるために、生産性をヘルプマンらのモデルの一単位の生産にあたり必要な労働量である a を使わず、φ で表すことにする。

ヘルプマンらのモデルの設定に従い、自国を h、外国を o と表記する。すると、国内生産だけを行う企業の利潤関数は $\pi_D = B_h\varphi^{\sigma-1} - f_d$ と表すことができる。B_h は国内市場の規模あるいは国内ニーズのパラメータである。f_d は前節の f と同じく国内生産する時に発生する固定費用である。式 $\alpha = \varphi^{\sigma-1}$ で代替すると、国内生産だけを行う企業の利潤関数は $\pi_D = B_h\alpha - f_d$ になる。同じように、輸出企業の利潤は公式 $\pi_x = \tau^{1-\sigma}\alpha B_o - f_x$ で表すことができる。言うまでもなく、ここでは国内市場ニーズの B_h ではなく、B_o を使うのは輸出企業の対象は外国の市場ニーズからである。f_x の定義はメリッツモデルと一致し、輸出に必要な固定費用のことである。また、直接対外投資を行う企業の利潤は投資する際に発生する固定費用の関数である。その固定費用を f_I で表すと、利潤は $\pi_I = B_o\alpha - f_I$ になる。

三つの市場参入モード（輸出、対外投資、国際化しない）のコストを比較してみよう。まず、外国直接投資の場合は外国での工場建設や、生産ラインの組み立てなどに多額な投資固定費用がかかるので、f_I は最も大きなコストだと考えられる。次に大きいのは輸出する際に必要な氷山物流コストと固定費用である。その次にあげられるのは国内企業の固定費用である。三者のコストの大きさで並べると $f_I > \tau^{\sigma-1} f_x > f_d$ になる。同様に、三者の生産性閾値、つまり、国内企業の生産性閾値である α_D、輸出企業の生産性閾値である α_x と外国直接投資の生産性閾値である α_I の関係をみると、生産性 $\varphi_D = \alpha_D^{\sigma-1}$ の時、利潤 $\pi_D(\alpha_D)=0$ になり、国内生産の利潤は0になる。一方、生産性 $\varphi_x = \alpha_x^{\sigma-1}$ の時、$\pi_x(\alpha_x)=0$ になり、輸出企業の利潤は0になる。当然のことながら、外国直接投資の利潤が輸出の利潤を上回る時だけ、企業は輸出せず、外国投資を行い、外国で子会社を設立することを選択する。すなわち $\pi_I > \pi_x$ となる。これで $\Delta\pi = \pi_I - \pi_x = (1-\tau^{1-\sigma})B_0\alpha - (f_I - f_x) > 0$ が推測できる。$\Delta\pi = 0$ の時、企業の外国直接投資の生産性閾値は公式 $(1-\tau^{1-\sigma})B_0\alpha - (f_I - f_x) = 0$ で算出できる。つまり $\varphi_I = \alpha_I^{\sigma-1} = (f_I - f_x)/(1-\tau^{1-\sigma})B_0$ となる。

まとめると、企業の経営戦略や国際化モードの選択は、自社生産性がどの閾値の範囲にあるのかによって異なってくる。企業の生産性が φ_D より小さい時、利潤は負になるので生産を行わない。生産性が φ_D と φ_x の間にある企業は国内市場だけを対象に生産を行う。生産性が φ_x より高く、φ_I より低い企業は輸出を選ぶ。生産性が φ_I よりも高い一部の企業だけが外国直接投資を行い、多国籍企業へ転身することができる。

右のような固定費と生産性の視点を基盤にして、多くの理論・実証研究が行われている。ヘルプマンらは生産性の異質性の視点から企業の輸出と外国投資の行為を分析し、企業の国際モードの選択における生産性の重要性を明らかにした(Helpman et al. 2004)。メリッツモデルが研究によって証明されたように、この理論も多くの実証研究に支えられている。ギルマらは、アイルランドの企業データを用いて国内企業、輸出企業と外国投資企業の生産性とパフォーマンスを対象にノンパラメトリック検定を行った(Girma et al. 2004)。結果として、三者には明らかな差が存在し、外国投資企業の生産性が最も高いことが分かった。ギルマらは確率優越の手法を用いてイギリスの製造業のサンプルを分析し、輸出企業と外国投資企業の生産性の分布を比較し、外国投資企業の生産性はその他の企業より優れ、輸出企業の生産性は国内企業より優れていることを明らかにした(Girma et al. 2005)。その結果は同じ手法でドイツの外国投資企業、輸出、国内企業を対象にしたワグナーの研究の結論と一致した(Wagner 2006)。

日本企業の海外投資の動きを研究する際に、ヘルプマンらの結論はよく検証対象として使われている。ヘッドとリースは、日本の製造業の一〇七〇社の上場企業のデータを分析し、企業の規模の大きさは国際展開のプロセス(国内生産、輸出、海外投資)に適合することを確認したが、生産性と国際化モードの選択の関係はそれほど強くないことも明らかにした(Head and Ries 2003)。冨浦は日本海外投資企業、特に製造業においての生産性が一般的に他の国際進出企業よりも優れていることを発見した(Tomiura 2007)。田中鮎夢はサービス業などすべての産業まで視野を広げ、生産性と海外投資行為との関係を分析した。結果的に、サービス業の企業は海外投資するのに多額な費用が必要であると強調し、それらの海外投資を行う企業の生産性が最も高いことを明らかにした一方、製造業やサービス業を問わず、海外投資先の多い企業ほど、生産性が高いことも実証した(A. Tanaka 2010)。田中清泰は一九九七―二〇〇九年の日本の小売業のマイクロデータを使い、ヘルプマンらの異質的企業の投資理論は小売業にも適用可能であることを確認した(K. Tanaka 2015)。

以上の知見をふまえ、二〇〇七–二〇一六年の日本全業界の企業データを用いて、二値選択モデルで回帰分析を行った。企業規模、生産性等のデータは、ビューロー・ヴァン・ダイクのビジネス情報データベースであるOrbis(会社の財務表などの詳細情報が含まれている)から入手した。

回帰結果は表4-3にまとめてある。結果としては、企業の規模と生産性はいずれも企業の投資傾向と正の関係があることを示している。他にも、会社の設立年数や利益率などの特徴も企業の海外投資行為に影響を与えている。会社の営業年数が長いほど、より豊富な経営経験を積むことができ、企業の国際化もより促進される。一方、企業の収益性は制御変数の一つとしてみられるが、企業の投資傾向にプラスの影響を与えている。

表4-3 日本の企業の対外直接投資の影響要因

変数	FDI_t
規模 $_{t-1}$	0.403*** (0.0255)
営業年数 $_{t-1}$	0.00708*** (0.00163)
全要素生産性 $_{t-1}$	0.358*** (0.0393)
利益率 $_{t-1}$	0.0117** (0.00466)
定数	−5.575*** (0.198)
観測値	19,987

括弧内は標準偏差である.
*** $p<0.001$, ** $p<0.05$,
* $p<0.1$
出所) Orbisのデータより筆者算出

おわりに——企業の異質性と地域統合の分断

本章では、生産性の異なる企業間で貿易へのコミットメントの違いが生じる原因を明らかにするために、実証分析を行った。特に生産性の低い企業は国内および外国の市場に参入して事業を行うために、より高いビジネス固定費を支払わざるを得ない環境に置かれている。最も生産性の低い企業(通常中小企業)は、マイナス営業利益を予測し、業界から撤退する。生産性レベルが高い企業のみが、外国の市場での販売から営業利益がプラスになることが期待できるため、輸出からの利益が実際に得られる。したがって、彼らは国内および外国の市場に自社の財を提供することを選び、生産性の低い企業との間に利益をめぐる格差が広がっていきかねないのである。もちろん、当該国内において、生産性の低い企業から高い企業へ労働および資本という生産活動に必要な要素がスムーズに移行することができれば、理論が指摘する通り、国内市場における全体的な生産性は高まり、生産性の違いによる分断を回避した形での経済発展が可能となりうる。しかしながら、実際には市場の不完全性により、同一産業内においてスムーズに労働者等の「生産資源」の高生産性企業への移転が行われることは想定できない。したがって地域統合に関しては、生産性において異質な企業の間には貿易自由化をめぐって利害の違いが生じやすく、これは地域統合の国内的な分断要因となりうるのである。

貿易自由化をすることにより、国内における競争はさらに激しくなる。外国への輸出製品の市場参入で、生産性の最も低い企業は利潤が負になるので、市場から撤退することになる。これらの資源(労働者など)の一部は相対的に生産性の高い企業に集中される。しかし現実的にはこのような同一産業内の労働移動は円滑には行われずに失業も発生し、生産性の低い企業にとって、貿易自由化は不利を招くかもしれない。

これはメリッツモデルの設定と関連する。メリッツモデルによると、企業は最初から自分の生産性は市場レベルと比べて、高いか低いかの判断ができず、実際に投資し、生産を始めてから初めて自分の生産性を知ることができる。

しかし、貿易自由化は社会全体の生産性の上昇に貢献できる。これが貿易利益として期待できるものであり、地域統合はそのような貿易利益をもたらすことができる。

このように、企業の異質性理論は、今日の国際貿易と投資の発展をより合理的に解釈し、企業の国際化モードの選択を理論的に支える一方、現実の輸出および投資をめぐる政策策定における重要な示唆も提供している。

貿易自由化により、生産性の高い企業（生産性が高いが、貿易コストで輸出できなかった企業）は輸出しやすくなる。一方、外国からの輸入製品の参入で市場競争が激しくなり、国内の生産性の低い企業は市場から撤退せざるを得ない。そのため、市場シェアは競争から生き残った企業に集中する。それらの企業の生産性の上昇はまた、経済全体の平均生産性の向上に繋がる。

そのため、生産性の異なる企業は自由貿易から受けた影響も違ってくる。相対的に生産性の高い企業は競争から生き残ることができ、更なる生産性の向上を実現することが期待できる。しかし、相対的に生産性の低い企業は市場から退出するかもしれない。いわゆる適者生存の結果である。

異質性を持つ複数の企業の国際化をさらに促進し、貿易と投資による利益を増やすために、地域統合を通じて貿易と投資のコストを削減することで、企業の生産性と市場競争力の向上が生産性の違いゆえに分断を招くことなくなるべく円滑に行われるように、政策的な後押しをすることが不可欠である。

＊本章の作成にあたり、日本語表現の面で劉慧茹氏、石戸光氏及び鈴木絢女氏にお世話になった。記して感謝したい。

参考文献

田中鮎夢(二〇一五)『新々貿易理論とは何か――企業の異質性と21世紀の国際経済』ミネルヴァ書房

多和田眞・柳瀬明彦(二〇一八)『国際貿易　モデル構築から応用へ』名古屋大学出版会

八代尚光・平野大昌(二〇一〇)「輸出ブーム期における輸出企業のパフォーマンスと投資行動」『RIETIポリシー・ディスカッション・ペーパー』10-P-005

Aw, B. Chung, S., and Roberts, M. (2000) "Productivity and turnover in the export market: Micro-level evidence from the Republic of Korea and Taiwan (China)," *World Bank Economic Review*, 14(1).

Bernard, A., and Jensen, J. (1995) "Exporters, jobs, and wages in U.S. manufacturing: 1976–1987," *Brookings Papers on Economic Activity: Microeconomics*, 26.

Bernard, A., and Jensen, J. (2004) "Why some firms export," *The Review of Economics and Statistics*, 86(2).

Bernard, A., Eaton, J., Jensen, J., and Kortum, S. (2003) "Plants and Productivity in International Trade," *American Economic Review*, 93(4).

Bernard, A., Jensen, J., Redding, S., and Schott, P. (2007) "Firms in International Trade," *Journal of Economic Perspectives*, 21(3).

Clerides, S., Lach, S., and Tybout, J. (1998) "Is learning by exporting important? Micro-dynamic evidence from Colombia, Mexico, and Morocco," *The Quarterly Journal of Economics*, 113(3).

Girma, S., Görg, H., and Strobl, E. (2004) "Exports, international investment, and plant performance: Evidence from a non-parametric test," *Economics Letters*, 83(3).

Girma, S., Kneller, R., and Pisu, M. (2005) "Exports versus FDI: An empirical test," *Review of World Economics*, 141(2).

Head, K., and Ries, J. (2003) "Heterogeneity and the FDI versus export decision of Japanese manufacturers," *Journal of the Japanese and International Economies*, 17(4).

Helpman, E., Melitz, M., and Yeaple, S. (2004) "Export versus FDI with heterogeneous firms," *American Economic Review*, 94(1).

Melitz, M. (2003) "The impact of trade on intra-industry reallocations and aggregate industry productivity," *Econometrica*, 71(6).

Tanaka, A. (2010) "Heterogeneity and the structure of exports and FDI: A cross-industry analysis of Japanese manufacturing," *RIETI Discussion Paper Series* 11-E-001.

Tanaka, K. (2015) "Firm heterogeneity and FDI in distribution services," *The World Economy*, 38(8).

Tomiura, E. (2007) "Foreign outsourcing, exporting, and FDI: A productivity comparison at the firm level," *Journal of International Economics*, 72(1).

Wagner, J. (2006) "Exports, foreign direct investment, and productivity: Evidence from German firm level data," *Applied Economics Letters*, 13(6).

第5章　新たな政治経済エネルギー移行における炭素資源の役割

ジャコモ・ルキアーニ
松尾昌樹　訳

一　エネルギー転換期の到来と我々の世界

本章では、国際関係およびエネルギー関係に関心を持つ人々の間で大きな論争になっているエネルギー転換問題に関して、特に中東地域の産油国の役割に焦点を当てながら、我々がこの問題にどのような期待を持つことができるのか、詳細なデータをもとに論じてゆく(1)。

我々はエネルギーの転換期にある。その中で新たなエネルギーシステムに向かって進んでいる。こうした時代の流れの中で、相対的に石油の重要性が失われてゆくのではないか、またその結果産油国の重要性も相対的に低くなるのではないか、さらにはそれが政治の不安定性につながるのではないかという想定が成り立つ。筆者は、このような想定に対して慎重であるべきだという見解を有している。このことを確認するためには、歴史を振り返ることが重要である(図5-1)。エネルギー転換は、一九世紀初頭に蒸気エンジンが発見された当時から今日までずっと続いている現象である。その当時はほ

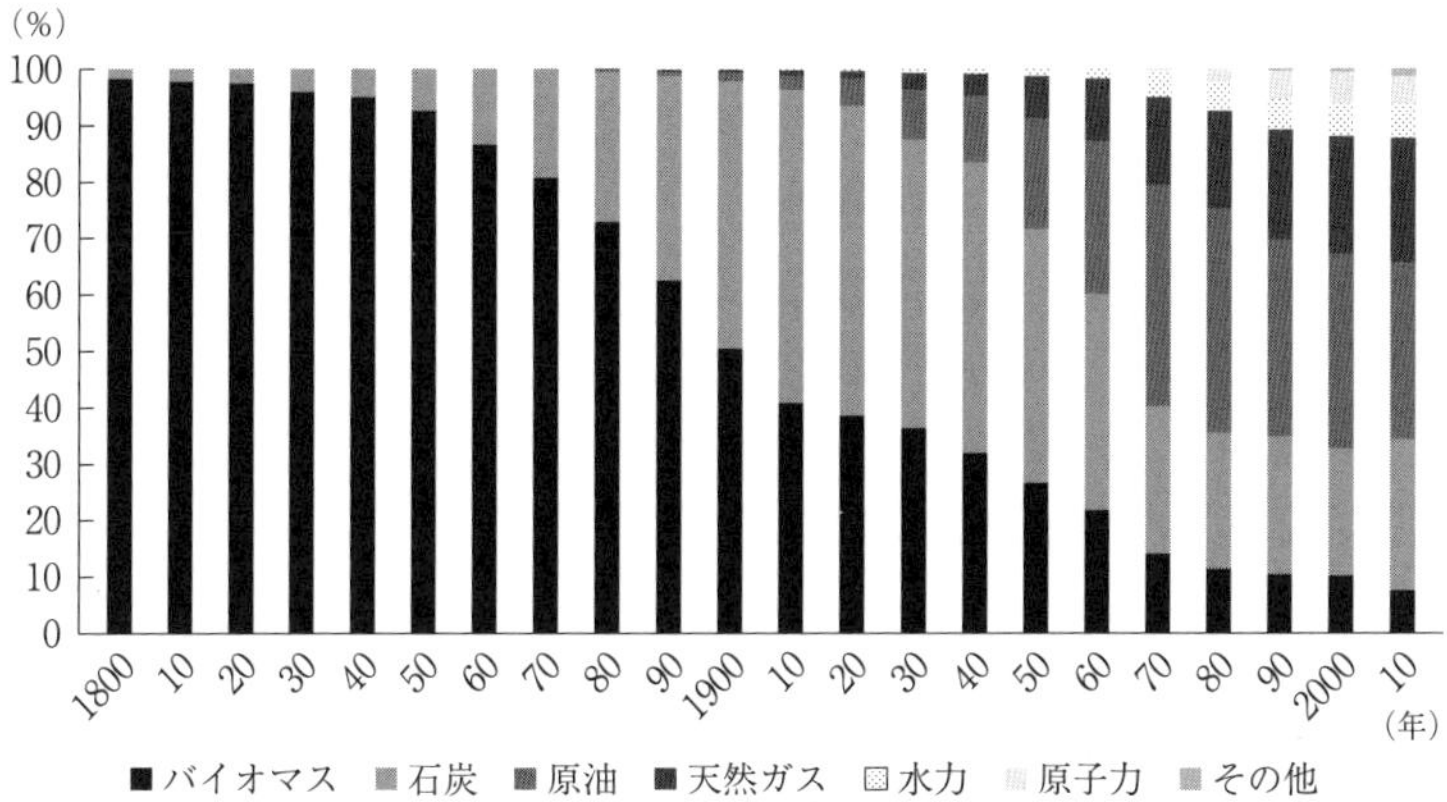

出所） Smil(2010)

図 5-1 エネルギー転換の記録

ぼ全てのエネルギーがバイオマスであり、再生可能ではあるが、エネルギー源として大きな収入をもたらすようなものではなかった。その後、石炭が最も重要なエネルギー源となる時代が到来したが、そうなったのは二〇世紀に入ってからのことである。つまり、石炭が最も重要なエネルギー源になるためには一〇〇年という長い時間が必要であった。その次に石油の時代が到来するが、それは一九六〇年代のことであり、やはり四、五十年程度の時間が必要であった。また、石油は今日でも最も重要なエネルギー源でありながら、全エネルギー資源に占める割合で石炭や天然ガスとの間に大きな差があるわけではない。ここ数十年のトレンドをみると、およそ一〇年毎に新たなエネルギー源が加わるが、同時に古いエネルギー源が廃棄されてしまったわけではなく、今日でも大量のバイオマスが世界中で使われている。世界でおよそ一二億人程度の人口は現在でも家庭で電気にアクセスせずに生活を営んでおり、彼らは依然として伝統的なエネルギー源を使っ

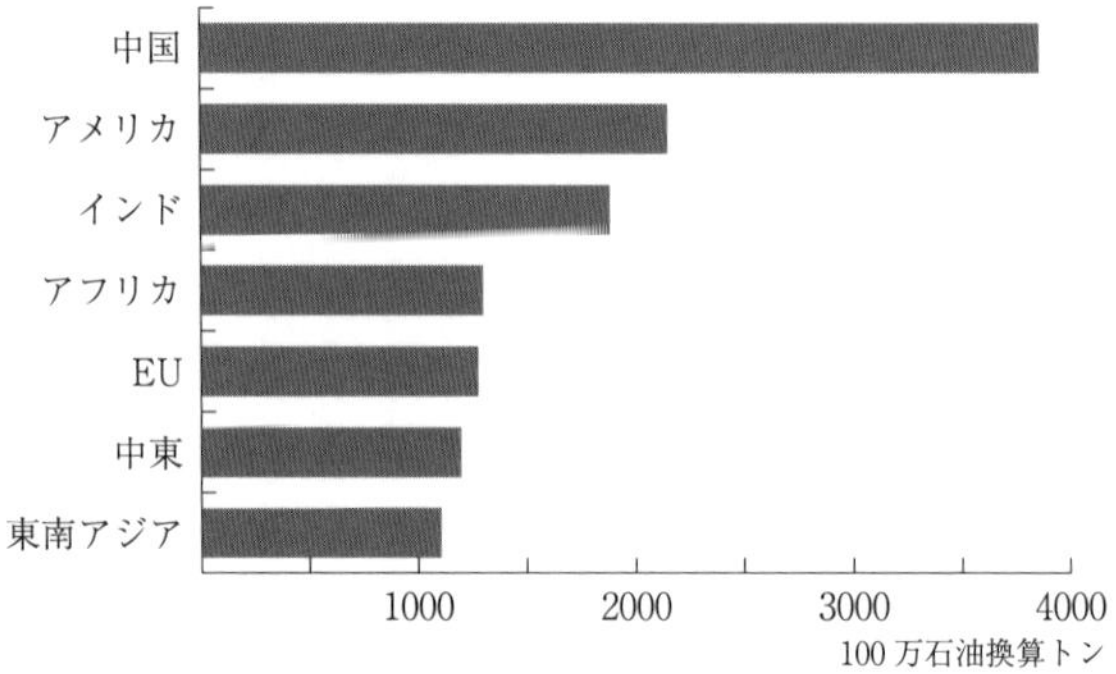

出所） OECD/IEA(2018)

図5-2 2040年時点の石油需要(予測)

て生活をしている。

このような状況を前提として我々が考えるべき将来的なエネルギーの転換とは、再生可能エネルギーが増え、よりクリーンなエネルギーが出てきた時に、上記の古いエネルギーが新しいエネルギーに置き換えられることを意味するのだろうか、あるいは追加的ニーズを満たすものになるということを意味するのだろうか。世界的なエネルギーの需要にも、大きな変化が訪れている。二〇〇〇年の段階では、アメリカこそが最も重要なエネルギーの需要国であり、それに続いて欧州連合(European Union, EU)、さらに中国が続くという状況であった。その後これは大きく変化し、二〇一七年には既に中国こそが最大のエネルギー需要国となり、次にアメリカ、第三位がＥＵとなった。この状況をもとに、人口の増加と一人あたりの収入の変化を踏まえて作成された将来的な予測によれば、二〇四〇年には中国が最大の需要国、二位はアメリカ、インドが三位、アフリカが四位、そして五位がＥＵとなる(図5-2)。つまり、今後中国とインドにおけるエネルギー需要が大きく高まり、これが大きな変革をもたらすだろうと考えられる。このことを、我々は考慮に入れておく必要がある。

二　エネルギー転換問題の将来

増加するエネルギー需要を満たす方法はこれまでいくつか存在してきた。第一に、再生可能エネルギーがあり、これは今後も世界中で増えていくと予想される。原子力はヨーロッパでは足場を失い、おそらく東アジア、例えば韓国や日本でもより足場を失っていくであろうが、途上国におけるエネルギー需要を満たす上では大きな貢献を果たすことになると考えられる。このため、世界規模でみた場合には、原子力の果たす役割というものは今日よりもずっと大きなものとなるであろう。また、ガスに対する需要も世界中で高まるであろう。先進国だけではなく、途上国においても同様で、産業部門や発電部門を含む全ての部門においてのガスの需要が高まると考えられている。

では、石油はどうであろうか。石油に対する需要は、先進国においては減少すると考えられている。例えば、自動車を用いる輸送部門での石油需要は下がると考えられており、同時に輸送部門以外でも減少すると予想される。しかし、それを埋め合わせるものが途上国における石油需要の高まりである。途上国における石油需要は、自動車向け、また石油化学産業向けが主であるが、それ以外の用途においても増加が見込まれている。つまり、我々が生活する先進国に限定せずに世界全体に視野を広げると、将来的に石油の需要が下がるとは考えにくい。また、石炭ですら途上国においては需要が高まるのではないかと考えられている。先進国では化石燃料への需要が減少するとしても、世界的にはおおよそ今の水準で横ばいと考えられる。

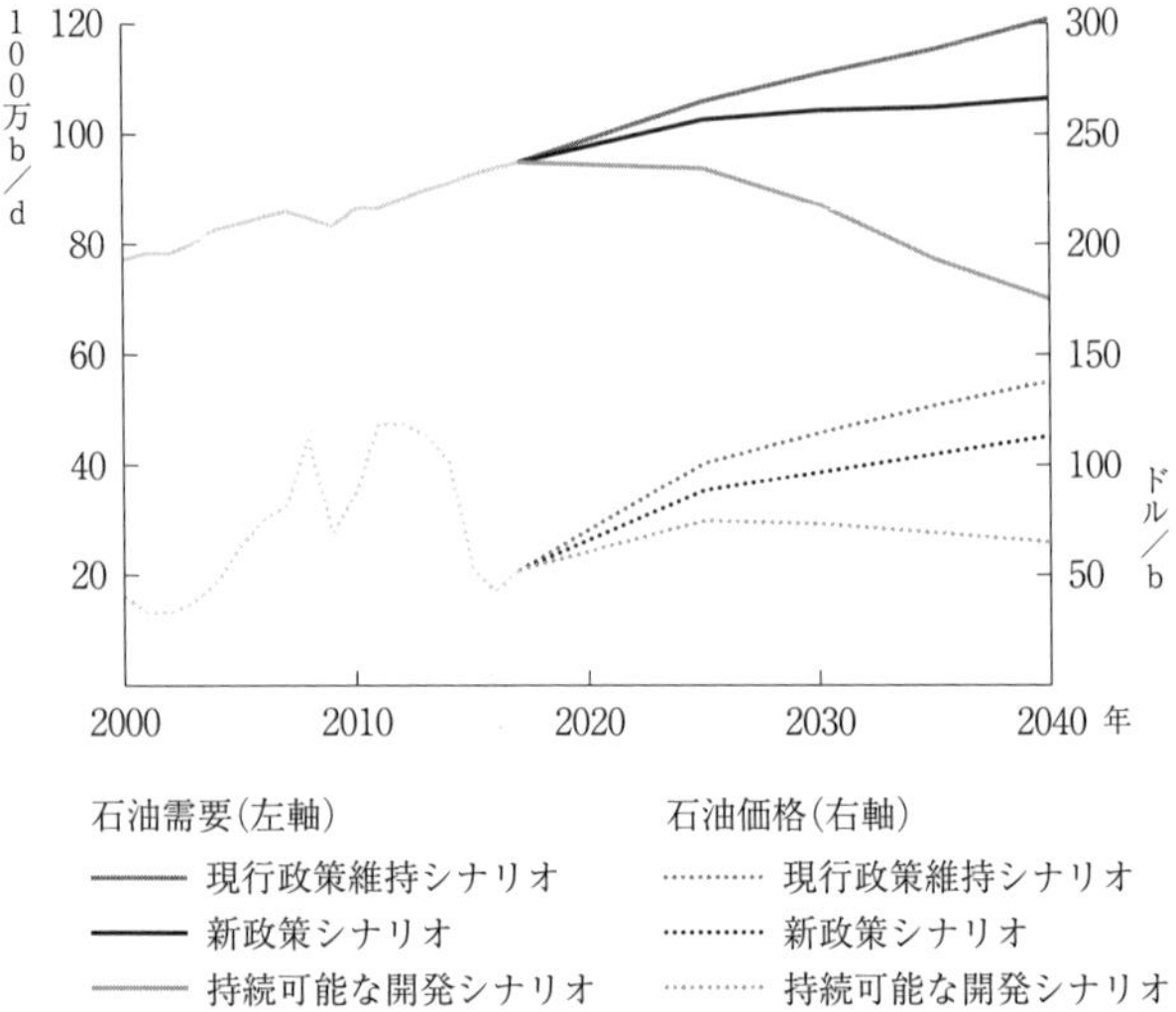

注) 現行政策維持シナリオが採用されると, 持続可能な開発シナリオが採用された場合に比べて2040年には石油需要は5100万b/d高くなる.

出所) OECD/IEA(2018)

図5-3 シナリオ別のグローバルな石油需要と石油価格

国際エネルギー機関(International Energy Agency, IEA)が公表している未来に向けての三つのシナリオ——「現行政策維持シナリオ」、「新政策シナリオ」、「持続可能な開発シナリオ」——を参照してみよう(図5-3)。「現行政策維持シナリオ」とは、政府がどういった政策を今日とっているかによらず、今後ともその路線を維持する場合の将来予測である。「新政策シナリオ」とは、各国の政府が表明している計画が実際に実行された場合にどうなるかを示すシナリオである。経験則的に広く知られたことではあるが、政府は表明した計画の全てを実行するわけではない。そしてまた、政権が替わった場合には計画は変更される可能性がある。そうであったとしても、少なくとも今出されている政策案の全てを実行した場合の将来予測が、このシナリオである。これらの二つのシナリオの中間にあるものが、最も実現可能性が高いと考えられる。これらに対して、「持続可能な開発シナリオ」は全く異なる。それは「持続可能な開発」を可能とするためには何がなされなければならないか、というものを出発点にしている。「持続可能な開発シナリオ」とは、国連の持続可能な開発目標(Sustainable Development Goals, SDGs)を実現するために作成されたシナリオであり、理念として一番野心的なものである。換言すれば、我々が実行可能であるかどうかにかかわらず、やるべきことをまとめたものである。このため、「持続可能な開発シナリオ」は平和・平等・幸福を万人のために実現するといったSDGsの目標をもとに作られたシナリオであり、我々の現実とは必ずしも一致しない。理想を追求するなら、我々の環境に対する配慮を徹底し、平等や貧困の根絶などに取り組みつつ、二〇四〇年までになるべく石油消費を今日よりも削減してゆくことが必要とされている。それがやるべきことであったとしても、実際にはそうではない。また、「新政策シナリオ」においても、石油消費は減少しないことになっている。オイルピークがあと一〇年だという予測、そしてまた石油に対する依存度が下がるといった見解も散見されるが、実際には現在の「現行政策維持シナリオ」のみならず、「新政策シナリオ」においても、石油消費の削減は必ずしも実現するというわけではない。

三　産油国にとってのエネルギー転換期

エネルギー転換によって、石油輸出国機構(Organization of the Petroleum Exporting Countries, OPEC)諸国にどのような状況が生まれるかということを考えてみよう。現在、アメリカで石油採掘が加速し

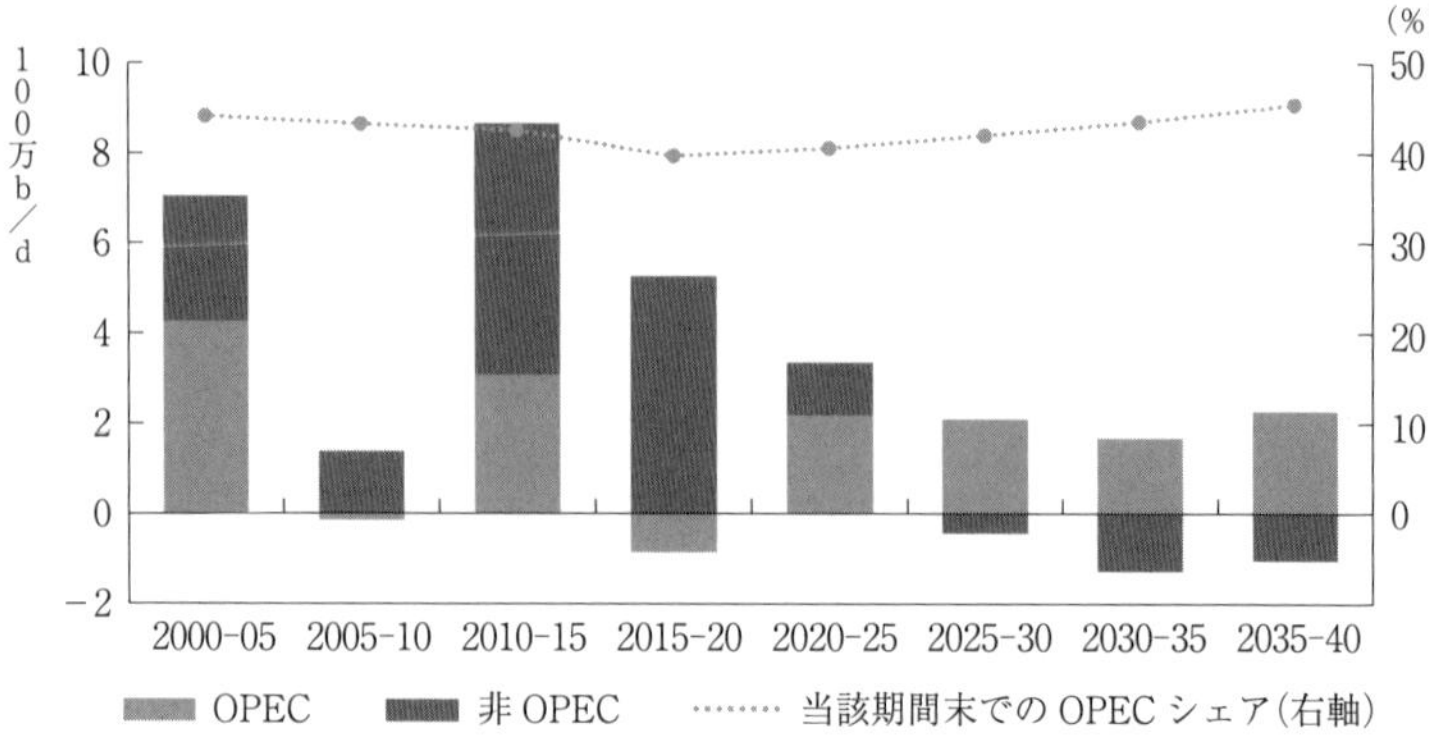

出所） OECD/IEA(2018)

図5-4 「新政策シナリオ」でのグローバルな石油生産量の変化

ている。このような動きが始まった当初、数年間はOPEC諸国がグローバルな石油市場のシェアを減らし、その重要性が下がるとみられており、中にはOPEC諸国が全産油量の四割を割り込むのではないかという見方もあった。例えばIEAの報告を参照すると、「新政策シナリオ」に基づく予測では、二〇一五年から二〇二〇年ではOPECの産油量は大体四割を割り込む水準となっている（図5-4）。しかしこれ以降に関しては、OPECの役割が高まっていくと予想されている。すなわち、中東産油国の重要性ということに関しては、必ずしも減ってくるわけではない。もちろん、アメリカの石油生産量は急速に増加しており、それによってアメリカの立場も変化してきた。アメリカは、中東への石油依存度が下がっただけでなく、純輸出国となった。ただし、日本やヨーロッパなどの主要石油輸入国にとってみると、アメリカからの石油やガスを輸入するようになるという変化はあれども、ロシアや中東諸国からの輸入が無くなるというわけではない。そして、旧来の石油輸出国の産油量が

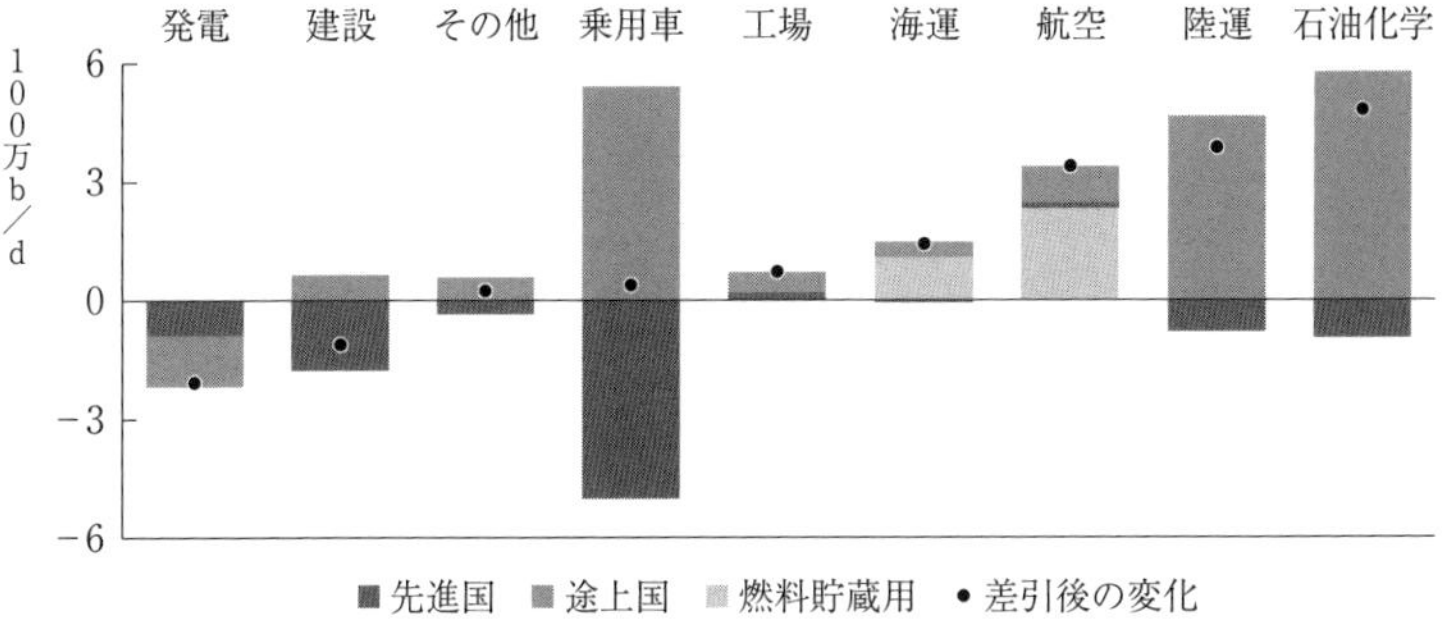

出所） OECD/IEA(2018)

図 5-5 「新政策シナリオ」に基づく部門別石油需要の変化(2017-2040年)

減るということはなく、逆に増加してゆく。

このように、石油需要は全体的にみて、今後とも増加すると考えられる。その需要のほとんどは、石油化学、もしくは海運や航空、あるいは陸運などにおける需要の増加によるものである(図5-5)。これらの部門はいずれも、石油を代替燃料で回すのが非常に難しい分野である。先進国においては、乗用車向けの石油の利用は減少するであろうが、世界の他の地域においては増加すると予想される。すなわち、先進国における自動車用石油需要の減少と、途上国におけるその増加が相殺し合う形となって、結果的に今後も石油の重要性は変わらないということになる。このように考えていくと、石油需要が増えると予想される。その最大の理由は、乗用車の利用台数が増加するということである。現在、一〇億台ほどの自動車が世界中の道を走っている。二〇四〇年には、その自動車台数が倍になるとみられている。これは、自動車需要が新興国や途上国で高まっているためである。二〇億台程度が走るようになると、石油需要ものずと増加する。

一方で、需要が減少するものもある。燃料効率が高まった自

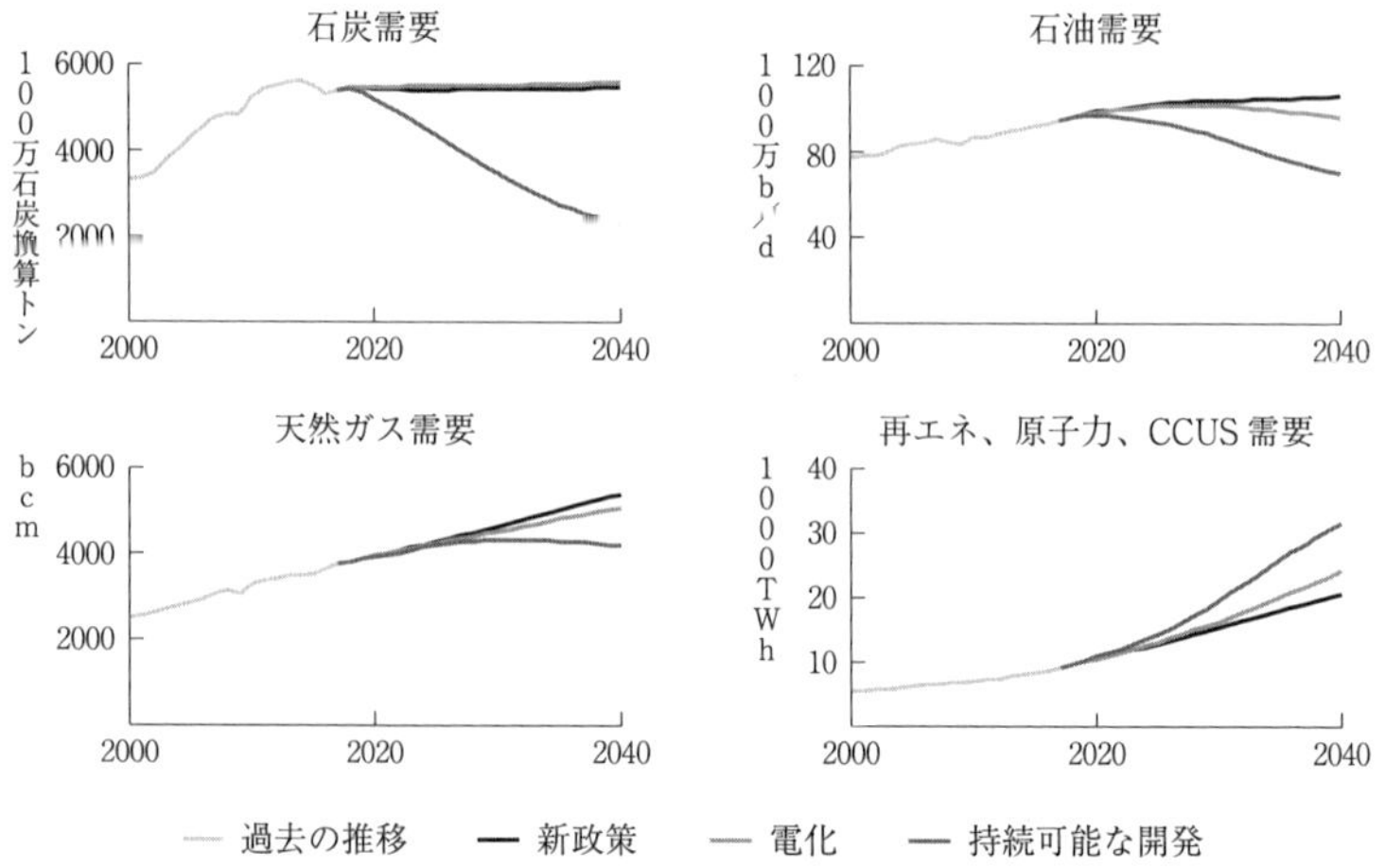

出所）OECD/IEA(2018)

図 5-6 シナリオごとの世界化石燃料需要と低炭素エネルギー需要(2000-2040 年)

動車、天然ガス、バイオ燃料、またはエタノールで走る自動車も利用されるであろう。そしてまた、EV(電気自動車)も石油需要を減らす要因となる。ただしEVの需要の高まりはそれほど急速なものではないと考えられるため、石油の総需要は減るというよりはほぼ横ばいか微増と予想される。これと並行して、自動車販売の内訳にも大きな変化が訪れると考えられる。今日、自動車の二割は八リットル以上の石油があってようやく一〇〇キロ(距離)走行が可能となる。また六割は少なくとも六リットルなければ一〇〇キロ走行できない。ただ、将来的には燃費効率が大幅に上昇し、内燃機関を使っている自動車であったとしても、四から六リットルぐらいあれば、一〇〇キロ走行は可能になるであろう。これは技術的な発展に加えて、人々がより小さな、軽量の車を好むようになるということが原因と考えられる。さらに、二〇四〇年にはおよそ二割は電気自動車になると予想される。しかしながら、こうした変化だけでは大幅に石油需要を押し下げることにはならない。もう一つの代替シナリオとして、IEAが出した「電化シナリオ（Future is Electric Scenario, FiES）」が描く将来では、二〇四〇年には一〇億台以上の車が電化するとみている。

「電化シナリオ」では、二〇億台のうちの半分が純電気自動車という見通しになっており、これはかなり大胆な筋書きである。あと二〇年という短期間でそれだけ大量の電気自動車が道路を走るとはほとんど想像できない。それでも仮にこのシナリオが実現された場合、電気需要は大きく高まるが、石油の需要は二〇三〇年までほとんど変化がない（図5-6）。「電化シナリオ」では二〇三〇年以降に徐々に石油需要は減少するが、それがはっきりしてくるのは二〇四〇年以降になる。換言すれば、二〇四〇年までは石油需要は大変強力なまま留まると予想される。

四　中東産油国とエネルギー安全保障――エネルギーのトリレンマ

産油国との協力が重要だとしばしば言われる。中東の政治、そして中東との関係の重要性を考える時に、少なくとも今後二〇年、ともすれば三〇年、四〇年にわたって、やはり中東の産油国との関係は重要なまま留まるのではないかと考えられる。特にヨーロッパ諸国や日本といった石油の輸入に依存する国にとっては。もちろん、石油需要が高まっている新興国である中国やインドにとっても、重要であることには変わりはない。IEA以外にも、同様の見解は、例えば日本エネルギー経済研究所のデータにも示されている（図5-7）。同研究所のデータにある「技術進展シナリオ」とは、様々なポ

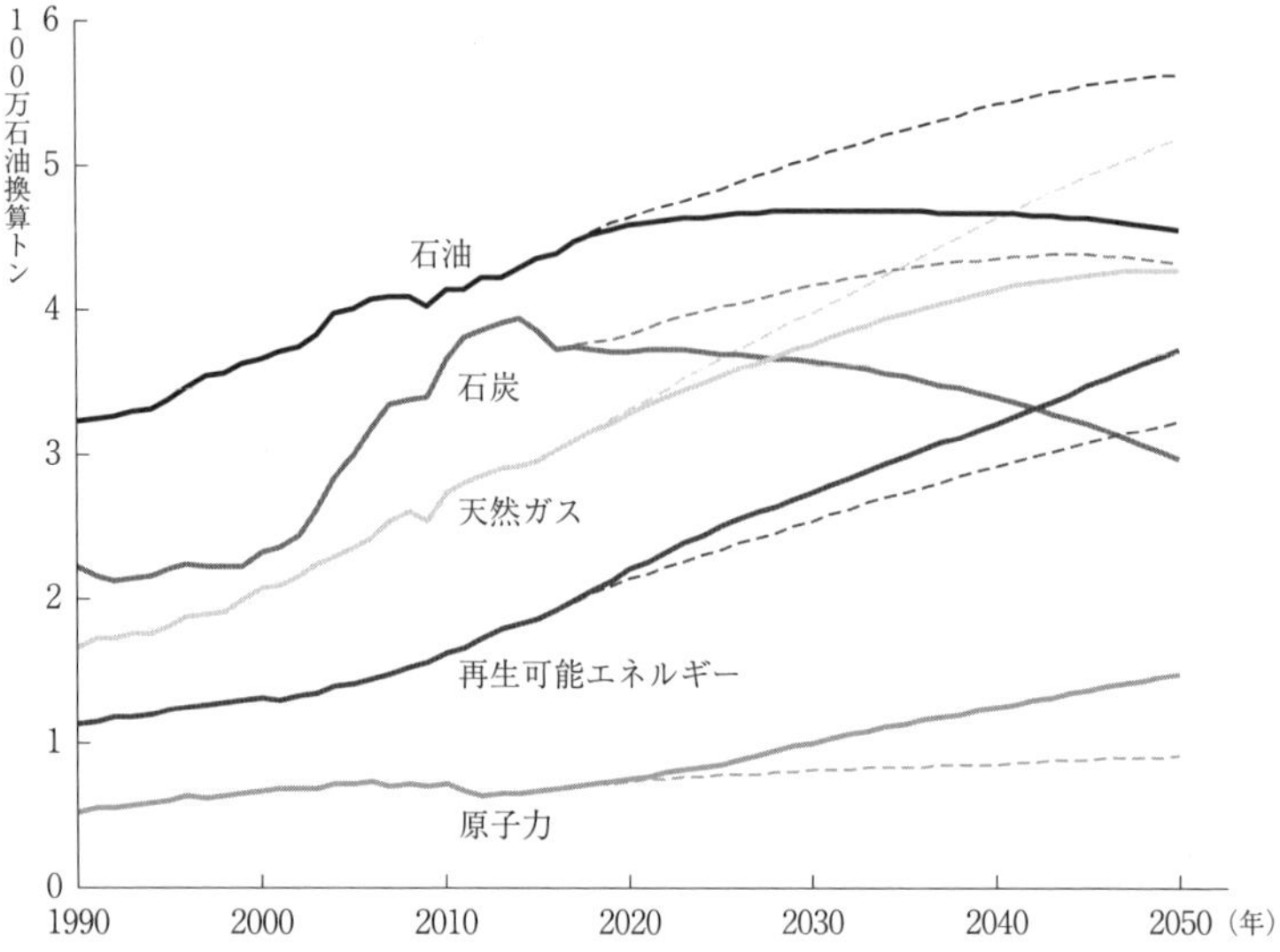

出所） 日本エネルギー経済研究所(2017)

図 **5-7** 「技術進展シナリオ」に基づくエネルギー資源の需要予測

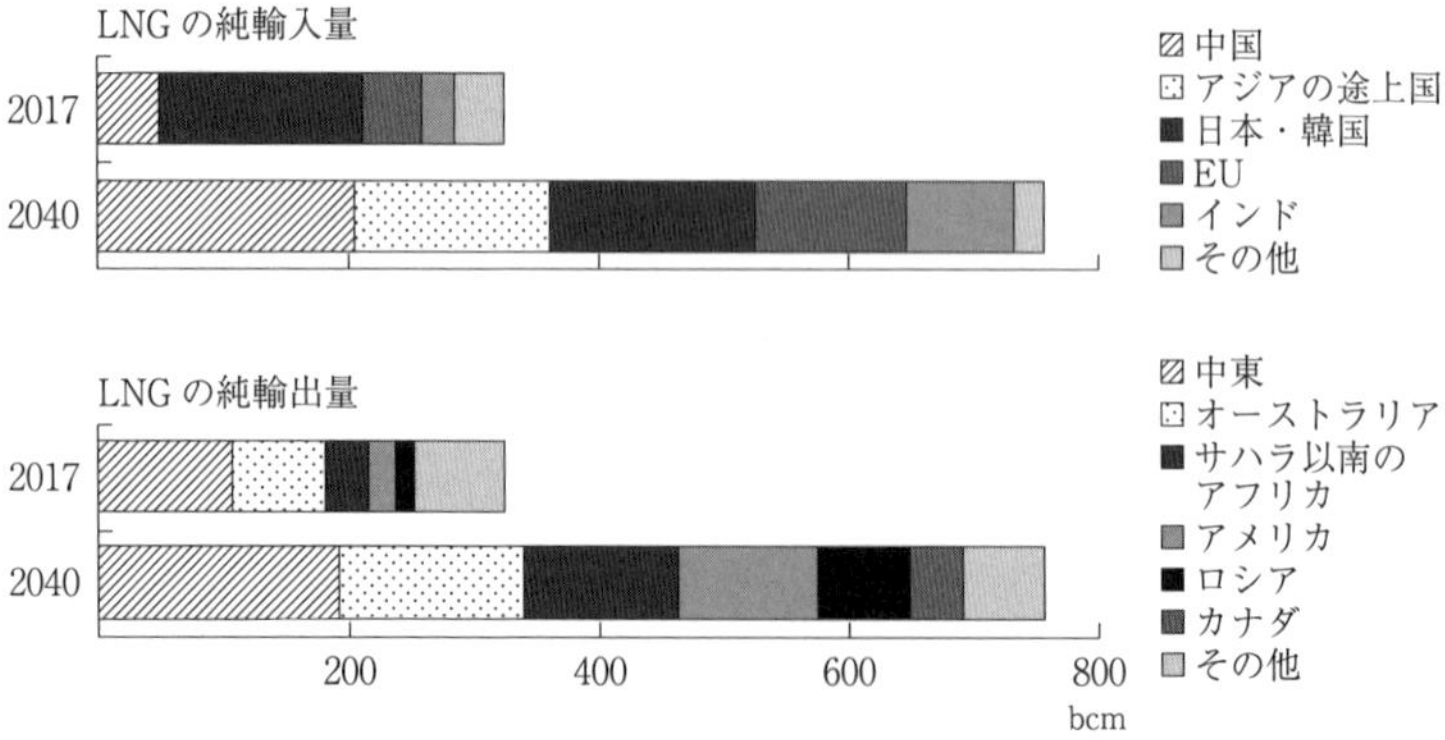

出所） OECD/IEA(2018)

図 **5-8** 「新政策シナリオ」における地域別 LNG 取引量

ジティブな技術の進展があることを前提とするシナリオであり、その場合の石油の需要予測であっても、やはり安定して横ばいで、二〇三〇年と二〇四〇年の間にようやくわずかに減少する。しかし二〇四〇年以降も横ばいで、需要はやはり強力なまま留まると予想されている。これらの予測を参照すると、世界が全く石油を使わなくなる時代がすぐに到来するとは考えられない。

ガスに関しては、エネルギー転換にはより難しい点がある。ガス需要は石油以上に高まると考えられており、特にLNG(液化天然ガス)の重要性は確実に増大する。日本と韓国では横ばいであっても、中国やその他のアジアの途上国需要が急速に高まり、EUやインドにおいても需要が高まると予想される(図5-8)。すなわち、二〇四〇年までに世界中でLNGの需要は高まると予想される。供給に関しては、中東はもちろん、オーストラリアやサハラ以南のアフリカ諸国、アメリカが主要な供給国となるが、やはり中東諸国がLNGの供給国として将来にわたっても最大勢力であり続けると考えられる。また中東は特に、アジア諸国にとって重要であり続ける。図5-9には、アジアに対する輸出が右、そして左にヨーロッパ向けの輸出が示されており、ヨーロッパ向けの輸出も増加することが示されているが、最も増えるのはアジア向けの輸出である。中東とアジアのつながりというのは、その結果とても重要なものとして維持されるであろう。

化石燃料消費を考える際、環境問題は非常に重要である。しかし、環境のことだけに配慮していればいいというわけでもない。我々の目の前には、環境問題、エネルギーの安全保障、そしてエネルギーの不偏、つまり万人が十分なエネルギーにアクセスできるかという三つの問題が横たわっている。そして、この三点は全てを同時に解決させることができない、エネルギー問題のトリレンマと呼ばれ

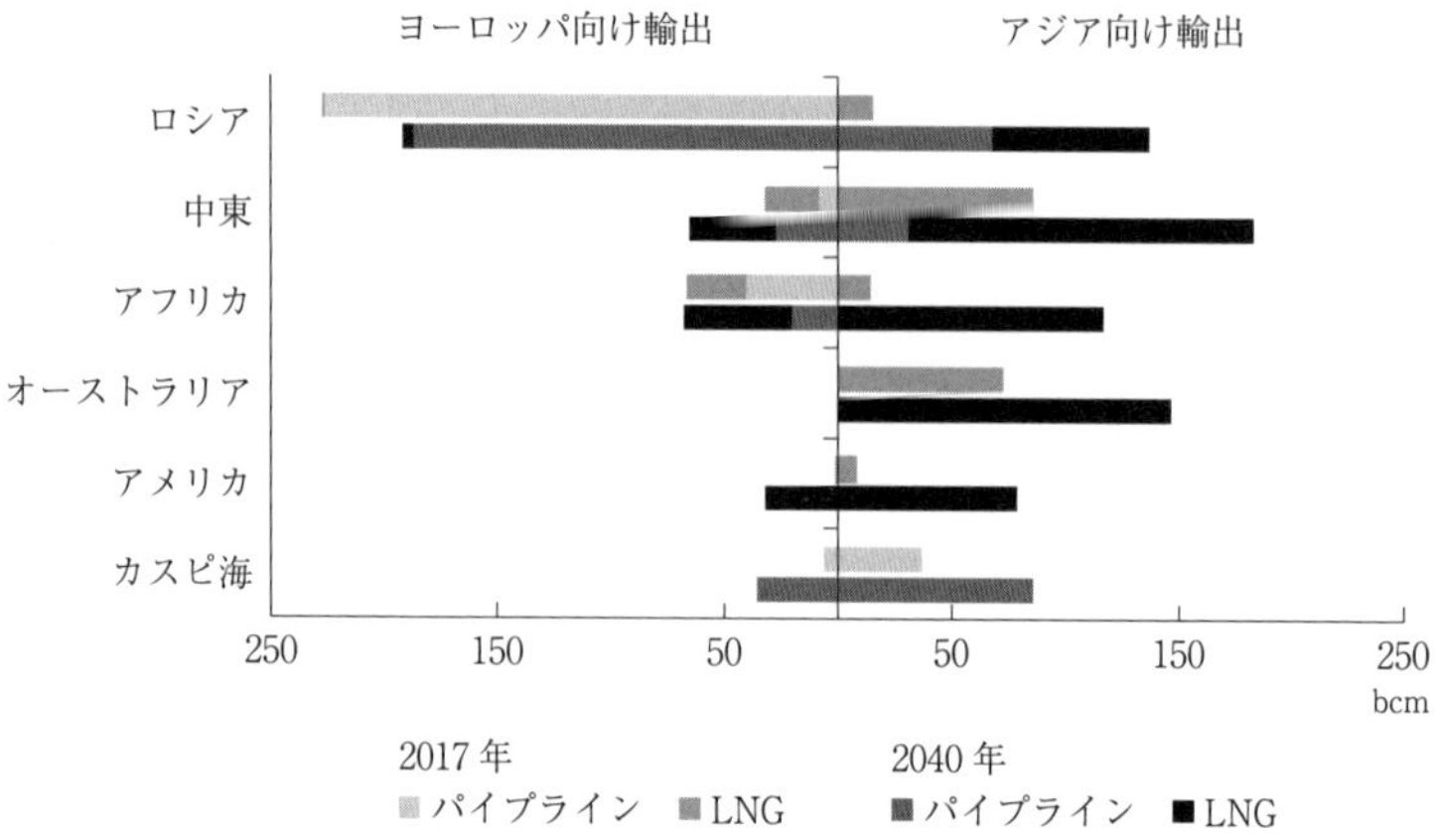

出所） OECD/IEA（2018）

図 5-9 「新政策シナリオ」におけるヨーロッパとアジアへのガス輸出

る状態にあることには注意が必要である。ここで我々が考慮すべきことは、石油と電気の間には、供給の安全保障という意味で大きな特徴の違いがあるということである。過去には石油の供給の安全保障、つまり安定供給に関して、深刻な懸念があった。その背景には中東での様々な紛争が存在していた。しかし石油の場合は、既に緊急状況に応えることができる備えができている。この確立されたシステムを今後維持していくことで、石油の安全保障についてはおおよそ対応できるであろう。しかし、電気の場合は少々異なる。これまでのところ、電気の安定供給、もしくは安全保障ということに関しては、深刻な懸念は発生していなかった。その結果、適切な電気の安定供給システムはできあがっていない。だからこそ、電気に関しても同じような安定供給のシステムが必要であるという結論が導き出される。

おわりに

化石燃料は、全般的にみて、供給の安定という意味では十分な役割を果たしてきた。石炭は多くの消費国において、国内で供給を満たすことができる。つまり、中国においても今後も国内で供給が完結するため、石炭に依存し続けることができる。こういった国がその依存度を少し下げるということはあるとしても、石炭を捨てるということは考え難い。特に、国際的な石炭貿易に関しては特別の困難は伴わず、また貯蔵も容易である。このため、石炭生産国にとって、石炭がある限りエネルギー供給は心配ないということになる。これに対して、石油のほうが供給という意味では脆弱性は高い。しかし、実はその弾力性というのは非常に高い。様々な困難や緊急事態に対して、石油は非常に効果的な形で対応してきたと言ってよい。産油国の間でも大きな戦争があり、イラン・イラク戦争は八年間続いたが、産油国に大きな影響はなかった。そして、石油が手に入らないということで非常事態に陥った国というのは、その当時ですらなかった。石油業界には、このような対応能力があるということがわかる。さらにまた、石油は貯蔵も容易である。実際、戦略的な備蓄が既に実践されている。

例えばアメリカによるイランへの経済制裁の影響に対する懸念も散見されるが、制裁が発表された後にいったい何が起こったであろうか。実際には、何も起こっていない。それどころか、石油価格は下落した。これは、市場に十分な石油が供給されており、また適切に備蓄が行われているためである。エネルギーの不偏性、また安価に入手可能かどうかということも、大きな課題である。この点に関

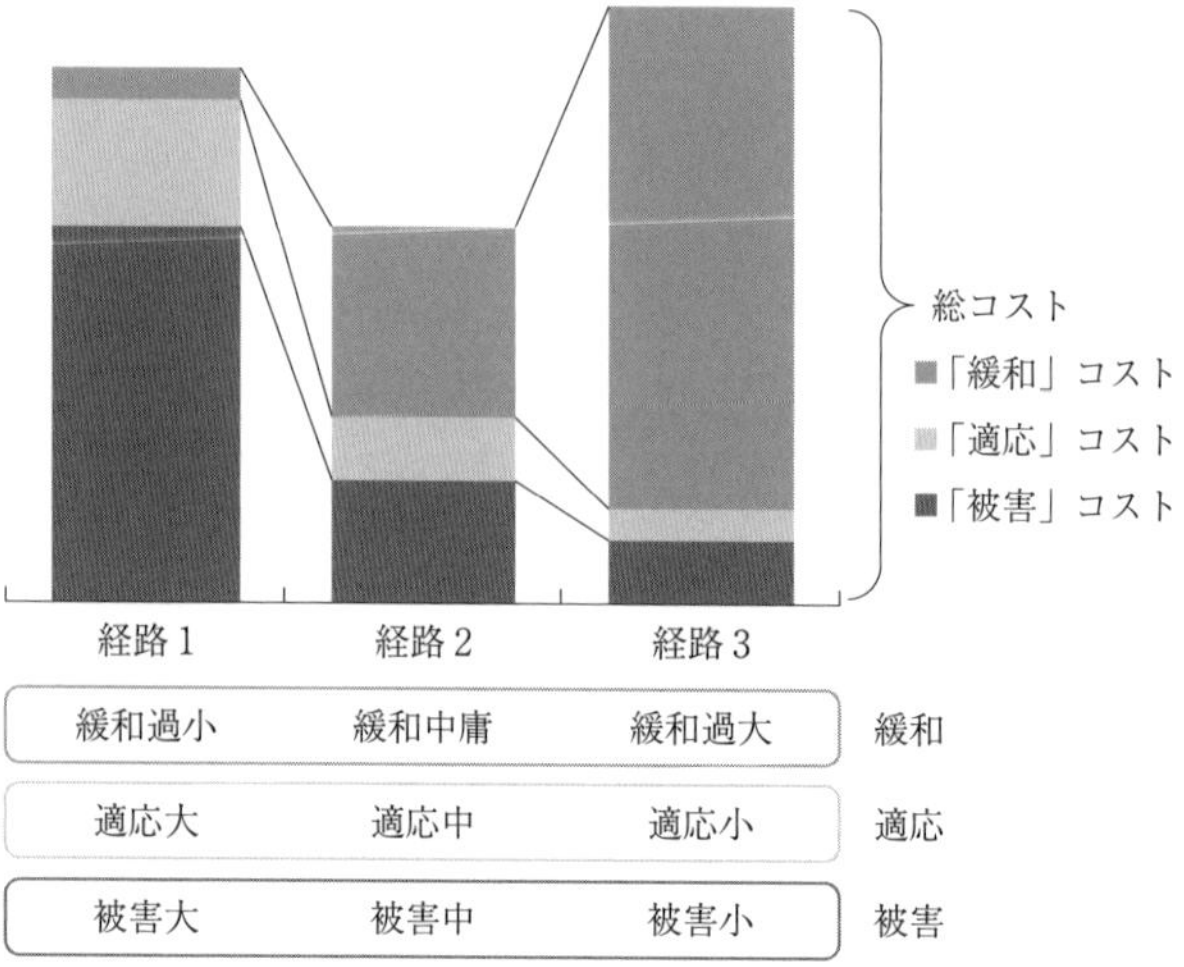

出所） 日本エネルギー経済研究所(2017)

図5-10 三つの方法と三つの道筋

しては、化石燃料というのは低価格で入手可能で、だからこそ多くの国が今でも化石燃料に依存している点は重要である。全く化石燃料に頼らないシステムは、コストが非常に高いために実現可能性は低い。化石燃料から非化石燃料に転換するためには相応の費用がかかるが、誰がその費用を負担するのか。同様の問題は各国間においても存在する。新興国は何らかの助成金のようなものを先進国から受けたいと期待している。これに対して、先進諸国には公共セクターに対してすら、助成金を出すような余地はほとんどなく、再生可能エネルギーをアフリカやインドで拡大させるための財源を持っているわけでもない。つまり、いったい誰がエネルギー転換のコストを肩代わりするのかといった問題は、現に多くの国で問題となっている。

ここで、日本エネルギー経済研究所が示す三つの道筋をみてみよう（図5-10）。世界の温暖化に対しては、第一に、炭化水素資源を削減して温暖化を防ごうとするような「緩和」の方法がある。もう一つの方法が「適応」であり、これは温暖化に馴染んで暮らしていこう、温暖化に起因する問題があるなら、それをどうにか凌いでいこうという方針である。第三の方針が「被害」であり、これは今の政策を続けた結果、「被害」が増大し、人類に対する代償が非常に大きなものになる方向を示す。この三つの方法の組み合わせ方によって、三つの道筋ができあがる。「緩和」を縮小して「適応」と「被害」を大きくする道筋でも、「緩和」を強く推進して「適応」と「被害」を縮小する道筋でも、全体のコストは大きくなってしまう。最善の解決策はその中間にある。どうにかして、その落とし所を見つけて、「緩和」もする一方で「適応」も行う。同時に、何らかのその「被害」に対する代償を負うというものだ。どの方法をとって進めていくのかということによって、意見は異なる。例えばモルジブのように、海面上昇が発生すれば沈んでしまうような国に暮らしている人々にしてみれば、適度な「緩和」と中間的な「適応」と「被害」の組み合わせでは、「被害」が大きすぎて耐えられるものではないということになるであろう。彼らにとっては、最大限の「緩和」を行い、「適応」と「被害」を最小限にとどめる道筋が最善ということになる。しかし、それ以外の大半の国にとっては、この中間のやり方が最善になる。

世界が合理的に動き続けるというのはなかなか難しい。合理的に動くということ自体が容易ではない。コストを最小化する上で合理的に行動する必要はあるが、この負担をどのように分担するか。これによって、エネルギー移行の速度も変化する。合理的な行動に加え、コスト負担に関するグローバルな合意ができていないという事実にも留意が必要である。なぜなら、誰もすすんでコストを負担するものがないため、非常に大きな、国際関係上の問題になり、同時に国内問題ともなる。また、エネルギー供給の安全保障は、今後とも重要であり続ける。その問題に対処していくためには、様々なエネルギー源を探索していく必要がある。全て再生可能エネルギーでまかなうという主張も存在するが、そのように何か一つの資源に偏って依存することはある意味で危険である。このため、様々なエネルギー資源に依存を分散させていくことが、エネルギー資源を有効に活用する上では最善の道であると考えられる。

注

(1) 本章は、国際シンポジウム「新たな政治経済地図――エネルギー資源、移民、政治経済的地域統合」(二〇一九年二月六日、宇都宮大学にて開催)におけるルキアーニ氏の講演記録をもとに松尾が翻訳したものである。

参考文献

日本エネルギー経済研究所(二〇一七)『アウトルック二〇一八　二〇五〇年に向けた展望と課題　エネルギー・環境・経済』日本エネルギー経済研究所

OECD/IEA (2018) *Outlook for Producer Economies 2018: What do changing energy dynamics mean for major oil and gas exporters?* (https://www.iea.org/reports/outlook-for-producer-economies)

Smil, Vaclav (2010) *Energy Transitions: History, Requirements, Prospects*, Praeger.

II

地域統合と国家

第6章　アフリカ地域主義の世界——五本のスレッドを読み解く

ダニエル・C・バック
落合雄彦 訳

一　地域主義のルネサンス

一九八〇年代後半以降にみられるようになった地域主義のルネサンス（復興）は、それまでごく周辺的な重要性しかないように思われていた地域統合という事象に対して、人びとの耳目を一挙に集める役割を果たした。

それまでの地域統合に関する諸理論は、今日でいうところの欧州連合（European Union, EU）の経験に基本的にもとづいていた。ところが、中国とインドがグローバル経済におけるキープレーヤーとして台頭し、また、アジア太平洋地域がグローバル経済的および戦略地政学的な重要性を帯びつつあるとの認識が高まると、決定的なパラダイムシフトが到来する。そして、そうしたパラダイムシフトのなかでおそらく最も肝要であったのは、地域統合が進む世界、つまり「諸地域の世界（world of regions）」（Katzenstein 2005）への新たな関心というものが、従前の地域主義における欧州偏重の見直しとアプローチの多様化をもまた強く求めるようになった、という点であろう。

本章では、地域主義をめぐるこれまでの概念的な変容やイノベーションを概観した上で、アフリカで生起する動態の分析が、越境的な地域化や領土・空間・ネットワーク間の相互作用などを理解する上でいかに有用なツールを提供しうるのか、を指摘していく。

二　地域主義の波

地域主義の「第一の波」とされる現象は、第二次世界大戦直後に生じた。まず欧州では、アメリカの援助による欧州復興計画(マーシャル・プラン)の実施(一九四七―五一年)と欧州石炭鉄鋼共同体(European Coal and Steel Community, ECSC)の設立(一九五二年)をへて、同地域の戦後経済復興の動きが、一九五七年、欧州経済共同体(European Economic Community, EEC)設立のためのローマ条約の調印というひとつの史的帰結をもたらした。

他方、ラテンアメリカでも戦後、そうした欧州統合の動きに触発される形で地域主義が台頭するようになる。具体的には、たとえば一九四九年、経済学者のラウル・プレビッシュが、今日の国連ラテンアメリカ・カリブ経済委員会(*Comisión Económica para América Latina y el Caribe*, CEPAL/ECLAC)の前身となる機関の年次報告書のなかで、域外関税障壁を伴う市場統合と工業化を擁護する論陣を張っている(Dabène 2009: 16–17)。そして、一九五〇年代後半の一次産品価格の下落を受けて、「セパリスモ(*Cepalismo*)」と呼ばれるCEPAL独自のドクトリンが広く普及・定着するようになる。セパリスモの要諦は、ラテンアメリカにおける地域統合と輸入代替工業化(Import-Substitution Industrialization)を融合させることにあり、それは当時の新世代のラテンアメリカの指導者や官僚によって熱烈に支持された。しかし、こうした「古い地域主義(old regionalism)」は、多角的貿易体制を推進しようとするアメリカの消極的態度などもあって、一九七〇年代頃までにはその多くが低迷し、半ば形骸化していった。

ところが、一九八〇年代後半になると、地域主義の「第二の波」が起こる。そうした地域主義復興の最も明確な証左といえるのが、貿易自由化政策に裏打ちされた地域貿易協定(Regional Trade Agreement, RTA)の急増と拡散であった。たとえばラテンアメリカでは、CEPALが域外関税障壁のもとでの輸入代替工業化を謳うセパリスモを放棄し、市場志向の新自由主義的改革モデルへと大きく舵を切った。かくしてCEPALは、ラテンアメリカにおける地域統合を、物品・サービスをめぐる障壁のない国際的な自由貿易体制の「代替策」としてではなく、それを構築するための「礎石」のひとつとして位置づけるようになったのである。そして、CEPALがそうした大胆な方向転換をするにあたってインスピレーションをえたとされるのが、アジア太平洋経済協力(Asia Pacific Economic Cooperation, APEC)にほかならない。

APECは、一九八九年にまず閣僚会議として発足し、一九九三年からは首脳会議も開催されるようになった、アジア太平洋地域の国・地域(エコノミー)から成る経済協力の枠組みである。そして、もともと日本が提唱し、その後APECによって採用されるようになったのが、「開かれた地域主義(open regionalism)」という基本方針である。それは、かつての排他的な地域主義や保護貿易ではなく、域外に対して開かれた地域経済協力のあり方を目指そうとするものであり、その特徴のひとつは、最恵国待遇がＡＰＥＣの加盟国だけではなく非加盟国にも適用されてきた、という点にある（Ravenhill 2001: 2）。そしてＡＰＥＣは、そうした「開かれた地域主義」という理念のもと、アジア太平洋地域だけではなく世界全体の貿易自由化にも寄与することで、一九九〇年代初頭までに世界で最も成功した地域グループのひとつと称賛されるようになった。

こうしたＡＰＥＣに代表される地域主義の「第二の波」は、世界経済のグローバル化に強く触発されたものであり、新自由主義的および多国間主義的な原則を受け入れているという点ではほぼ共通していた。しかし、「第二の波」のなかで設立された地域機関の目標やビジョンは極めて多様であり、そのことは、「諸地域の世界」（Katzenstein 2005）や「強固な地域から成るグローバル世界秩序（global world order of strong regions）」（Buzan and Wæver 2003: 20）が世界政治の表舞台にいよいよ出現しつつある、という印象を与えた。そして、こうした地域主義の「第二の波」は、やがて「新しい地域主義（new regionalism）」と呼ばれるようになった（Hettne 1994; Grant and Söderbaum eds. 2003）。

しかし、新しい地域主義の潮流は、二一世紀への世紀転換期頃までには、地域形成をめぐる「より新しい形態」の出現や、それまで予想もしていなかった事態の発生によって疑問視されるようになる。たとえば、ラテンアメリカでは、「覇権後の地域主義（post-hegemonic regionalism）」（Riggirozzi and Tussie eds. 2012）と呼ばれる動きが台頭し、二〇〇四年には、アメリカ主導の新自由主義的な地域統合に対抗するためにキューバとベネズエラが米州ボリバル同盟（*Alianza Bolivariana para los Pueblos de Nuestra América*, ALBA）という地域機構を創設することで合意した。他方、アメリカでも、二〇一七年に「米国第一（America First）」というスローガンを掲げるドナルド・トランプ政権が誕生すると、それまでの地域主義への同国のコミットメントは大幅に後退していく。そして、トランプ大統領は就任直後、それまで同国が主導していた多角的な経済連携協定（Economic Partnership Agreement, EPA）である環太平洋パートナーシップ協定（Trans-Pacific Partnership Agreement, TPP）の自国署名を撤回し、TPP交渉から離脱することを表明するにいたった。さらに、EU諸国内でもポピュリズムや「ヨーロッパ嫌い（Europhobia）」の風潮が高まる。イギリスのEU離脱（ブレグジット）を決めた同国の国民投票（二〇一六年）は、そうした「ヨーロッパ嫌い」をまさに象徴的に示す出来事であったといえよう。

このように地域主義は、二一世紀に入ると、アメリカのTPP離脱やイギリスのブレグジットなどにみられるように、その多国間交渉のあり方が参加プレーヤーの国益優先主義的な思考や地政学的な思惑などによって従前以上に強く影響されるようになった。それは「二一世紀の地域主義（21st century regionalism）」ともいうべきものの一特徴といえよう。

三　地域主義と地域化

新しい地域主義をめぐる研究群がもたらした重要な知的貢献のひとつに、それまでの「統合／協力（integration/cooperation）」という視点から「地域主義／地域化（regionalism/regionalization）」という視点への眼差しの転換がある。地域主義研究が欧州の経験のみにほぼもとづいていた時代には、統合へと向かう欧州地域の理論や経験を、いまだ協力の段階にある非欧州地域にあてはめる、といった営為が広範に行われていた。しかし、新しい地域主義をめぐる諸研究の台頭に伴って、地域統合(regional integration)をめぐる比較研究が発展し、欧州偏重からの脱却が強く謳われた。また、地域主義と地域化を理念的に分けた上で地域統合を分析するという傾向が強まった。

地域主義や地域化といった用語に明確な定義や区別があるわけではない。しかし、地域主義はプログラムの実施と戦略の明確化を前提としているため、それはしばしば国家アクター中心の制度構築と政府間の協定締結を伴う。また、地域主義は、コンストラクティビズム(構成主義)の影響を受けて、地域の「発明」、アイデンティティーの構築、そしてメンタルマップ(認知地図)の描写などと関連した認知・観念プロジェクトともみなされるようになった。このように地域主義を社会現象として捉えるコンストラクティビズムは、地域(region)を「地理的関係と相互依存の度合いによって結びつけられた限定的な諸国家」(Nye 1966: vii)とみなす従来の本質主義的な考え方に異議を唱える。コンストラクティビストにとっての地域とは、地理であり、モノとヒトのフローであるだけではなく、「政治実践に根差した社会・認知的な構成物」(Katzenstein 2002: 105)にほかならない。

他方、地域化とは、国家アクターが明確に表明する地域主義的プロジェクトとは必ずしも関係のない、非国家アクターを中心としたさまざまな相互作用の集積を指す。国家や政府ではなく、個人、企業、団体、NGOといった非国家アクターをしばしばキープレーヤーとするプロセスであるという意味で、地域化は地域主義よりも広範な概念といえるかもしれない。そこには無論、ディアスポラや越境する貿易ネットワークだけではなく、競争力強化を図ろうとする大規模な多国籍企業の諸活動もまた含まれる。

地域化は、非国家アクター間の相互作用を中心とするが、国家アクターによる地域主義的戦略の実施と結びつき、国境を超えた統合プロセスへと変容することもある。その意味では、地域化も地域主義と同様に地域統合と密接に関わっており、地域主義を「国家アクター中心の、上からの制度的な統合」といま仮に位置づけるとすれば、地域化は「非国家アクター中心の、下からのネットワーク的な統合」といえるかもしれない。また、地域化は、個人や企業などを中心としたプロセスであるため、国家政策の影響や制約を必ずしも受けず、たとえば政府が地域主義に消極的あるいは反対している場合であっても地域統合を促進することがある。さらに、国家アクターによってしばしば意識的あるいは政策的になされる地域主義とは異なり、地域化は非国家アクターによって非意識的になされる地域統合ともいえる。たとえば、交易や労働移動などに伴って形成された、華僑や印僑といったディアスポラのネットワークは、けっして地域統合を意図したものではないが、地域の形成に大きな影響を及ぼしてきたといえよう。

以上、地域主義の史的変遷と地域主義・地域化という分析概念の検討を試みてきたが、続く本章の後半部分では、アフリカに焦点をあて、その地域主義をめぐる動態を分析する。

四　アフリカの地域主義をめぐる五本のスレッド

アフリカの地域主義を研究する醍醐味のひとつは、それが従来の常識の再評価を強く促すという点にある。たとえば、前述のとおり、一般に地域主義には、これまで少なくとも二つの波——すなわち、古い地域主義と新しい地域主義——があったとされる。しかし、こうした二つの波という地域主義の捉え方は、アフリカにおいて植民地連邦を成立させた帝国政策の深い爪痕を見過ごすことに繋がりかねない。アフリカの経験は、「第一の波（古い地域主義）」と「第二の波（新しい地域主義）」といった単純な認識のあり方では、これまでの地域主義の動態を必ずしも十分に理解できない、ということを私たちに示唆してくれている。

いま仮に、アフリカ地域主義の動態を一本の「撚糸」とするならば、それは少なくとも五本の「単糸（スレッド）」から構成されているようにみえる。ここでいうところの五本のスレッドとは、越境する相互作用のプロトタイプ（あるいは理念型）と密接に関わっており、具体的には、①ヒステリシスを通じた統合、②地域協力の政治学、③包括的な開発アジェンダ、④脱政府的なネットワークと地域化、⑤デフラグメンテーション、の五項目をいう。本節では以下、そうした五本のスレッドをひとつずつ検討する。

ヒステリシスを通じた統合

ラテンアメリカや中東と同様にアフリカにおいてもまた、帝国や植民地支配は、単に分割（partition）だけではなく、地域形成（region-building）とも密接に関わっていた（Bach 2016: 10–31）。

たとえば、イギリスは、フランスなどとの熾烈な植民地分割競争の結果、ナイジェリア、ゴールドコースト（ガーナ）、シエラレオネ、ガンビアという四つの植民地を西アフリカにおいて獲得し、その後、そうした西アフリカの英領諸植民地が地理的にはまったく隣接していないにもかかわらず、それらを「英領西アフリカ（British West Africa）」と呼んで植民地間の相互連携・協力を促進した。また、イギリスは、南部アフリカでも一九五三年、南ローデシア（ジンバブエ）、北ローデシア（ザンビア）、ニヤサランド（マラウイ）という三つの自治領・保護領を統合して「ローデシア・ニヤサランド連邦（Federation of Rhodesia and Nyasaland）」（別称「中央アフリカ連邦（Central African Federation, CAF）」）という植民地連邦を創設している。

他方、フランスも、一九〇四年には西アフリカの仏領諸植民地を統合して「仏領西アフリカ（*Afrique occidentale française*, AOF）」という広大な植民地行政単位を正式に発足させ、さらに一九一〇年には、今度は中部アフリカの仏領諸植民地を糾合した「仏領赤道アフリカ（*Afrique équatoriale française*, AEF）」が創設されている。

このようにイギリスやフランスといったヨーロッパ列強諸国がアフリカで統合政策を積極的に推進した背景には、中央集権的な統治機構を整備することで植民地支配のコストを削減したり、経済的に豊かな植民地が貧しい植民地の財政を支える仕組みを構築することで宗主国の負担を軽減させたりする目的があった。

アフリカでは一九五〇年代後半以降、植民地が次々と独立を達成した。そして、そうした新興国家は地域的な取極めを数多く結んだり、さまざまな地域機関を創設したりするようになるが、そこには植民地時代の統合政策の影響が色濃くみられた。無論、アフリカの独立国家は、もはや宗主国のように統治コスト削減のために地域統合を維持したり推進したりする必要はなかった。しかし、そうした新興諸国にとっては、植民地時代にすでに形成されていた、経済、通貨、金融、教育、運輸などの諸分野における地域協力の枠組みを維持することが、独立後の安定的な国家運営のために極めて重要だったのである。

ところで、「ヒステリシス（hysteresis）」とは、ある物質や系の状態が、現在加えられている力だけでなく、過去に加えられた力の影響を受けている現象、あるいは、過去に受けた外部からの影響を保持する性質のことをいう。履歴効果や履歴現象とも呼ばれる。この概念を援用するならば、アフリカの地域主義のひとつの特徴は「ヒステリシスを通じた統合」にあるといえよう。つまり、植民地時代の統合政策という過去の「履歴」が、独立から現在までのアフリカの地域統合に強く影響し、いまなおそれを規定しているのである。そして、そうしたヒステリシスを通じた統合の代表例といえるのが、西・中部アフリカのCFA《シェーファー》フラン通貨圏である。

フランスは一九四五年、西・中部アフリカにある仏領諸植民地に「アフリカ・フランス領植民地（*Colonies françaises d'Afrique*）」を略したCFAフランという共通通貨を正式に導入した。独立後、旧仏領西アフリカ諸国は、CFAフランを引き続き発行するための中央銀行として西アフリカ諸国中央銀行（*Banque Centrale des États de l'Afrique de l'Ouest*, BCEAO）を、また、通貨同盟として西アフリカ経済通貨同盟（*Union Économique et Monétaire Ouest Africaine*, UEMOA）をそれぞれ創設した。現在UEMOAに加盟するのは、ベナン、ブルキナファソ、コートジボワール、マリ、ニジェール、セネガル、トーゴ、そして旧ポルトガル領植民地のギニアビサウの八カ国である。

他方、中部アフリカでも、旧仏領諸国によって一九六四年、中部アフリカ関税経済同盟（*Union*

Douanière et Économique de l'Afrique Centrale, UDEAC）という関税同盟が創設され、その後一九七二年、CFAフラン発行を継承する中央銀行として中部アフリカ諸国銀行（*Banque des États de l'Afrique Centrale*, BEAC）がUDEACによって設立されている。通貨同盟でもあるUDEACは一九九六年、中部アフリカ経済通貨共同体（*Communauté Économique et Monétaire de l'Afrique Centrale*, CEMAC）へと改組され、CEMACには現在、カメルーン、コンゴ共和国、チャド、ガボン、中央アフリカ共和国、そして旧スペイン領植民地の赤道ギニアの六カ国が加盟している。

西アフリカの八カ国が使用するCFA（*Communauté financière africaine*）フランと、中部アフリカの六カ国で流通しているCFA（*Coopération financière en afrique centrale*）フランは、一応は別々の中央銀行が発行する異なる通貨であるが、固定相場制（一九九九年以降は両通貨とも交換レートを一ユーロ＝六五五・九五七CFAフランで固定）、兌換原則、外貨の中央集中管理といった共通性を多くもつ。

西・中部アフリカのCFAフラン圏は、独立後のアフリカ諸国によるさまざまな地域統合のなかでも、植民地支配者による統合政策との制度的継続性が特に顕著な事例のひとつといえよう。そしてそれは、独立後の影響よりもむしろ独立前のそれが「履歴」として大きく作用してきたという意味でヒステリシス的な統合なのである。そこでは、たとえば、その後にEUでみられるようになった、超国家的な機構に対する加盟国による国家主権の一部移譲といったプロセスがまったくみられない。というのも、CFAフラン圏に属するアフリカ諸国では、通貨や関税などの分野における統合が植民地支配下で考案され進展した結果、独立の時点ではすでに当該分野における主権の選択や行使の余地がほとんど残されていなかったからである。つまり、CFAフラン圏の加盟国は、独立に際して一旦獲得した主権の一部をその後主体的に譲渡して関税同盟や通貨同盟を創設したのではなく、もともと独立時に主権を部分的に制約され、さまざまな理由からその状態を独立後も維持してきたのである。その意味では、CFAフラン圏のような統合は、少なくとも独立後に関していえば「無症候的(asymptomatic)」であったといえよう。

地域協力の政治学

アフリカは、地域的な政府間組織が世界で最も多く創設されてきた地域のひとつである。そして、そうしたアフリカの地域協力にとって特に重要かつ象徴的な時期といえるのが、一九六〇年代から一九八〇年代にかけての三〇年間である。アフリカではこの時期、多くの地域的な政府間組織が設立される一方、その一部は消滅したり形骸化したりしていったが、そこには、独立後のアフリカの国際関係を特徴づける国家政策のあり方と指導者個人間の関係性が色濃く反映されていたからである。本項では、アフリカの地域協力の政治学を考える上で象徴的な、一九六〇年代から一九八〇年代にかけての時期に注目しつつ、アフリカの地域的な政府間組織の形態と軌跡を形作ってきた三つの要素を分析する。

第一は、政権強化である。地域主義は、EUのような超国家的組織への国家主権の一部移譲やプーリング(pooling)を常に志向するわけではなく、しばしば加盟国の主権尊重や内政不干渉を大前提とし、ときには国家主権や政権基盤を逆に強化する役割さえ果たすことがある。たとえば、一九六三年に創設されたアフリカ統一機構(Organization of African Unity, OAU)は、パン・アフリカニズムの影響を受けてアフリカ統一を目標として謳ったが、その創設を定めた憲章では、実際には、加盟国の内政への不干渉、加盟国間の合意にもとづく意思決定、独立時に継承した国境線の不変更といった、あくまでも国家主権の尊重を前提とする原則が掲げられていた。このようにアフリカの地域主義は、国家主権や政権を強化するための手段としてしばしば利用されてきたのである。

第二は、国家指導者によるクラブ外交である。それは、単にアフリカの地域協力だけではなく同地域をめぐる国際関係全般にみられる特徴のひとつともいえる。これまでのアフリカ諸国間の国際関係では、国家指導者間の個人的な関係や交流が、官僚による政府間交渉よりも重要な役割をしばしば果たしてきた。そうしたアフリカの政府間関係に対する国家指導者の個人的関係の優越性を象徴的に示す事例といえるのが、コートジボワールのフェリックス・ウフェ＝ボワニ大統領と、彼が主導的な役割を果たした西アフリカの協商会議(*Conseil de l'Entente*)であろう。

協商会議は、独立前夜の一九五九年、コートジボワール、ニジェール、ダホメー(ベナン)、オートボルタ(ブルキナファソ)という四つの仏領植民地によって創設された組織であり、独立後の一九六六年にトーゴが加盟している。もともと同組織は、西アフリカの地域経済統合のためではなく、仏領植民地が独立した後も旧宗主国フランスとの間で良好な関係性を維持するために創設された機関であった。また、協商会議は、セネガルと仏領スーダン(マリ)が独立前夜に進めていたマリ連邦(*Fédération du Mali*)の創設を妨害し、それに他の仏領植民地が合流しないように促す役割も果たした。そして独立後、協商会議は加盟国間の地域協力推進のための政府間組織として位置づけられるようになった。しかし、協商会議は政府間組織ではあったが、その中心はあくまで首脳外交(クラブ外交)であり、官僚による政府間交渉の重要性は低かった。そして、この首脳フォーラムとしての協商会議を通じて独自の地域外交を展開したのがウフェ゠ボワニ大統領であり、彼は協商会議の枠組みを活用して自らの政策を遂行しようとした。しかし、協商会議とそれを含む西アフリカのフランス語圏ブロックにおけるウフェ゠ボワニの政治的影響力は、彼が南アフリカのアパルトヘイト政権との対話を事実上容認したことなどもあって一九七〇年代以降、次第に衰えていった。

第三は、ドナー・ショッピングである。精神的・身体的な問題に対して、医療機関を次々と、あるいは同時に受診することを一般にドクター・ショッピングという。これに対してアフリカの地域協力では、ドナーからの援助を次々と求めていく、いわばドナー・ショッピングともいうべき現象がしばしばみられた。そうした一例といえるのが、セクター別の分権的なアプローチを採用した南部アフリカ開発調整会議(Southern African Development Coordination Conference, SADCC)である。

SADCCは、南アフリカのアパルトヘイト政権に対峙するフロントライン諸国(Frontline States)を中心にして一九八〇年に設立された政府間組織である。その主な目的は、自由貿易地域や関税同盟の創設のような地域統合ではなく、あくまでもアパルトヘイト体制下にある南アフリカへの経済的依存からの脱却にあったため、SADCCは、セクター別のプロジェクト遂行の責任を加盟国に割り振るという分権的なシステムを採用した。具体的には、たとえばモザンビークには運輸・通信分野、アンゴラにはエネルギー分野、ジンバブエには食料安全保障分野といった形で各セクターの責任が割り振られた。SADCC全体に関わる方針や決議は首脳会議で決定されたものの、セクター別プロジェクトの策定や実施は、責任を委ねられた各加盟国の政府が基本的に担った。そして、新冷戦下の一九八〇年代、しばしば非効率とみなされていた中央集権化された官僚機構をもたず、セクター別に責任国を設定してプロジェクトを着実に遂行するこのSADCCの分権的な仕組みは、援助ドナー側からも大いに歓迎され、多くの援助が供与された。しかし、一九九〇年に南アフリカ政府がアパルトヘイト体制の放棄へと大きく舵を切ると、SADCCに対するドナーの評価は一変する。それまでのSADCCは、ドナーからの援助を次々に獲得してさまざまなプロジェクトを実施していたが、それが援助漬けと評価されるようになり、また、セクター別プロジェクト間の連携やシナジー効果の欠如も問題視されるようになった。この結果、SADCCは一九九二年、南アフリカも正式加盟する形で南部アフリカ開発共同体(Southern African Development Community, SADC)へと改組された。

包括的な開発アジェンダ

アフリカの地域的な政府間組織は、しばしば包括的な開発アジェンダをみずから設定し、壮大な制度構築に取り組んできた。その傾向は、特に一九九〇年代に入って地域機関の設立当初の条約が見直される過程のなかで一層顕著となった。そして、アフリカの地域的政府間機関がそうした包括的な開発アジェンダに取り組む際のモデルとなったのが、EUによる地域統合であった。

たとえば、OAUによる初めての大陸規模の包括的な開発計画は、一九八〇年に採択された「アフリカ経済開発のためのラゴス行動計画　一九八〇—二〇〇〇(Lagos Plan of Action for the Economic Development of Africa, 1980-2000)」であろう。このラゴス行動計画(Lagos Plan of Action, LPA)では、アフリカの経済開発のために欧州共同体(European Community, EC)に範をとったアフリカ経済共同体(African Economic Community, AEC)を二〇〇〇年までに創設すること、そのためにアフリカの五つの地域(北・南・東・西・中部)にある既存の地域経済共同体(Regional Economic Communities, RECs)を強化し、それがまだ形成されていない地域ではその設立を促進することなどが決められた。しかし、二〇世紀末までにECのような経済共同体を大陸規模で創設するというこの壮大な開発計画は、その後一〇年間、実質的な進展をほとんどみなかった。

ところが、冷戦構造が終焉した一九八〇年代末以降、アフリカ諸国で民主化の動きが高まると、OAUもまた改革を迫られるようになる。OAUは、大言壮語をしているだけでほとんど行動しない地域機関、政権強化とドナー・ショッピングにだけ関心を抱く年長の国家指導者のクラブなどとみなされるようになり、そうしたなかでLPAの見直しが試みられた。具体的には、一九九一年にナイジェリアの首都アブジャで開催されたOAU首脳会議において、「アフリカ経済共同体設立条約(Treaty Establishing the African Economic Community)」が採択され、同条約は一九九四年に発効している。このアブジャ条約では、ヒト・モノ・資本・サービスの自由移動を謳う欧州統合のプロセスを念頭に置きつつ、RECsを強化する第一ステージから始まってアフリカ共通市場や通貨同盟が創設される第六ステージにいたるまでの六つのステージを明示し、そうした六つのステージの経済統合プロセスを最長三四年間で達成することを定めた(第五条)。その後、OAUは二〇〇二年、南アフリカのダーバンで開催された首脳会議においてアフリカ連合(African Union, AU)へと正式に移行している。

脱政府的なネットワークと地域化

境界には、分けたり隔てたりする分離機能もあれば、結びつけたり接着したりする統合機能もある。一般に、アフリカが植民地分割され、アフリカの独立国家がその植民地の境界線を国境線としてほぼそのままの形で継承したことは、地域統合の大きな妨げになった、とみなされてきた。しかし、国家アクターを中心とする地域主義的な視点からみればたしかにそうかもしれないが、新しい地域主義研究者が注目する非国家アクター中心の地域化的な視点からみると、少し違った光景がみえてくる。境界があるために分断されているのではなく、逆に境界があるからこそそれを境にして異なる制度や空間が生まれ、その両者の相違を利用する形で非国家アクターによる越境的な活動が活発化し、結果として地域化が進展するということもある。

これまで国境を超えて活動する個人、団体、企業などは、しばしば「脱国家的（trans-national）」なアクターと表現されてきた。しかし本章では、アフリカにおいて国境を超えて活動したりネットワークを構築したりする非国家アクターのことを「脱政府的（trans-state）」と形容したい（Bach 1994）。というのも、非国家アクターが、国境を超えて活動する際に、政府内部に取り入って政治家や公務員を味方として取り込むにせよ、逆に、政府の規制や監視を巧みに回避するにせよ、アフリカの越境的な活動やネットワークでは「統治機構としての政府（state）」の役割が重要であり、その意味で「脱政府的」の方が、従来の「脱国家的」という表現よりも政府の中心性を想起させるからである。

脱政府的なネットワークは、領土的に規定されるアイデンティティー（国籍）とは異なる、社会的、宗教的、地理民族的なアイデンティティーの上にしばしば築かれる。そして、そうしたネットワークの及ぶ範囲は、国境地帯をはるかに超えて、ときには首都の政府機構内部まで侵食し、関税障壁の撤廃といった特定の政策を採用しないように影響を及ぼすことさえある。そしてそこに、固定的な領土にもとづくものとは異なる、可動的かつ社会的に規定された独自の空間が生じる。他方、脱政府的なネットワークは、西アフリカ諸国の非合法ドラッグ貿易のように、戦争経済や犯罪グループと密接に関わって形成されるということもある。

アフリカで地域化を促進してきた、国境を超えた脱政府的ネットワークには、大きく分けて二つのプロトタイプがある(Bach 2016: 52-76)。

一つ目のタイプは、ベナンに代表されるような「倉庫国家(warehouse state/*état-entrepôt*)」(Igué and Soulé 1992)の事例である。西アフリカのベナンは、地域大国ナイジェリアに隣接する沿岸部の小国だが、両国間の関税や補助金などの差異を利用した越境貿易と「再輸出」で特に一九七〇年代を中心に利益を享受してきたことで知られる。たとえば、一九七九年のベナンの輸出収入総額に占めるカカオの割合は三三%であったが(Igué and Soulé 1992: 183)、実は同国は西アフリカの主要なカカオ生産国ではない。たしかにベナンも、わずかながらカカオを生産する。しかし同国は、生産者からの買取価格が低い隣国ナイジェリアからカカオを内陸部経由で一旦密輸入し、それを沿岸部まで運んで港から先進国向けに「再輸出」していたのである。

また、産油国ナイジェリアでは政府の補助金によってガソリン価格が低く設定され、ベナン側にはそうした低価格のガソリンへのニーズが高かったこと、他方、ナイジェリア側は外貨との兌換が困難な自国通貨ナイラよりもベナンで流通するＣＦＡフランへのニーズが高かったことなどもあって、ナイジェリアからベナンへのガソリンの密輸が広範に行われた。この結果、ベナンで消費されるガソリン全体の約九割がナイジェリアからの密輸に依存するにいたった(Bach 2016: 59)。こうしたベナンのような倉庫国家では、私的業者などの脱政府的なアクターが国境地帯の税関職員や兵士を賄賂などで巧みに取り込んだり、逆に、抜け穴だらけの国境警備を利用したりしながら越境貿易を展開した。しかし、その一方でベナン政府もまた、「倉庫国家」としての存在には国内ニーズの充足といった経済的メリットがあったため、ナイジェリアとの間の関税・非関税障壁をあえて撤廃しなかったり、越境貿易を事実上容認したりしたのである。

脱政府的な地域化の第二のプロトタイプは、暴力と不安定化の道具化をめぐる事例である。そして、そうしたタイプの地域化を象徴する事例といえるのが大湖地域である。そこでは、領土的な主権への異議申し立ては公式にはなされていないが、領土の事実上の分節化が進行してきた。たとえば、今日のコンゴ民主共和国では、一九九〇年代に入って周辺諸国を巻き込んだ「国内紛争」が展開されるようになり、一九九九年に休戦協定が締結された。しかし、同協定は、コンゴ政府とそれを支援するジンバブエ・アンゴラが統治する地域、ウガンダと同国が支援する武装勢力が支配する地域、そして、ルワンダとそれが支援する武装勢力が支配する地域、という三つの地域にコンゴという国家を事実上分割するものであった。そして、同紛争に介入した周辺諸国、特にジンバブエやルワンダはコンゴ国内のそれぞれの支配地域で資源採掘を行い、そこから利益を享受した。こうしたアフリカにおける暴力と不安定化を通じた地域化は、紛争地帯における希少鉱物の採掘(大湖地域)から非合法ドラッグの中継貿易(サヘル地域)、そして人身売買(チャド湖周辺地域)にいたるまで、実にさまざまな形態で展開されてきた。こうしたベナンのような倉庫国家や大湖地域における暴力と不安定化の道具化の事例は、モノやヒトが行き交う空間というものが、アフリカでは必ずしも領土的にではなくしばしば社会的に形成されうることを示す好例といえよう。そして、その意味で、アフリカに散見される脱政府的ネットワークという概念は、「領土的な国家に固執する心理的な地理概念」のために、「越境するプロセスと相互作用がもつ、複雑に絡まり合った多次元的かつ多方面的な性質を把握する」(Scorgie 2013: 35)ということができずにきた国際関係論の難点を克服することにつながるかもしれない。

デフラグメンテーション

デフラグメンテーション(最適化)は、コンピュータの世界を想起させるメタファーである。コンピュータでは、異なる場所にデータが断片化されている状態を解消することでハードディスクの動作性能を向上させることがあり、これをデフラグメンテーション(略してデフラグ)という。そして、そこから転じてデフラグは、「より深い地域統合(deeper regional integration)」を促進するために、ヒト、モノ、資本、サービスの移動を妨げるさまざまな障壁を撤廃する営みを指す用語としても用いられるようになった(World Bank 2012: xv)。

アフリカにおいて、デフラグによる「より深い統合」と密接に関わっているのは、自由貿易協定(Free Trade Agreement, FTA)であろう。しばしば経済的な地域統合は、緩やかな統合段階であるFTAから始まって次の段階である関税同盟に移行し、その後、共同市場と経済同盟をへて、最終的に完全な経済統合にいたる、という直線的かつ段階的なプロセスで理解される。AUが創設を目指すA

ＥＣもまた、そうした直線的かつ段階的な発想にもとづいている。しかし、アフリカではひとつの国家が複数の地域グループに加盟しているのが一般的であり、たとえば、あるＦＴＡだけを関税同盟へと格上げしようとすると、共通域外関税の設定をめぐって技術的な問題が生じる。そこで推進されてきたのが、ＦＴＡを関税同盟や共同市場といった上位の統合段階へと垂直的に移行させるのではなく、共通域外関税を必要としないＦＴＡを温存したまま、むしろ並存する複数のＦＴＡを水平的に統合することによって「より深い統合」を達成しようとする方向性であった。具体的には、二〇〇八年、東南部アフリカ市場共同体（Common Market for Eastern and Southern Africa, COMESA）、東アフリカ共同体（East African Community, EAC）、そしてＳＡＤＣに加盟する二六カ国の首脳が三者間ＦＴＡ（Tripartite Free Trade Area, TFTA）の創設で合意し、二〇一五年にＴＦＴＡ協定が締結されている。

おわりに

二〇一八年にルワンダの首都キガリで開催されたＡＵ臨時首脳会議においてアフリカ大陸自由貿易協定（African Continental Free Trade Agreement, AfCFTA）が締結され、同協定は二〇一九年に発効した。ＡｆＣＦＴＡは、加盟国間の貿易自由化だけではなく、ヒト・資本・サービスの移動の自由化や統一通貨の創設などを通してアフリカの経済成長を図ろうとするものである。とはいえ、ＡｆＣＦＴＡの運用が開始されるのは二〇二〇年以降のことであり、その具体的な内容や成果について議論や評価をできる段階にはまだない。しかし、ＡＵに加盟する五五カ国・地域のうちエリトリアを除く五四カ国・地域がすでにAfCFTAに署名しており、もし仮に、すべての締約国が批准したとすれば、加盟国数としては世界最大級の自由貿易圏がアフリカ大陸に誕生することになる。その意味でも、アフリカにおける地域主義の今後の動向からは目が離せない。

本章での一連の考察を通して筆者が指摘したかったのは、アフリカの地域主義研究には、これまでの地域主義研究を相対化し、かつ、それを豊穣化しうる大いなる可能性が秘められている、という点である。今日グローバルに出現しつつある「諸地域の世界」を理解する上で、アフリカの地域主義はまさに異彩を放つ存在なのである。

参考文献

Bach, Daniel C. (1994) "Afrique de l'Ouest: Organisations régionales, espaces nationaux et régionalisme trans-étatique: les leçons d'un mythe," in Centre d'Etude d'Afrique Noire ed., *L'Afrique politique 1994*, Karthala-CEAN.

Bach, Daniel C. (2016) *Regionalism in Africa: Genealogies, Institutions and Trans-state Networks*, Routledge.

Buzan, Barry, and Ole Wæver (2003) *Regions and Powers: The Structure of International Security*, Cambridge University Press.

Dabène, Olivier (2009) *The Politics of Regional Integration in Latin America: Theoretical and Comparative Explorations*, Palgrave Macmillan.

Grant, Andrew, and Fredrik Söderbaum eds. (2003) *The New Regionalism in Africa*, Ashgate.

Hettne, Björn (1994) "The New Regionalism: Implications for Development and Peace," in Björn Hettne and András Inotai eds., *The New Regionalism: Implications for Global Development and International Security*,

UNU World Institute for Development Economics Research.

Igué, John O., and Bio Soulé (1992) *L'État-entrepôt au Bénin: Commerce informel ou solution à la crise?*, Karthala.

Katzenstein, Peter (2002) "Regionalism in Asia," in Shaun Breslin, Christopher W. Hughes, Nicola Phillips and Ben Rosamond eds., *New Regionalisms in the Global Political Economy: Theories and Cases*, Routledge.

Katzenstein, Peter (2005) *A World of Regions: Asia and Europe in the American Imperium*, Cornell University Press.

Nye, Joseph (1966) *Pan-Africanism and East African Integration*, Harvard University Press.

Ravenhill, John (2001) *APEC and the Construction of Pacific Rim Regionalism*, Cambridge University Press.

Riggirozzi, Pia, and Diana Tussie eds. (2012) *The Rise of Post-Hegemonic Regionalism: The Case of Latin America*, Springer.

Scorgie, Lindsay (2013) "Prominent Peripheries: The Role of Borderlands in Central Africa's Regionalized Conflict," *Critical African Studies*, 5(1).

World Bank (2012) *De-Fragmenting Africa: Deepening Regional Trade Integration in Goods and Services*, The World Bank.

第7章

だれが中東地域を「統合」しうるのか
——中東地域における主体の多義性——

池田明史

はじめに

現在では中東というより中東・北アフリカ(Middle East and North Africa, MENA)と呼ばれることの多いこの地域は、大きく分けて北アフリカ(マグレブ)、東地中海(マシュレク)、湾岸、そして場合によっては中央アジアを含めて三つないし四つの下位地域から構成されている。それぞれの下位地域は、地理的なまとまりとともに、歴史的、政治的、経済的、そして社会的にも相対的に共通する要素が多く、同じく中東とはいっても下位地域内部の関係と下位地域相互の関係の親疎には留意しなければならない。中東の地域ないし下位地域における「統合」の可能性を考察する場合、まずはこれらの下位地域内や相互間の政治、経済、社会が現実にどのような関係を保ち、どのような形で呼応しているのか、あるいはいないのかを問うことが有用となろう。いわゆる帝国主義列強に早い段階から蹂躙され、植民地遺制の弊害がなお強調されることの多いこの地域では、「統合」とは米欧ロなど地域外諸勢力の関与への対抗や応答の動きと重なって理解されがちであった。対抗の標的を地域の外に措定して内部の統合を目指そうとする場合、そもそもその内部に実体的な主体性を認めることができるのか否かが問題となるからである。さしあたりここでは、最初に国家を超えた地域機構・機能が目指された試みとして、「アラブはひとつ」というスローガンが実体を持ったかのように思われた冷戦期、とりわけ一九七〇年代のアラブ世界の事例と、ポスト冷戦期に「新しい中東」の創出が期待された一九九〇年代の中東和平プロセスとの事例を簡単に振り返り、そこに地域の主体性なるものがどこまで認められるのかを検討する。そののちに、主権国家相互が集団的安全保障を梃子として国家連合の形で結節しようとした「安全保障共同体」への動きを俯瞰し、それが前提とする国家間の地域内外の関係を考察する。もとより、二〇一一年以降の動乱と政治的混乱が如実に示しているように、現在の中東における国家的枠組みの緩みや解体といった現象は、そもそもこの地域において国家なるものがそれぞれの領域内での統合機能をどこまで果たしえていたのかという問いを前景化させている。宗教・宗派や民族・部族といった諸社会集団間の軋轢や対立を相対化して、国民国家的な統合を果たすのが近代主権国家に課せられた責務であるとされる。しかし中東では、各国の強大な独裁権力が相互に対立する社会集団間の亀裂をむしろ温存し、対立や軋轢の操作によって権力の自己保存をはかってきた。結果として、多様な社会集団は一義的な国民として統合されることなく、潜在的には国家と併存する政治的アクターとして保全された。そして、強権によって各集団間の亀裂を隠蔽し操作してきた独裁的な統治が機能不全に陥れば、これらの政治的アクターは「パンドラの箱」を一斉に飛び出して、そこに苛烈な闘争状況が現出されるのである。国家にせよ、地域機構やその他の非国家主体にせよ、中東という地域そのものが抱え込むこうした主体の多義性に由来する混乱を克服し、地域の統合を担っていくような存在を見出すことは可能なのであろうか。これが、本章における問いにほかならない。

一 「アラブはひとつ」だったのか

中東における制度化された地域統合の嚆矢とされるのが、第二次世界大戦終戦間際に発足したアラブ連盟であった。理事会や事務局、各種機関を抱えるアラブ連盟は、当初より必ずしもアラブの統一国家や連邦国家の構築を目的とするものではなく、文化的同質性を軸にした緩やかな連合体を指向していた。加盟諸国間相互の主権尊重と内政不干渉が前提となっていたからである。パレスチナ問題がユダヤ人国家イスラエルの建国に展開し、アラブ＝イスラエル戦争（中東戦争）の勃発に帰結するや、この緩やかな連合体は旧植民地地域であるアラブ陣営の広域的な連帯を呼号するようになった。彼らから見ればイスラエルは、欧米の旧帝国主義列強がアラブの心臓部に打ち込んだ杭にほかならず、断固排斥されるべき存在だったからである。しかし加盟各国は声高にパレスチナの原状回復すなわちイスラエルの殲滅を標榜しながら、現実にはパレスチナ問題を利用してアラブ世界の主導権の争奪とそれぞれの国益追求に終始した。中東戦争という対立構図の文脈のなかでのみ、アラブ連盟は国際社会においてアラブの意思を代弁する機関と位置付けられ、例えばいわゆる「アラブ・ボイコット」等の統一戦略を実現することとなった。

一九七三年の第四次中東戦争に際して出来した「石油危機」は、中東とりわけ湾岸産油諸国にとっては「石油ブーム」にほかならなかった。戦争そのものはマシュレク地域で展開されたものの、アラブ＝イスラエル対決の脈絡でアラブ石油輸出国機構(Organization of the Arab Petroleum Exporting Countries, OAPEC)が「石油戦略」を発動し、戦局はそのまま湾岸地域に波及した。これを奇貨として石油輸出国機構(Organization of the Petroleum Exporting Countries, OPEC)が国際石油資本(Oil Majors)から石油価格および産出量の決定権を奪取し、戦後もこれを握り続けたため、膨大な石油収入が湾岸をはじめとする産油諸国に流入した。その潤沢な資金は、それら各国の超野心的な近代化や都市化のための開発計画に投下され、必要な資材と、何よりも労働力がマグレブやマシュレクから湾岸地域に雪崩れ込んだ。その対価として、中東では産油諸国から非産油諸国に資金が還流し、ここにモノ・ヒト・カネの循環構造が創出された。多数の出稼ぎ労働者を抱えた湾岸アラブ諸国では、流入したパレスチナ人の多くは相対的に学歴が高く、中間管理者や技術職、専門職に就いていて、彼らの動向如何で湾岸地域の経済・社会は機能停止に陥りかねないという一定の相互依存の実態も見られた。したがってそこでは、パレスチナ問題でのいわゆる「アラブの大義」の名の下に、アラブ世界の一体性ないし「統合のようなもの」が、あたかも実体を持つかのように喧伝された。もとより、そのような「アラブはひとつ」を呼号した「統合のようなもの」は、イスラエルという敵を共有するアラブ陣営の漠然とした連帯を意味するに過ぎず、まったく制度化されたものではなかったし、当然ながら主敵イスラエルはもとよりトルコやイランといった非アラブの地域大国を包摂するものではなかった。「アラブの大義」は建前に利用されたに過ぎず、石油戦略の発動も現実には産油諸国などアラブ各国の国益追求が主たる動機だった。

こうしたアラブの連帯も、政治的には一九七八年にアラブ最大の国家であるエジプトがイスラエルとの間にキャンプ・デービッド合意を取り交わし、翌年には単独で和平条約を結んで陣営から脱落するに至って動揺し始める。イスラエルに対抗する「アラブ共同防衛体制」は名実ともに破綻し、エジプトはアラブ連盟の加盟資格を停止されて、その事務局の所在地もカイロからチュニスへと移された。さらに、一九八〇年代に入って石油過剰状況(Oil Glut)のなかで油価が低迷して湾岸諸国の財源に欠損が生じ、各国は軒並み開発計画を縮小、凍結、放棄といった形で減速させた。七〇年代に見られたモノ・ヒト・カネの連環の輪が断ち切られ、産油国は不要となった非産油国からの出稼ぎ労働力を大量に放逐し、非産油国は貴重な財源であった出稼ぎ送金からの税収を失うとともに、帰国してきた自国民労働者に雇用を提供し、乏しい財源で彼らの生活を支えなければならなくなった。ここに、「アラブはひとつ」という虚構は雲散し、アラブ世界内部の分断が前景化することになったのである。イスラエルとの平和条約を維持したままのエジプトが、一九八九年のアラブ首脳会議でアラブ連盟への復帰を認められた事実は、アラブ連盟自体が対イスラエルの広域的連帯という旗幟を降ろしたことを意味した。

ところで、エジプト＝イスラエル和平条約締結と同じ一九七九年に生起したイラン・イスラーム革命の進展は、その「革命の輸出」を危惧した隣国イラクによる一九八〇年の予防先制攻撃を惹起し、その後八年間におよぶイラン＝イラク戦争に進展した。湾岸地域は、非アラブでイスラームのシーア派の総本山であるイランと、世俗主義バアス党に指導された共和制のイラク、およびアラビア半島の王政・首長制諸国との三極構造を成していた。イラン＝イラク戦争勃発の翌年アラビア半島諸国は、表面上は経済協力を目的に掲げた地域協力機構として湾岸協力会議(Gulf Cooperation Council, GCC)を発足させたが、これは明らかに三極のなかで軍事的には最も脆弱であるアラビア半島諸国が結束して自分たちの安全保障を強化しようとする試みであった。これら諸国は既述のようにいずれも王政や首長制の政体をとるアラブ国家であり、産油国であり、国内に多かれ少なかれ攪乱要因であるシーア派住民を抱えているといった共通性を持っていた。したがって、アラブ全域を包摂したために異なる政体や経済水準、イデオロギーが入り混じって同床異夢に陥ることの多いアラブ連盟よりも、GCCは「ひとつのアラビア半島」という方向で政治や外交、経済面での協力関係の推進や利害調整の機能を果たしやすかった。それでも、イランやイラクに近接し、それらの脅威をより強く意識せざるをえないクウェートやサウジアラビアなどの諸国と、遠隔にあるため必ずしも脅威の切迫性を感じることの少ないカタールやアラブ首長国連邦、オマーンといった諸国との間には、イランやイラクに対する個別の関係について温度差があったことは否めない。しかし総じて、ペルシャ湾を挟んで対峙する大国イランや、当時アラブ最強と称されたイラクの軍事力に対しては、GCCが束になってもその圧倒的な劣勢は明白であった。GCCはこうした安全保障上の脆弱性を欧米とりわけアメリカとの提携によって補おうとした。

イラン＝イラク戦争がGCCという形でアラビア半島に新たな連携をもたらしたのに対して、アラブ連盟においては加盟国間の結束ではなく、新たな対立の構図をもたらした。イラクがこの戦争の戦後処理に失敗し、これを清算しようとして隣国クウェートに侵攻した一九九〇年の湾岸危機およびその翌年の湾岸戦争は、常に紛争の「アラブ内解決」を掲げてきたアラブ連盟の無力を決定的に露呈するものとなり、国際社会による直接の軍事介入を招いたのである。

二　「新しい中東」は何が新しかったのか

湾岸危機・戦争の経緯と結末は、アラブ側にもイスラエル側にも従来の軍事戦略の見直しを迫るものとなった。アラブ側にはイスラエルとの戦略的均衡を求める路線の非現実性を、イスラエル側には軍事力万能主義に立つ安全保障政策に対する疑義を、それぞれ認識させたからである。また、侵攻したイラク軍をクウェートから叩き出すための「多国籍軍」の主戦力は、東側陣営の崩壊で冷戦構造が終わったことによって、ヨーロッパ正面からアラビア半島への転用で賄われた。加えて、これも冷戦的対立が過去のものとなったため国連安全保障理事会が実質的に機能し始めて、国際社会の対イラク軍事制裁を容認する決議が採択されるなど、中東の地域紛争を取り巻く戦略環境は大きく変貌しつつあった。冷戦と湾岸戦争との「二つの戦後」が結節したところに、いわゆる中東和平プロセスが構想されることとなったのである。

一九九一年、当時のブッシュ(父)米政権がポスト冷戦期に残った唯一の超大国としてアラブ＝イスラエル戦争の当事者と国際社会の主要アクターとをマドリードに招集し、中東和平を包括的に解決するための交渉枠組みが提示された。マドリードプロセスと呼ばれることになったこの枠組みは大きく二つに分かれており、一方にはイスラエルと境界を接するアラブ諸国が個別に両国間の和平合意を目指す二国間交渉の場が、他方には中東地域内の諸国家が域外主要アクターの仕切りの下に地域共通の課題について協議して、統一的な行動指針の策定をはかろうとする多国間協議の場が設定されることとなった。もとよりこの二つの交渉・協議は相互に完全に切り離せるものではなく、とりわけ二国間交渉に進展がなければ多国間協議の進捗も望めないという関係にあった。それでも、このマドリードプロセスの傘の下で、イスラエルとパレスチナ解放機構(PLO)とが秘密交渉を重ね、両者は一九九三年に相互承認を行うと同時に、いわゆるパレスチナ占領地におけるパレスチナ人の暫定自治開始に関する基本原則に合意した(オスロ合意)。この合意を契機として、アラブ＝イスラエル戦争の当事者間には二国間和平に向けた交渉に弾みがつくかに思われ、事実ヨルダンはイスラエルとの間に、一九九四年、正式に和平条約を締結し、エジプトに続いてイスラエルと国交を樹立した二番目のアラブ国家となった。

和平に向けてこうした機運が醸成されるなか、多国間協議においては軍備管理、経済開発、水資源、環境、難民という五つのテーマでそれぞれ作業部会が置かれ、域内諸国の間の主張や見解、立場が開陳されて、議論が取り交わされるようになった。そこでは、和平プロセスの進展に伴って、戦乱に明け暮れて開発の停滞した「古い中東」から、域内各国の協調と相互依存を基盤とした「新しい中東」を創出しようとの期待が表出されていた。まだ漠然とではあったが、「統合のようなもの」に向けた新たな動きが芽吹いているように思われたのである。

問題は、萌芽的とはいえ「統合のようなもの」を目指すこうした動きが、中東地域内部のイニシアチヴによって紡ぎ出されたのではなく、地域の不安定化を憂慮する域外勢力、とりわけ欧米によって主導されたところにあった。冷戦構造の崩壊によってアラブ＝イスラエル戦争が東西両陣営の代理戦争としての側面を失い、また湾岸危機・戦争が示したようにアラブ対イスラエルの二項対決的状況そのものが相対的に後景に退いたこの時点で、欧米にとって中東最大の攪乱要因はもはや東地中海ではなく、湾岸地域に移行していた。すなわち、イラン・イスラーム革命、イラン＝イラク戦争、湾岸危機・戦争という大動乱が連鎖的に生起した湾岸地域こそ、中東の不安定の元凶とみなされるに至ったのである。

湾岸地域に内在する一連の攪乱要因に対して、欧米の構想した戦略が「二重封じ込め」と呼ばれる政策にほかならない。それは、「革命の輸出」を呼号するイランのイスラーム革命体制と、湾岸危機・戦争を惹き起こしたイラクのサッダム・フセイン政権とを二つながら同時に包囲制裁下に置こうとするものであった。中東和平プロセスにおいて当初からイランとイラクとが排除されていた事実が示す通り、東地中海地域で展開される同プロセスには湾岸地域での「二重封じ込め」政策を補完し連動する機能が期待された。もとより、湾岸における三極構造のなかで軍事的に最も脆弱なＧＣＣと連携して、イランおよびイラクという強大な他の二極を封じ込めるという欧米の構想には、軍事的な合理性に欠けるという以上に大きな問題があった。いずれも大産油国であり、しかも大きな人口を抱えるこの両国は、域内外の諸国にとって垂涎の潜在的市場だったからである。とりわけ中東諸国は、人口増大や財政赤字、若年層の増大と潜在的あるいは顕在的雇用不安といったさまざまな懸念材料を抱えており、それらはすべて時間の経過とともに尖鋭化すると考えられていた。既述のように、一九七〇年代に特徴的だったモノ・ヒト・カネの循環構造は八〇年代に大きく減速し、九〇年代冒頭の湾岸危機・戦争でとどめを刺されていた。産油諸国が莫大な石油収入を得て、その市場やインフラ整備を目当てに各地から出稼ぎ労働者が殺到し、人口や富の一定の再配分がはかられるといったメカニズムは消失していたのである。

したがって「新しい中東」を目指そうとする中東和平プロセスは、アラブ＝イスラエル戦争をめぐる政治的な宥和への動きであると同時に、東地中海地域に安定的な投資環境を実現して中東の経済的展望を切り開こうとする試みでもあるとして喧伝された。湾岸地域における「二重封じ込め」政策によって逸失された利益が、中東和平プロセスを通じてひとつの経済的「共栄圏」の形成によって補塡される。多国間協議の経済開発作業部会や、そこから派生した中東・北アフリカ経済会議などに大きな期待が寄せられた所以である。要するに、和平交渉の直接の当事者はもとより、GCCなど域内外の諸国も、和平プロセスへの参加によって約束されるはずの経済的展望を前提として、湾岸での「二重封じ込め」を受忍していたと考えられる。

当然ながらこうした和平プロセスと「二重封じ込め」との連動性は、一方が機能不全に陥ればそれはそのまま他方の失速へと直結する。和平プロセスにおいて経済開発をひとつのテーマとした多国間協議は、どこまでも二国間交渉の側面支援の装置であり、二国間交渉が行き詰まれば多国間協議も頓挫する。オスロ合意以降、その二国間交渉の焦点はイスラエルとパレスチナ自治政府との間の「（パレスチナ占領地の）恒久的地位」をめぐる交渉であったが、一九九〇年代後半に入り膠着を余儀なくされた。ラビン・イスラエル首相暗殺、キャンプ・デービッドⅡ交渉の蹉跌、そして二〇〇〇年のアルアクサ・インティファーダの勃発を経て二国間交渉のパレスチナ・トラックが事実上破綻するや、「新しい中東」への展望もまた霧消したのである。

三　蹉跌の背景とGCCの「成功」事例

ここまで、「アラブはひとつ」のスローガンの下にアラブ世界の政治的統合を掲げたアラブ連盟の事例と、「新しい中東」を標榜して経済的統合を指向した中東和平プロセスの事例とを俯瞰してきた。それらはいずれも失敗に終わったという共通項以外に、中東地域を構成する下位地域が多かれ少なかれ相互に直接間接の影響を与えあっている状況を指し示してもいる。そこで明らかになったのは、アラブの統一など地域内部から統合を目指そうという動きが出てくるにしても、それは常に「だれによってなされるのか」という争点を内在させていた事実である。結果的に統合を強調すればするほどアラブ世界内部での覇権をめぐる闘争が前景化して分断が強まるというメカニズムが作動していた。一九七〇年代に中東がいわゆる「石油ブーム」に沸いた僅かな時代に「統合のようなもの」が立ち現れたかに見えたこともあったが、それは莫大な石油収入という外在変数に全面的に依存した蜃気楼に過ぎなかった。また、経済的な共栄圏の構築をはかった「新しい中東」は、そもそも地域内部から紡ぎ出された構想でさえなかった。東地中海地域の中東和平プロセスと、湾岸地域の「二重封じ込め」政策とを補完的に連動させ、政治的な宥和と経済的な発展とを目指した動きは、終始欧米を中心とした国際社会に主導されたものであった。統合への主たる推力が、外在的な性格を帯びていたのである。

「アラブはひとつ」であれ「新しい中東」であれ、連盟や共栄圏といった国家を超えた主体による地域統合への試みは、現実にはイデオロギーや理念だけが宙に浮いて流通し、これを実体として支えるべき経済的社会的基盤を欠いていたため、結局は失速した。アラブ連盟は、アラブの統一を呼号しながらその実態は既存国家の権益を保全するための連合体にほかならなかった。中東和平プロセスもまた、ポスト冷戦期を迎え、それぞれの国家が経済的展望を切り開こうとして、域内市場の拡大や域外からの投資の促進、統合的なインフラ整備、軍事費の削減といった効果を求めてその「共栄圏」構想に参画したのであって、ここでも主体は個々の国家の国益であった。例外的に実効性を持ったかに見えるGCCの事例も、湾岸地域という下位地域で、しかもアラビア半島という地理的なまとまりを基盤としていたこと、温度差があるとはいえイランとイラクという二つの脅威に対抗する目的を共有できたこと、さらにはサウジアラビアの国力があらゆる意味で突出しており、内部の主導権をめぐる闘争の余地がなかったことなどにその成功の理由を求めることができよう。それでも、発足当初から軍事的な安全保障については欧米との連携で担保せざるをえず、また情勢の緊迫度が高まるにつれ、加盟国内部の温度差が顕在化して軋轢は深刻化する。二〇一七年にサウジアラビアとイランとの対立が昂進するなか、同じGCC構成国であるサウジアラビア、アラブ首長国連邦、バーレーンが、エジプトなどとともに、イランへの融和姿勢を続けるカタールと国交を断絶した事例はこのことを例証している。ここでも、アラビア半島の諸国家が完全にGCCという地域機構に統合される方向にないことは明らかであるように思われる。

四　国家集団に基づく「安全保障共同体」は可能だったのか

超国家的な地域あるいは下位地域が統合の主体となりえないとすれば、統合の担い手はやはり地域内部の主権国家ということになるのだろうか。その場合、諸国家間で合従連衡を重ね、地域的統合への契機を紡ぎ出せるとして、その結節の基軸となる共通項は何になるであろうか。主権国家が共通して関心を持たざるをえないテーマはさまざまにありえようが、ここでは安全保障の問題に焦点を絞って考察を進める。個人、社会集団、国家、国際のどのレベルにおいても、安全保障が最重要な関心事項であることは明白であるし、そのなかで国家が他のレベルの状況の多くを支配している以上、国家にとってそれは常に中心的な課題であり続けるからである。

安全保障の観点から地域の統合を展望しようとする場合、それは地域に現存する安全保障複合体(security complex, 以下「複合体」と略)を安全保障共同体(security community, 以下「共同体」と略)へと誘導することを意味する。ここで複合体とは、ある地域のなかでの力(power)の分布と同時に、友好(amity)と敵意(enmity)のパターンが中心的な要素として作動するシステムにほかならない。その現実は、地域を構成する諸国家間の友好、敵意、あるいは無関心といった個別の相互関係の総体であり、各国が自覚的に認識しているかどうかに拘らず存在し、機能する。それ自体はポジティブでもネガティブでもありえる複合体を、構成諸国の間で自覚的に認識される協調を基盤とする共同体へと再編することが、固有の友好と敵意の歴史的ダイナミクスを抱え込む中東という地域、あるいはその下位地域において果たして可能であろうか。

実際に中東において地域紛争防止を射程に入れた制度的な安全保障の枠組み構築への動きは、既述の中東和平プロセスの始動とともに前景化した。湾岸危機・戦争によって、中東の軍事化がもたらす深刻な脅威への対応が叫ばれ、地域的な安全保障を模索する幾つかの構想が公式・非公式に提示されることとなった。東西冷戦の構造においては、両陣営にとって最大の脅威であった相手側からの核先制使用の危険をいかに除去するかが課題であった。いずれの側が先制攻撃を仕掛けても決して「ペイしない」方向へのシステムの構築に向けて交渉が重ねられ、軍備管理の実効性が担保されてきた。その実例を念頭に、中東でも軍備の使用が相互の損失につながるような枠組みの構築が模索されたのであった。その際、モデルとされたのは一九七五年のヘルシンキ宣言であり、これを採択した全欧安全保障協力会議(Conference on Security and Co-operation in Europe, CSCE)であった。

しかし、当然ながら冷戦期のヨーロッパと冷戦後の中東とでは、複合体のあり方が大きく異なっていた。東西両陣営の二項対立の構図を基底にしたヨーロッパとは違い、中東の対立構造は二極間のそれではなく、明らかに多極的な様相を呈していた。イラン＝イラク戦争や湾岸危機・戦争が指し示していた通り、湾岸地域における安全保障問題をアラブ＝イスラエル関係のなかで議論しても意味はなかった。冷戦後の(そしておそらくは冷戦期においてさえ)中東の国家間の戦略関係は、複雑で錯綜したメカニズムではかられなければならなかった。この地域あるいはそれを構成する下位地域におけるひとつの紛争での軍拡への動きは、たちどころに他の紛争の構図に伝播して地域全体の軍拡状況を現出するからである。逆に、特定の紛争解決のプロセスにおいて軍縮もしくは軍備管理への動きが出てきたとしても、そうした動きは他の複数の紛争軸と連動しない限り実効的な成果を期待できなかった。

紛争軸が多様であってもその友敵関係が膠着的もしくは固定性の強いものであれば、それなりの対処も可能であるが、中東にあっては戦略的な友敵関係がしばしば変動する。歴史的には王家間の対抗という私的なレベルから革命派と保守派、イスラーム復興主義と世俗的近代化路線といったイデオロギーのレベル、あるいは域内の脅威に対する対応戦略の相違に至るまで、友敵関係の組み換えの枠組みが多数存在するのである。基本的な、あるいは固定的な戦略的提携や対立とみなされていた関係が、瞬時に組み替わるような事例は枚挙にいとまがない。直近では、かつてイスラエルと敵対していたサウジアラビアなどGCC諸国が、イランの台頭によって警戒を強め、脅威を共有するイスラエルへの接近をはかったり、仇敵同士のはずのイランと米国が、イラクやシリアに蟠踞したいわゆる「イスラーム国(Islamic State, IS)」に対しては暗黙の共闘を展開するなどの事例が挙げられよう。いずれにせよ、共同体の形成には、それを構成する諸国家の間に少なくとも共通の条約と安全保障政策上の明示的な指針がなければならないし、CSCEが冷戦後に全欧安全保障協力機構(Organization for Security and Co-operation in Europe, OSCE)へと改編されたように、会議の連続体といった機能的な存在から、公式の制度化された構造へと移行することが望ましい。しかし、ある時点での紛争軸をすべて考慮に入れた共同体の枠組みをたとえ構想しえたとしても、そこで前提とされていた紛争軸が別のまったく新しい軸に短期間で置き換えられる可能性が常に存在する中東では、そのような共同体の枠組みは極めて脆弱で暫定的なものにならざるをえない。

すでに中東和平プロセスの事例で指摘したように、こうした共同体構築を目指す動きに通底する最大の問題は、それが地域内生的な推力に基づくものではなく、中東の不安定化を憂慮する域外勢力、すなわち欧米主体の国際世論が構想の母胎となっていたところにあった。その際、CSCEをモデルとして共有しながらも、ヨーロッパとアメリカとでは実現すべき共同体の具体的内実は微妙に異なっていた。欧州連合(European Union, EU)は、EUの南方拡大を希求するマグレブ地域やマシュレク地域への警戒と宥和を背景に、地中海の南北対話に力点を置いた共同体の可能性を模索したのに対して、既述のようにアメリカは、イランとイラクとを「二重封じ込め」によって排除しつつ、GCCやトルコをマシュレクの中東和平プロセスに取り込むことを主眼にしていたからである。CSCEにならって略称をCSCMとするところまでは共通していたが、そのMはヨーロッパにとっては地中海(Mediterranean)を、アメリカにとっては中東(Middle East)を意味していたのである。

国家横断的な「新しい中東」であれ、主権国家の集団安全保障としての共同体であれ、地域の外からのこうした統合への働きかけは、地域に内生する動きと呼応して初めて具体的な成果につながる。地域を構成する諸国から内発的に共同体形成への動因が生み出されるには、それら諸国間の関係正常化が何よりも前提となる。共同体の枠組みは、主権国家を単位とする域内秩序の整序が不可欠であるが、中東和平プロセス二国間交渉の破綻や二〇一一年以降のアラブ大変動が各地で内戦を惹起している事実に示される通り、中東ではそのような前提要件がいまだ満たされていない。

五　中東における国家の構造的脆弱性

中東の「地域」的統合の担い手として国家を問題とする場合、国家相互間の問題と同時に、あるいはそれ以上に、国家の枠組みそれ自体が孕む脆弱性に留意する必要があろう。それは、グローバル化の進展に伴う国家の権能の相対化といった現代の国際社会に共通する課題であるよりも、国民内部の社会的亀裂が構造的に温存され、権力装置としての国家の制度化が不十分で、結果として国民国家的統合が果たされてこなかったという中東固有の事情に由来する。国民意識や国家意識は、宗教・宗派・部族・地域といった信仰や地縁血縁に基づく帰属共同体を相対化して、少なくともこれと同等もしくはそれ以上の帰属意識を植え付けるところに出発する。こうした国民創出のための強制的同質化の機能を担うことが、よかれあしかれ権力装置としての国家の責務とされた。中東においてはそうした国家の責務が軽視され、場合によっては意図的に放擲されてきたところに問題の核心がある。

「アラブはひとつ」という掛け声や、イランによる「イスラーム革命の輸出」といったスローガンは、国家を超えた帰属共同体の存在を前景化させる。その一方で、国内の社会的諸集団は解体や無力化されることなく残存し、中東における国家の枠組みは上下双方向から挟撃を受ける構造になっていた。中東では珍しくなかった長期独裁支配は、強大な武力に依存しつつ、外には国家を超えた帰属共同体に共通の敵を措定し、内には多様な社会集団間の均衡を操作して求心力を維持してきたのである。中東各国の独裁権力は、国民の創出というよりも社会的亀裂の保全の上に自己保存をはかってきた。アラブ大変動が典型的に示しているように、そうした均衡操作者としての権力がひとたび粉砕されるや、各国社会内部に温存されてきた亀裂線が剝き出しとなり、そこに苛烈なアイデンティティ政治が展開されるのは必然的な趨勢であったといえよう。

上下からその枠組みに挟撃を受けて、地域統合の担い手となるどころか国家それ自体の統合さえ危ぶまれる事態を前にして、そこに中東のアラブ世界やイスラーム世界が欧米列強に押し付けられた「諸国家体制」の危機や終焉を見るべきだろうか。一九一六年のサイクス＝ピコ協定や翌年のバルフォア宣言を持ち出すまでもなく、近代ヨーロッパ帝国主義の侵略によってオスマン帝国に代表される中東イスラーム世界が分断され、列強の植民地争奪戦の帰結として「諸国家体制」が出現したのは史実である。しかし諸国家体制以前の、この地域に「本来的に根差した帰属共同体」への回帰を求める動きが出てくるとしても、それがそのまま地域の統合につながるとは到底思えない。「アラブはひとつ」にせよ、「イスラーム革命の輸出」によって描かれるイスラーム共同体の再興にせよ、それらの言説は、戦争や革命、あるいは奪権といった特定の時代状況において特定の政治目的を達成するために現実を否認し、これに対置される理想像ないし理念型として創出された政治的スローガンに過ぎない。そもそもアラブやイスラーム世界がひとつに統合されていたことがあったのかさえ疑わしいし、たとえ歴史的に一定のまとまりを持っていた集団や共同体が存在したとしても、諸国家体制によっていったん国境が画定されれば、時代の変遷とともにその境界の内と外とでは異なる内実が形成されていく。それぞれの国家に包摂された社会集団は、当該国家の刻印を押されることとなって、国家の中央権力の操作対象となり、国境の外の他の同胞とは異なる利害や権益分配の構造のなかに編入されていくからである。

六　クルド問題とシーア派ベルト

中東においてはいわゆるクルド問題がわかりやすい事例であろう。オスマン帝国の没落と諸国家体制の形成のプロセスのなかで、クルド人集住域はトルコ、イラク、シリア、イラン、アルメニアなどに分断され、国家を持たない世界最大の民族集団とされるに至った。しかしその彼らにしても、いったん既成事実と化した国境線を越えて民族の結束ないし一体性を維持しえてきたか否かは疑わしい。状況によっては国境を越えてクルド人が連携することがあったとしても、それはクルド人の統合すなわち「クルド国家樹立」を目指すというよりは、各国のクルド人集団の個別利害の損得勘定を優先させた離合集散が繰り返されていると考えるべきであろう。そこでの個別利害とは、各国に分断されて有力少数民族となった在地のクルド人が、それぞれの国家に対して政治的発言力や集団的権利の拡大、あるいは自治権獲得といった目標に向けての条件闘争をいかに有利に展開するかというところに収斂する。「クルドの統一」や「クルド国家の樹立」などのスローガンは、そうした条件闘争のための小道具に過ぎない。中東各国内部のクルド人集団の最大の関心事は、既存国家における利益配分ないし再配分のプロセスに可能な限り介入し参画しようとするところにある。そうした介入や参画に臨んで、集団内部でどの地域のだれが主導するのかをめぐって闘争が絶えない歴史と現実とを直視する限り、クルド人の統合も「アラブはひとつ」の前例と同様に、実体のない虚構にほかならない。

また、アラブやクルドといった民族集団単位での統合の議論とは別に、宗教や宗派の同質性を基軸とした紐帯に着目する視点もある。イスラームの「シーア派ベルト」と呼ばれるイランからイラク、シリア、レバノンを結合する回廊への関心がその典型である。とりわけ二〇一五年以降は、イラン系の武装勢力がシリア内戦に積極的に関与し、ロシアと並んでアサド政権を支えてきたなかで、このシーア派回廊の戦略的な開削が現実味を帯びた。さらにそれが南下して内戦の続くイエメンをも包摂するに至って、湾岸からマシュレクにおけるスンニ派対シーア派という二項対決的な状況を招来しつつあると説くのである。しかしながら、そもそもシリアのアサド政権はアラウィ派で、イエメンのフーシ派と同じくシーア派に数えられることはない。イラクの中央政府は、シーア派・スンニ派・クルド人勢力の連立政権であり、レバノンにしてもシーア派(ヒズボラー)の完全な統治下にあるわけではない。イランがシーア派の大国であり、総本山的な位置を占めているのは事実だが、回廊のみならず湾岸各地に散在するシーア派集団それぞれの利害は、イランの国家的利害とそのまま重なるわけではない。これらシーア派集団の間には、宗派を同じくするがゆえのネットワークの存在を認めることもできようが、それは政治的な統合を志向するものではないだろう。それぞれの集団の個別利害は、イランあるいは他の集団と連携して得られるであろう利得の多寡によって規定されるのであって、他の集団の傘下に組み入れられることを自明とするものではないからである。

表見的にスンニ派対シーア派(というより非スンニ派)両陣営の対抗に見える関係は、むしろ王政・首長制と共和制との間の確執と考えたほうが状況の理解に資する。ベルトを構成するイラン、イラク、シリア、レバノン、イエメンという諸国の共通項は、大シリアの一部であったレバノンを除けばいずれも世襲王政を打倒して共和主義に転換したというところにあろう。とりわけイランは、イスラームと共和主義とを接合した「イスラーム革命体制」を樹立した。そこに、湾岸に世俗的民族主義(バアス党)に立つイラクと、ワッハーブ派と結んだ世襲王政のサウジアラビアなどGCC諸国との間の三極鼎立状況を現出したのは既述の通りである。イランが掲げているのはイスラーム共和主義であって、シーア派革命やシーア派共和国ではない。イランは、シーア派であれスンニ派であれ王政・首長制を主敵としてその革命理念を輸出しようとした。GCC諸国がイランに発するベルトを警戒し敵視するのは、そこに宗教的な非スンニ派の統合勢力が形成されようとしているからではなく、王政・首長制の統治の正統性を脅かす共和主義の脅威を見ているからにほかならない。

おわりに――多義的な主体と統合の困難

中東においては、この地域を構成する下位地域間の政治・経済・社会に、例えばモノ・ヒト・カネの流れを媒介とした一九七〇年代の湾岸地域とそれ以外の地域との紐帯や、和平プロセスにおける湾岸の「二重封じ込め」とマシュレクやマグレブの「新しい中東」市場創出とのバーター関係など、時代と状況に応じたそれなりに固有の連動関係が存在した。しかしながら、そのような紐帯や連動が制度化され、いずれ地域や下位地域の統合への動きが紡ぎ出されると考えるのは短絡的に過ぎよう。統合に向けた動きが最も進んでいるように見えたGCCの事例でさえ、構造的には米国の軍事的な庇護によってその結束が担保されていたのであって、内生的な統合を自明とするものではなかった。二一世紀に入って米国の中東離れが顕在化するや、すでに触れた二〇一七年のカタール問題が物語るように、そこにもともと内在していた軋轢が前景化してくるのは必然であったといえよう。その意味で、GCCが本来あるべき安全保障共同体の体を成しているとはみなしがたい。

いずれにせよ、アラブ連盟やGCCといった地域機構も、民族集団や宗教・宗派共同体といった勢力も、国家という枠組み以外の活動単位であるという広義の意味では非国家主体(NGO)にほかならない。そういったNGOが国家を僭称し、スンニ派イスラームによる地域の統合を呼号したのがIS

であった。二〇一四年から数年間、イラクやシリアに蟠踞して武装闘争を展開し、猖獗を極めたＩＳは、その指導者が「カリフ」を名乗ったことに象徴されるように、諸国家体制以前のイスラーム世界への復帰と統合を目指したとされる。しかしＩＳの台頭や勢力伸長は、それが掲げるイデオロギーに訴求力があったからではなく、既存の主権国家の統合が著しく緩み、とりわけイラクおよびシリアの中央政府が機能不全に陥っていたところに主因が求められる。政体の如何を問わず、諸国家体制を構成する中東の主権国家は、国民創出すなわち国家以外の集団への帰属意識を凌駕する国民意識の涵養におしなべて失敗した。国民国家的統合の困難を、一方で植民地遺制という国家成立の経緯に帰責し、他方で国民的合意形成に必要な社会契約の制度化や統治機構の実質化を欠いたまま、強権を背景として諸集団間の社会的亀裂の操作と隠蔽とに狂奔してきたからである。そこでは国家と同時に、国家を超えた、あるいは国家内部の、さらには国家を跨いださまざまなＮＧＯへの帰属意識が併存している。それらの帰属意識は重層的というよりは並列的で複合的であり、独立であるいは連結してそのときどきの帰属意識を紡ぎ出していく。状況によって前景化する主体の帰属意識は、その意味で多義的なのである。

主体が状況に働きかけて、またその状況に主体が反応することで、政治が現象化すると考えれば、中東という状況において、「統合」に向けた行動を起こし、その行動に反応する主体とは何か。それが国家であれ、ＮＧＯであれ、構成員の帰属意識が流動しやすいという構造を抱えている以上、主体の求心力は固定性を欠く。そのように多義的であって同一性が疑わしい主体が目指す統合なるものに、そもそも意味があるのかという問いをいったん措くとしても、現在の中東において地域的な統合を担える主体が存在する、あるいは出現すると考えるのは幻想に過ぎない。

参考文献

池田明史(二〇一六a)「溶解する中東の国家、拡散する脅威」、『アステイオン』八四号
池田明史(二〇一六b)「中東の混沌――「アラブの春」と「イスラーム国」の狭間」、日本国際問題研究所『安全保障政策のリアリティ・チェック――新安保法制・ガイドラインと朝鮮半島・中東情勢　中東情勢・新地域秩序』

第8章

「主権国家」の合理性と政治統合
——ASEANと南シナ海問題——

鈴木絢女

はじめに

二〇〇二年一一月、東南アジア諸国連合(Association of Southeast Asian Nations, ASEAN)と中国は、「南シナ海における関係国の行動に関する宣言(Declaration on the Conduct of Parties in the South China Sea, DOC)」を採択した。DOCは紛争の平和的解決、信頼醸成の促進、救難救助や航行の安全、科学調査における協力、居住者のいない岩礁などへの居住の自制、さらには「南シナ海における関係国の行動規範(Code of the Conduct for Parties in the South China Sea, COC)」の策定にむけた協力をうたった。DOCの履行とCOCの締結は、二〇一五年に発足したASEAN政治安全保障共同体においても、基幹的目標として据えられた。

しかし、その後、南シナ海をめぐる対立はむしろ激しさを増していった。世界的なコロナ禍の最中の二〇二〇年四月には、中国が、ベトナム、フィリピン、マレーシアの排他的経済水域(EEZ)に自国艦船を派遣し、二〇一〇年代半ば以降自らが建設した人工島を含む南シナ海の島々に行政区画を設置した。三カ国はこれに抗議し、アメリカはミサイル艦を派遣して「航行の自由作戦」を行った。これに対して、中国は南シナ海を自国領であると念押しする一方で、アメリカの介入を非難した。

ＤＯＣの策定から今日にいたるまで、ルール作りはゆったりと進み、その間に人工島が建設され、軍事設備が導入され、洋上での衝突も頻発している。アメリカなどの先進国による巡視や海洋警備協力も定期的に実施されるようになり、米中間の緊張も高まっていった。

このように戦略環境が厳しさを増した二〇一〇年代の後半、ＡＳＥＡＮの南シナ海問題に対する態度は、興味深いことにむしろ軟化した。本章では、ＡＳＥＡＮの場で積極的にこの問題の解決を働きかけてきたフィリピンとマレーシアという二つの国に焦点を当て、領域や主権的権利よりも自らの政治的な生存戦略というミクロ要因を優先するリーダーの行動から、ＡＳＥＡＮの変化を説明したい。

一　南シナ海問題と地域秩序変容

成功物語として

一九六七年に発足したＡＳＥＡＮは、主に独立して間もない中小規模の途上国からなり、互いに国境をめぐる対立や相互不信を抱えていた。しかも、インドシナ諸国の独立をめぐり、東南アジアは、アメリカ、ソ連、中国の代理戦争の舞台となった。加盟国は、大国の干渉をうまく避け、紛争に巻き込まれるのを防ぎながら国家建設を進めるという難しい舵取りを強いられた。

にもかかわらず、ＡＳＥＡＮ加盟国は信頼醸成を深め、域内紛争を回避することに成功した。一九九〇年代以降は、世界各地での地域主義の高まりや中国の台頭などを背景にＡＳＥＡＮは域内経済統合を促進し、同時にインドシナ諸国とミャンマーを加え、いわゆるＡＳＥＡＮ10へと発展した。また、九〇年代の後半以降、ＡＳＥＡＮ＋３、東アジアサミット、ＡＳＥＡＮ地域フォーラム（ASEAN Regional Forum, ARF）などの域外諸国との地域協力が拡大し、制度化していった。

ＡＳＥＡＮへの新規加盟や拡大版地域協力への参加にあたっては、東南アジア友好協力条約（Treaty of Amity and Cooperation in Southeast Asia, TAC）の締結が条件とされた。一九七六年に発効したＴＡＣは、主権、平等、領土保全、内政不干渉、外部からの干渉、転覆、および強制からの自由、紛争の平和的解決などを基本原則とする。これらの原則は東アジアやアジア太平洋における地域協力の規範となり、ＡＳＥＡＮは東アジアにおける広域地域協力の核と位置付けられるようになった（「ＡＳＥＡＮの中心性」）。

地域統合の実績や、中国、インドの台頭による埋没への懸念を背景に、二〇一五年一二月、ＡＳＥＡＮは経済共同体、社会文化共同体、政治安全保障共同体からなる「ＡＳＥＡＮ共同体」の発足を宣言した。なかでも、南シナ海問題と密接にかかわる政治安全保障共同体は、ＡＳＥＡＮの基本原則の堅持に加えて、民主主義や人権、非伝統的安全保障、海洋安全保障協力、ＡＳＥＡＮの団結と結束および中心性の強化をうたっている（鈴木二〇一六）。

南シナ海問題の国際化

ASEANによる政治・安全保障分野の協力については、ASEANが会議外交を通じてアメリカや中国といった大国をうまく飼い慣らし、巻き込み、建設的に関与させることに成功したという評価がある(Goh 2008; Severino 2007; 山影二〇一二)。しかし、二〇一〇年代半ば以降になると、中国の台頭や米中対峙といった新たな国際構造のなかで、ASEANが加盟国間の結束や紛争の解決に失敗しているという論調が拡大していく(Beeson 2016; Storey 2016)。

このような評価の変化の背景の一つに、南シナ海問題がある。南シナ海の西沙(パラセル)諸島と南沙(スプラトリー)諸島をめぐっては、中国、台湾、ベトナム、フィリピン、マレーシア、ブルネイが紛争状態にある。第二次大戦後の日本の撤退をうけて、中国、台湾、ベトナム(正確には、当時の宗主国のフランス)、フィリピンは、この海域の島や岩礁の占領を始めた。一九六〇年代末になると、国連海洋法条約(United Nations Convention on the Law of the Sea, UNCLOS)の起草準備や海洋資源調査が本格化する中で、各国は、領海法の整備や岩礁の埋め立て、軍事・民間施設の建設、軍隊の派遣を進めた。

一九八〇年代後半までに冷戦の趨勢が決し、米ソ両国の東南アジアへの関心が薄らぐと、中国は南シナ海での勢力拡大を試みた。その野心は、ベトナム軍の死者八〇名を伴った南沙諸島ジョンソン・サウス礁をめぐる中国とベトナムの軍事衝突(一九八八年)、南沙、西沙諸島のほぼ全域を自国領とする中国の「領海・接続水域法」制定(一九九二年)という形で発現した。

これをうけ、一九九二年、ASEANは紛争当事国による自制や航行の安全などを呼びかける「南シナ海に関するASEAN宣言」を出し、九九年には中国との事務級協議をはじめた。この働きかけは、DOCとして結実した。もっとも、DOCは、法的拘束力をもたず、また適用対象となる地理的範囲が特定されないなど、曖昧さと弱さのある文書ではあった。

二〇〇九年、マレーシアとベトナムによる国連大陸棚限界委員会への共同申請に対抗して、中国は自国の「主権、主権的権利および管轄権がおよぶ」範囲として、南シナ海の八割以上を覆う「九段線」の描かれた地図を国連に提出した。同じ年には、南シナ海の公海上で、米海軍艦艇の航行に対する中国艦船などによる妨害（インペカブル号事件）や、中国海上警察によるベトナム漁船の拿捕が起きた。翌年のARFではアメリカのクリントン国務長官が「海洋コモンズへのアクセスと自由航行は、アメリカの利益である」と発言し、米中対峙が可視化された。

その後も、中国による南シナ海への進出は拡大の一途をたどった。二〇一二年には、フィリピン沿岸から約一二〇海里に位置し、フィリピン人の漁場であったスカボロー礁[1]に中国海軍が接近し、フィリピン海軍と約二カ月間にわたり対峙した。台風の到来などを理由に、フィリピンの巡視船が引き上げると、中国が海上警察の艦船を配備し、二〇二〇年現在でもこの状況が続いている。

フィリピンは、二〇一三年一月、中国による九段線の主張がUNCLOSのもとでのフィリピンの権利行使を妨害しているとして、これが条約と合致せず、無効であると宣言するよう仲裁裁判所に求めた。二〇一六年七月、仲裁裁判所はフィリピンの主張を全面的に認める判決を出したが、中国は仲裁裁判所の管轄そのものを認めず、判決にも従わないと明言した。

これに先立つ二〇一五年には、中国によるミスチーフ礁など七つの岩礁における埋め立てと軍事設備設置が報道された。中国にとって、南シナ海は、海洋資源、沿岸都市の防御、さらには核の第二撃力の保持という安全保障上の重要性を持つ（佐藤二〇一四）。他方で、南シナ海は、国際貿易の約三割を支えるシーレーンでもある。報道をうけてアメリカは、航行や上空飛行の自由、その他の合法的な海洋利用に対する違法な制限に対抗するため、航行の自由作戦を実施するようになった。

最小公倍数としてのＡＳＥＡＮ

こうして南シナ海問題は、国際社会における法の支配をめぐる対立、さらには米中二大国の軍が対面する場となった。ＡＳＥＡＮは対応を模索したが、その成果は限定的である。合意にもとづき決定するＡＳＥＡＮでは、意見の異なる加盟国間で「最小公倍数」が採用されがちで、解決困難な問題は避けられやすいためである(Beeson 2016: 10)。

二〇一〇年代のＡＳＥＡＮ会議の成果を一瞥すると、このことがよくわかる。二〇一一年のＡＳＥＡＮ外相会議(ASEAN Foreign Ministers' Meeting, AMM)では、ＡＳＥＡＮとして「最近の出来事に関する深刻な懸念を表明」するとともに、ＤＯＣの履行やＣＯＣ締結を呼びかける文書が採択された。しかし、この会議では、フィリピンによる紛争地域の特定とそれ以外の地域での協力をうたう「平和・自由・友好・協力圏(Zone of Peace, Freedom, Friendship and Cooperation, ZoPFFC)」の提案が、カンボジアとラオスの反対にあって退けられている。

二〇一二年七月にプノンペンで開かれたＡＭＭでは、ＡＳＥＡＮ設立後はじめて共同声明の発表が断念された。スカボロー礁事件や中国による他国のＥＥＺへの侵入に対する非難を共同声明に盛り込もうとしたフィリピン、ベトナムに対して、議長国であったカンボジアが中国の意を汲んでこれを阻止したためである(*Straits Times: ST*, July 14, 2012)(2)。

表 8-1　南シナ海問題に関する AMM 共同声明の主要な変更点

論点および文言	2013	2014	2015	2016	2017	2018	2019	2020
南シナ海問題への認識								
「我々は，最近の出来事について深刻な懸念を有している」		○	○	○				
人工島埋め立て								
「数人の大臣が表明した人工島埋め立てへの深刻な懸念について留意する」			○					
「数人の大臣が表明した人工島埋め立てへの懸念について留意する」				○	○	○		
「人工島埋め立てについての懸念を数人の大臣が表明した」							○	○
UNCLOS に関する認識								
「UNCLOS を含む広く認知された国際法による紛争解決を全当事者に要請する」	○	○	○					
「UNCLOS を含む国際法による紛争解決を全当事者に要請する」				○	○	○	○	○
ASEAN・中国関係への認識								
「中 ASEAN 関係の改善を歓迎する」					○	○	○	○

出所）　ASEAN 外相会議共同声明より，筆者作成

さらに、これ以降のAMM共同声明のテキストからは、南シナ海問題の深刻化とともに、ASEANがまとまって強いメッセージを発することができなくなっていく様子がわかる。表8-1は、二〇一三年以降のAMM共同声明について、変化のあったトピックと文言をまとめたものである。

「DOCの効果的かつ全面的な実施」や「COCの早期締結」、「関係国の自制」、「武力不行使」、「UNCLOSに則った解決」、「紛争の平和的解決」といった原則については、各年のテキストに登場しており、変化はない。他方で、二〇一三年をのぞき、二〇一一年以降のすべての共同声明文書の南シナ海問題に関する記述の冒頭に書かれていた「我々は、最近の出来事について

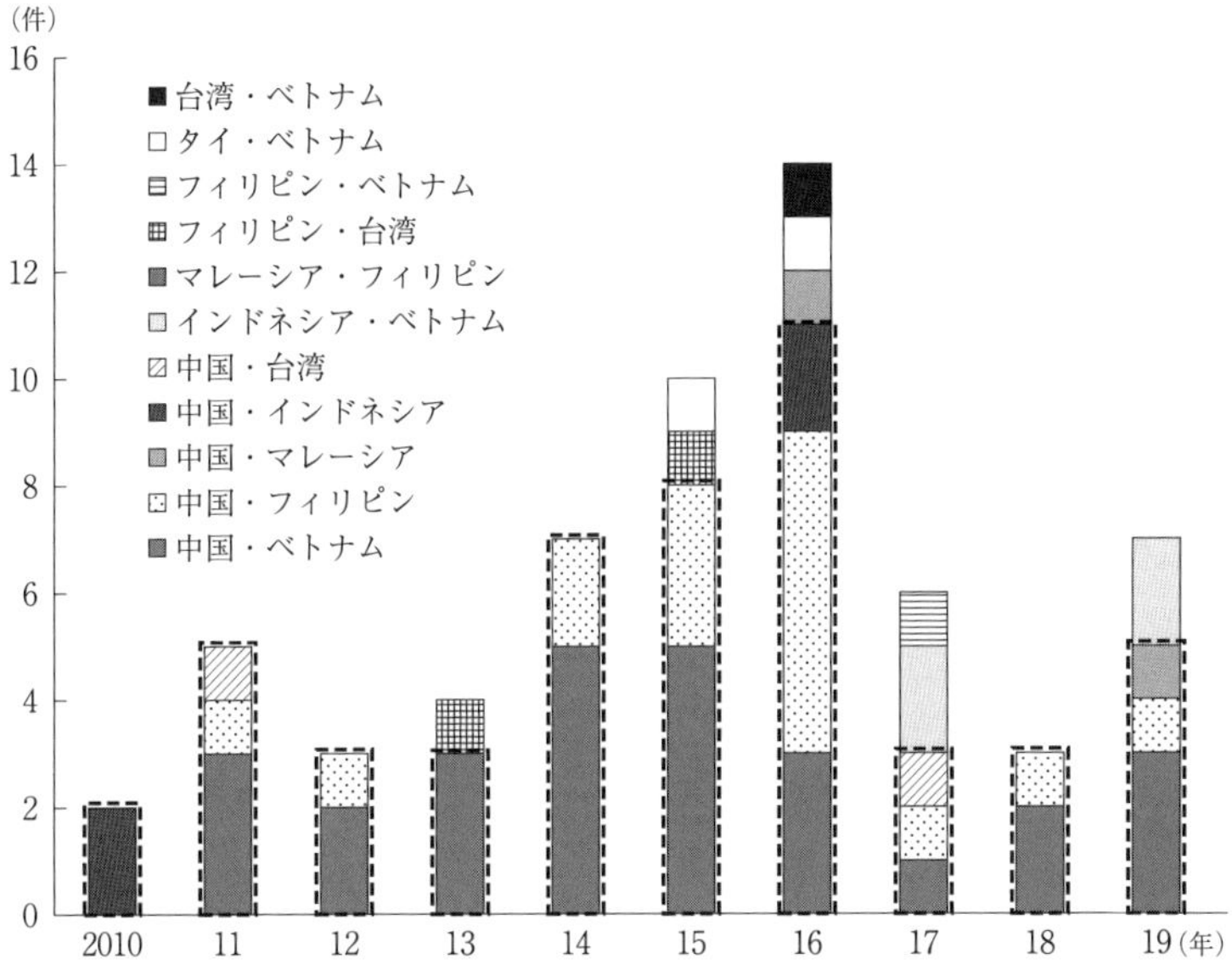

注） 点線で囲まれた部分は，中国を一方の当事者とする衝突で，全体の82% を占める．なお，この図では，艦船や漁船が嫌がらせ，体当たり，発砲などの方法で接触した場合のみが記録されており，中国とマレーシアの間でしばしば起こるような，互いに存在を認識しながらも接触を避けるような事例は，記録されていない．

出所） CSIS, "Are maritime law enforcement forces destabilizing Asia?"（https://chinapower. csis. org/maritime-forces-destabilizing-asia/）

図 8-1 南シナ海における衝突を伴う海洋警備行動の頻度，2010-2019 年

深刻な懸念を有している」とする文言は、フィリピンが議長国となった二〇一七年に削除された。二〇一九年の声明では、人工島の埋め立てをめぐって「数人の大臣が表明した人工島埋め立てへの懸念について（ASEANとして）留意する」とする文言が、「懸念を数人の大臣が表明した」とする表現に改められた（カッコ内は引用者による）。他方で、二〇一七年以降は、「中ASEAN関係の改善を歓迎する」という表現が盛り込まれた。「COC枠組草案」（二〇一七年）や「C

ＯＣ単一交渉草案（Single Draft COC Negotiation Text）」策定合意（二〇一八年）に示されるような中国とＡＳＥＡＮ間での具体的な交渉の進展を反映している(3)。

このように、中国による人工島の埋め立てや軍事化、紛争状態にある海域での暴力を伴う海上警備行動に対して、ＡＳＥＡＮは団結して懸念を表明しなくなった。フィリピン・中国の仲裁裁判所判決以降は、逮捕や船舶の衝突、嫌がらせ、実力行使などを伴う衝突は減少したが（図８-１）、九段線にもとづく主張は継続し、中国艦船による巡視活動や人工島の埋め立てや実効支配も続いている。

二　地域秩序、国家、リーダー

溶解する地域秩序・主権を手放す国家

こうした変化にもかかわらず、経済的相互依存やＡＳＥＡＮ主導の地域枠組みによって紛争が抑止されているという見方もある（Ba 2016; Ba and Storey 2016）。たしかに、大規模な武力を用いた紛争は起きていないし、二〇一七年以降は、図８-１にも示されるとおり衝突の頻度も落ちている。しかし、大規模な紛争は起きていなくても、中国による違法な現状変更は止められず、主権・領土保全というＡＳＥＡＮの原則は揺らぎ、行動規範の策定には長い時間がかかっている。

南シナ海におけるルール策定が遅れているのは、ＡＳＥＡＮ諸国が対中態度で協調することに失敗してきたためであり（鈴木二〇一六）、この傾向は二〇一〇年代後半さらに顕著になった。このような変化と軌を一にして起きたのが、紛争当事国であり、ＡＳＥＡＮ外交の場で南シナ海問題解決にむけて積極的な働きかけを行ってきたフィリピンとマレーシアの政策転換であった。

まず、中国艦船・漁船とフィリピン艦船・漁船との衝突が頻発するようになった二〇一一年以降、フィリピンは、ベニグノ・アキノ三世大統領(二〇一一―二〇一六年)のもと、アメリカとの同盟強化、ASEAN会議への積極的な働きかけ、UNCLOSにもとづく仲裁裁判の三つの戦略を駆使して、中国の海洋行動を抑制しようと試みた。しかし、二〇一六年六月にロドリゴ・ドゥテルテが大統領に就任すると、フィリピンはアメリカとの同盟関係の見直しを示唆しながら、ASEANにも仲裁裁判所判決にもよらない、中国との二国間での解決を志向するようになった。

ひるがえってマレーシアは、中国との直接的な対峙は少ないものの、二〇一〇年頃から中国艦船や漁船によるマレーシアのEEZや領海侵犯が問題視されるようになった。マレーシアは、中国との対立は慎重に避けつつも、UNCLOSに従った解決や、ASEANとしての南シナ海問題への取り組みを推進しながら、アメリカとの安全保障協力を漸進的に進めることで中国の海洋侵出の抑止を図った。しかし、二〇一六年、当時のナジブ・ラザク首相(二〇〇九―二〇一八年)は、アメリカのアジアにおけるプレゼンスを牽制する発言をし、前述の仲裁裁判所判決の正当性に疑義を唱えた。

二カ国の変化は、フィリピンの議長国としての役割を通じて、また、対中態度をめぐる加盟国間のダイナミクスを変えることで、ASEANの南シナ海問題への態度に影響したと考えられる。

国家の合理性、リーダーの合理性

フィリピンとマレーシアのこうした変化を、どのように考えるべきなのか。

中国とASEAN諸国のパワーの非対称性を前提としたときに、後者がとる戦略については、「ヘッジング」(4)や「ソフトバランシング」、「バランシング」といった概念で説明されてきた(庄司二〇一一、McDougall 2012)。経済的、軍事的に台頭する中国との良好な関係を続けつつも、多国間協議やアメリカの関与によって中国の行動を牽制し、自国の権利を守ろうとしたマレーシアの態度は、ヘッジングの典型である。他方で、アキノ政権期のフィリピンは、中国との関係悪化も辞さず、アメリカとの軍事同盟を利用した対中バランス戦略を選択していた(De Castro 2014)。

さて、それでは、なぜ二〇一六年以降、この二カ国は、アメリカとの距離をとり、仲裁裁判所裁定への支持を控え、自国の主権や管轄権において妥協するような選択をしたのか。中小国研究の多くは、国家の規模や中国に対する脅威認識、経済的関係といった短期的には大きく変化しない要因から政策選択を説明する。しかし、こうした要因では二〇一六年に起きた急激な変化は説明できない。

ここで、リーダー個人に焦点を当てた分析が有用になる。たとえば、デカストロは、領海やEEZを失うリスクを重視したアキノ政権に対し、ドゥテルテ政権が中国の「一帯一路」投資がフィリピンにもたらされないリスクを重視したために、対中融和政策に舵を切ったと説明する(De Castro 2018)。ただし、このような「国家にとってのリスクをふまえて政策を選択するリーダー」という前提は正しいだろうか。現実には、国家の利益や富を犠牲にしてでも生き延びようとするリーダーがおり(Bueno De Mesquita 2002)、国家が自らの存在や利益を追求するという前提を疑う余地が生じる。そこで本章では、合理的な国家を前提とした分析を離れ、フィリピンとマレーシアにおける二〇一六年の政策転換を、リーダーの個人的利益にもとづく選択というミクロの視点から説明してみたい。

三　国家の生存に優越するリーダーの生存戦略

バランシングするフィリピン

フィリピンは、一九七〇年から八〇年にかけて南沙諸島西部の五三の海洋地勢をカラヤアン諸島と名付けて領有権を主張し、七つの島や岩礁に実効支配を確立した。一九九五年に、米海軍のフィリピン撤退をうけて中国がミスチーフ礁に構造物を建築して支配すると、フィリピンはDOCの取りまとめに奔走した。さらに、二〇一〇年頃から中国の海洋行動が活発化すると、中国とフィリピンの間での衝突が顕著に増えていく(図8-1参照)。二〇一四年には中国海南省が外国籍の漁船に操業許可を与える「漁業法」を施行し、現在でもフィリピン漁民に対して威嚇を続けている。

これをうけ、アキノ大統領は、中国政府をナチス・ドイツになぞらえて激しく非難し、二〇一三年一月にはUNCLOSの下での仲裁裁判に付託した。中国は欠席を貫く一方で、ミスチーフ礁、ファイアリークロス礁など、いずれもフィリピンが主権的権利を主張する地勢において、大規模な埋め立てや滑走路建設、ミサイル配備などを進めた。

法律を用いた戦いとは別に、フィリピンは、二〇一四年四月の米比防衛協力強化協定(Enhanced Defense Cooperation Agreement, EDCA)の締結によって国内の五つの基地の米軍による使用を認め、同盟国アメリカとの協力を強化した。また、ASEANの枠組みを利用して、ZoPFFCや、埋め立ての即時停止、DOCの完全かつ効果的な実施、紛争解決メカニズムの構築の三本柱からなる「トリプル・アクション・プラン」(二〇一四年)などの解決策を提案した。

ドゥテルテ政権下の転換

すでに述べたとおり、二〇一六年七月、フィリピンは中国による南シナ海における主権的権利の主張をめぐる仲裁裁判で、自国の主張を全面的に認める判決を勝ち取った。しかし、これに先立つ六月に就任したドゥテルテ大統領は、一〇月の訪中を契機に、仲裁裁判所判決を「棚上げ(set aside)」すると数度にわたり発言した(*Philippines Daily Inquirer: PDI*, December 17, 2016)。訪中後には二国間協議によって紛争を解決することで合意したと発表し、さらに、フィリピン人漁業者が彼らの伝統的な漁場であるスカボロー礁に戻ることを「許すようお願い」してみるとすら述べた(*PDI*, October 12, 23, 2016)。中国によるスカボロー礁の実効支配を認め、また多国間協議に重きを置いた紛争解決という従来の南シナ海政策から逸脱した発言であった。

この後も、従来の主張から逸脱した発言が続く。たとえば、二〇一九年六月、フィリピンのパラワン島沖リード堆において、中国漁船がフィリピン漁船を転覆させた事件を、大統領は「ちょっとした海難事故」と描写し、中国との事件に関する共同調査を決定した。さらに、これに関連し、中国漁船による自国EEZでの操業の可否を尋ねられた大統領は、習近平国家主席との間で「スカボロー礁におけるフィリピン漁船の操業を中国が許可する代わりに、フィリピンが自国のEEZで中国漁船が操業することを許可する合意」があったと発表している(URL①)。最近では、二〇二〇年七月の施政方針演説で、南シナ海は中国の「所有物(Property)」であると明言した(URL②)。

転換は、ASEAN外交においても顕著にみられた。二〇一七年四月に議長国としてASEAN首脳会議を主催したドゥテルテは、仲裁裁判所判決を遵守するよう中国に促すことはできないとする見解をあらためて示し、また共同声明においてASEANとして「南シナ海問題に懸念を表明する」という前年まで採用されていた文言を削除した。

さらに、軍事的バランシングの分野では、ドゥテルテは就任に際し、アメリカとの六五年におよぶ同盟関係を終わらせるかもしれないとすら述べ、中国やロシアからの防衛装備供与を模索し、二〇二〇年二月には、アメリカとの訪問部隊地位協定(Visiting Forces Agreement, 一九九八年)の破棄を命ずる大統領令を出した(5)。

ヘッジングするマレーシア

マレーシアは、一九七九年に自国の大陸棚、EEZを示す地図を出版したのを契機に、スワロー礁に駐軍してリゾート開発を行ったほか、二つの礁で実効支配を確立した。このほか、ジェームズ礁、ルコニア礁の領有を主張しているが、これらをめぐり、中国との暴力を伴わない対峙が起きている。

特に、二〇一三年以降、これらの地勢において中国海軍や海上警察による演習や巡視が行われ、マレーシアは海上警備船と海軍艦船を派遣している。ただし、マレーシアは、中国を脅威とみなさないという従来からの方針を貫き、この問題を大々的には報道せず、また、中国との領域をめぐる紛争はないとしたうえで、二国間関係の包括的戦略パートナーシップへの格上げ(二〇一三年)、共同軍事演習(二〇一五、二〇一六年)などを通じて、中国との信頼醸成をめざした。

それと同時に、マレーシアは、アメリカとタイ主催の多国間共同軍事演習への部分参加(二〇一〇年、翌年に完全参加)、離島奪還を仮想目標とする米比合同軍事演習への部分参加(二〇一二年)、南シナ海における協力海上即応訓練への参加(二〇一三年)などを通じて米軍との関係も強化し、二〇一四年には、サバ州の基地からアメリカの哨戒機が南シナ海にむけて飛行する許可を与えた。また、二〇一五年一〇月に実施されたアメリカによる航行の自由作戦後には、米海軍駆逐艦ラッセンがコタ・キナバルに寄港し、同年一二月には、ヒシャムディン・フセイン防衛大臣が、アシュトン・カーター米国防長官とともに南シナ海に展開中の米海軍空母を訪問するというパフォーマンスもみせた。

またASEAN外交の場では、マレーシアは、南シナ海問題が多国間で交渉されるべきことやUNCLOSにのっとった平和的交渉により解決されるべきことを訴えた。ASEAN議長国となった二〇一五年には、南シナ海を議題にしないようにという中国からの圧力を退け、この問題を取り上げ、中国による人工島埋め立てに対する深刻な懸念を共同声明に盛り込むことに成功した。

ナジブ政権の変容

二〇一六年に観察されたマレーシアの変化は、フィリピンのそれよりもニュアンスに満ちたものではあるが、同様に興味深い。

二〇一六年七月の仲裁裁判所判決を受けて、マレーシア外務省は「仲裁裁判所判決……について留意した」とする控えめな見解を発表し、翌月には、ナジブ首相が仲裁裁判は「フィリピンの一方的な」手続きによるもので、判決を「強制するメカニズムはない」(*New Straits Times: NST*, September 8,

2016)と述べた。中国の主張に沿った意見であり、仲裁裁判所の権能という観点からは誤った見解である。また、UNCLOSにもとづく紛争解決という従来のマレーシアの主張からの逸脱でもある。

さらに一一月の首相訪中時には、習近平とナジブの共同声明として、南シナ海問題に「非当事国」が関与することは「非生産的である」とする見解が発表されるとともに、南シナ海問題については二国間での問題解決が合意されたと報じられた(*NST*, November 2, 2016)。この訪中にあわせて中国の新聞に掲載されたナジブ首相の論説では、国際法や安全保障システムが「第二次大戦の戦勝国」以外の国々の意見を反映すべきこと、各国の多様な歴史、価値、統治システムが尊重されるべきこと、大国が小国を公正に扱うべきことなどの点で、マレーシアと中国が共通の立場にあることが表明されている(*Sun Daily*, November 2, 2016)。

リーダーの選好

このように、フィリピンとマレーシアの態度は、(1)多国間交渉による解決から二国間交渉へ、(2)アメリカのプレゼンスに対する歓迎から批判へ、(3)国際法にもとづいた解決への積極的な支持表明から留保へと、それぞれ変化した。ただし、両国の新たな立場は、政府の総意というよりは、リーダー個人の選好ともいえる。このことは、大統領あるいは首相とそれ以外の閣僚との、南シナ海問題への態度の差をみれば明らかである。

たとえばフィリピンでは、既述のリード堆での漁船転覆に関して、テオドロ・ロクシン・ジュニア外相とレニ・ロブレド副大統領が中国との共同調査に反対した。また、この事件の後にドゥテルテ大統領が明らかにした漁船操業に関する中国との「合意」に対しても、ロクシン外相はこのような合意は「政府の政策」ではなく、「執行できない」と述べている（PDI, July 2, 4, 2019）。デルフィン・ロレンツァナ防衛相もまた、南シナ海における中国の行為を「弱い者いじめ」と形容し、同国へのフィリピン人の信頼の低さを指摘するとともに、アメリカとの防衛協力の深化を模索している（PDI, July 31, November 19, 2019）。また、二〇二〇年には、仲裁裁判所裁定四周年をうけ、ロクシン外相が、裁定は交渉の余地のないもので、これを遵守することが中国とフィリピンの義務であると明言している（URL③）。[6]

ひるがえってマレーシアでは、南シナ海問題に関して閣僚の発言がコントロールされており、二〇一六年後半頃から南シナ海問題に関する新聞報道も顕著に減っていく。とはいえ、二〇一六年から翌年にかけての発言を分析すると、首相とその他閣僚の距離を観察することができる。

たとえば、二〇一六年以降特に注目されたルコニア礁への中国艦船の接近をめぐっては、「（南シナ海問題には）慎重な対応が必要である」（NST, May 31, 2016）としてお茶を濁すにとどまったナジブに対し、アニファ・アマン外相が、中国に対して主権や領土の一体性を尊重するよう呼びかけ（NST, April 1, 2016）、リーザル・メリカン副外相は、九段線はUNCLOSと整合的でなく違法であるとする政府の立場を議会で表明している。[7]

ヒシャムディン防衛相の立場も興味深い。アメリカの関与を批判したナジブに対して、防衛相はアメリカを「当事者」とし、良好な関係を築いているとする見方を示した（NST, December 18, 2016）。また、二〇一六年一二月に中国による人工島における軍事施設建設を示す衛星写真が公開された際も、沈黙を貫くナジブに対して、ヒシャムディンは「この主張が本当であれば、マレーシアは「中国に対抗(push back against China)」することを余儀なくされる」と述べている(NST, December 17, 2016)。ここでも、首相とそれ以外の閣僚との間で、南シナ海問題をめぐる距離がある。

リーダーの政治的生存戦略

リーダーたちが中国の意向に寄り添う背景には、リーダー個人やその取り巻きの政治的生存戦略という要因がある。

二〇一六年一〇月のドゥテルテ大統領訪中時、中国はフィリピンに対して二四〇億ドルの投資を約束した。この約束は、大統領の選挙公約でもあるインフラ事業(Build, Build, Build)を後押しするとともに、大統領の権力基盤の安定に資するものと考えられた。実際、二〇二〇年二月までに選定された一〇〇件のBuild, Build, Build事業のうち四分の一が大統領の出身地ダバオを含むミンダナオに割り当てられ、そのうち政府開発援助で実施される予定の一七件の事業のうち、少なくとも七件、予算額では五六%が中国の援助によるものとなっている(8)。また、ドゥテルテの家族が市長などの公職を占めるダバオ市は、二〇一七年予算においてもっとも多くの公共事業の割り当てをうけた。しかも、その約半分以上が、大統領特別補佐官の関連会社が受注しており、大統領の家族や次期大統領ポストを狙う補佐官の政治的資源に資するものとなっている(URL④)。

マレーシアでも、同様の事情があった。二〇一六年七月、米司法省が資金洗浄を理由に国営投資会社1マレーシア開発公社(1MDB)関連の資産を凍結した。1MDBは、公式には政府投資機関として設置され、実質的には与党の選挙資金やナジブの家族、取り巻きの資源となっていた。二〇一四年以降、１ＭＤＢの不正資金流用と巨額債務に関する報道をうけ、政権内外からナジブに対する批判が募り、また、マレーシア国債の格付けへの影響が懸念されるようになっていた。このような状況に追い込まれたナジブに対して、二〇一五年一一月にマレーシアを訪問した李克強首相は、マレーシア国債の買い増しと１ＭＤＢの発電部門と都市開発部門の買収を約束した。ナジブ首相は、この買収により約四〇〇億ドル分の負債を減らすことができたと述べている（*NST*, December 31, 2015）。

さらに、二〇一六年一一月のナジブ訪中時には、中国の輸出入銀行による融資をうけて、主に中国国有企業が請け負う東海岸鉄道計画（East Coast Railway Link）とマラッカおよびサバの石油パイプライン建設を含む一四四〇億リンギにおよぶインフラ投資が合意された。これらのプロジェクトの予算の一部もまた、１ＭＤＢとその子会社の借金返済に当てられる予定であったことが、後に明らかになっている（*NST*, September 4, 2019）。

四　主権、地域・国際秩序に優越するリーダーの生存戦略

リーダーが必要とする資源を中国が提供したことで、フィリピンとマレーシアの南シナ海政策は、中国の主張に寄り添うものに変容していった。この事例は、リーダーが国内の閣僚や有権者の意見を無視し、国家の主権や利益、地域機構の有効性を損なってでも、自らのパトロンである大国との関係を重視する場合があることを示している。

それでは、どのような場合に、主権国家が自らの生存を追求する力を失い、リーダーとそのパトロンが独占的な意思決定者になるのか。

まず、中小国のリーダーに対して、ふんだんな資金提供ができる大国の存在が条件となる。また、中小国の政治権力の源泉と意思決定の仕組みといった国内要因も重要である。フィリピン、マレーシアのいずれの国においても、党員や自らの派閥への物質的な利益供与が、リーダーの政治的生存にとって重要性を持つ。リーダーの権力が、支持者への物質的利益の分配に依存しているということが国内政治上のひとつめの条件である。

また、この二つの国では、外交・安全保障政策は主に行政の長によって決定されている。しかも、マレーシアには批判者を逮捕する様々な法律があり、フィリピンでも大統領府が記者の出入りや報道機関の許認可を左右する権力を持つ。

フィリピンとマレーシアの事例からは、資源を提供する大国、国内における物質的利益供与の分配に依存するリーダー、集権的な意思決定機構という三つの条件があるとき、リーダー自らの政治的生存にむけた政策選択が、国家の生存や地域協力を犠牲にする可能性があることが示された。ここから世界を眺めたとき、政治家個人のローカルなネットワークや縁故が、地域統合の趨勢や国際社会の法の支配のあり方を左右するというダイナミックな国際関係がみえてくる。

注

（1） スカボロー礁は、グローバルな戦略状況を転換させうる要衝である。中国が実効支配する西沙諸島、いくつかの地勢を握る南沙諸島とこの礁とを結ぶと、南シナ海を覆う三角形ができ、この礁にレーダー設備を設置すれば、中国は南シナ海の制海権、制空権を握ることができる。

(2) もっとも、この会議の後、インドネシア外相が中心となり、加盟国外相はＤＯＣの完全な履行やＣＯＣの早期締結などの従来の原則をあらためて述べた「南シナ海に関する六原則（ASEAN's Six-Point Principles on the South China Sea)」と題する声明を共同で出した。

(3) ただし、今後具体化されていく予定のＣＯＣについては、適用範囲や拘束力のある紛争解決メカニズムをめぐって当事国間の隔たりが大きいことが指摘されている。

(4) ヘッジングとは、「リスクが高く、大きな利害が絡んでいるような状況で、互いに対立する帰結をもたらしうるような複数の政策を追求することで、リスクを相殺する国家の行動」(Kuik 2008: 163)と定義される。

(5) ただし、ＶＦＡはアメリカとの同盟関係の一部に過ぎず、全体としてみればアメリカとの同盟関係は揺るぎない。さらに、同年六月には大統領による命令で破棄が延期されている。アメリカとの同盟はフィリピン外交を支える制度でもあり、簡単には変化しにくい（高木二〇一七）。ＶＦＡに関する決定は、大統領のパフォーマンスという意味合いのほうが強いかもしれない。

(6) Pulse Asiaによれば、中国を信頼しない回答者は七四％にのぼる（Pulse Asia, *Ulat ng Bayan Survey*, July 26, 2019）。リード堆事件後、前回（二〇一八年一二月）から一三ポイント上昇した。

(7) *Penyata Rasmi Parlimen Dewan Rakyat*, Mac 21, 2017.

(8) National Economic and Development Authority, *Infrastructure Flagship Projects* (as of *February 17, 2020*) などにもとづき推計。ただし事業やドナー、予算規模に関する統計が頻繁に変更されることに注意されたい。

参考文献

佐藤考一（二〇一四）「米中対峙下の南シナ海紛争」黒柳米司編『「米中対峙」時代のＡＳＥＡＮ——共同体への深化と対外関与の拡大』明石書店

庄司智孝（二〇一二）「南シナ海の領有権問題――中国の再進出とベトナムを中心とする東南アジアの対応」『防衛研究所紀要』第一四巻第一号

鈴木早苗（二〇一六）「ＡＳＥＡＮ協力の新段階――東アジアにおけるＡＰＳＣとＡＳＣＣの意義」大庭三枝編『東アジアのかたち――秩序形成と統合をめぐる日米中ＡＳＥＡＮの交差』千倉書房

高木佑輔（二〇一七）「ドゥテルテ政権の外交政策――フィリピンにおける親アジア路線の模索と課題」『国際問題』第六六五号

山影進（二〇一二）「大国を「飼い慣らす」ことをめざす小国の戦略――東南アジア諸国連合（ＡＳＥＡＮ）の影響力に焦点をあてて」日本国際問題研究所『日米中関係の中長期的展望』

Ba, Alice (2016) “The South China Sea: Primary Contradictions in China-Southeast Asia Relations,” in Ian Storey and Lin Cheng-yi eds., *The South China Sea Dispute: Navigating Diplomatic and Strategic Tensions*, ISEAS-Yusof Ishak Institute.

Ba, Alice, and Ian Storey (2016) “Continuity and Change in the South China Sea,” in C. J. Jenner and Tran Truong Thuy eds., *The South China Sea: A Crucible of Regional Cooperation or Conflict-Making Sovereignty Claims?*, Cambridge University Press.

Beeson, Mark (2016) “Can ASEAN Cope with China?” *Journal of Current Southeast Asian Affairs*, 35(1).

Bueno De Mesquita, Bruce (2002) “Domestic Politics and International Relations,” *International Studies Quarterly*, 46.

De Castro, Renato Cruz (2014) “The Aquino Administration’s Balancing Policy against an Emergent China: Its Domestic and External Dimensions,” *Pacific Affairs*, 87(1).

De Castro, Renato Cruz (2018) “Explaining the Duterte Administration’s Appeasement Policy on China: The Power of Fear,” *Asian Affairs: An American Review*, 45(3-4).

Goh, Evelyn (2008) "Great Powers and Hierarchical Order in Southeast Asia: Analyzing Regional Security Strategies," *International Security*, 32(3).

Kuik, Cheng Chwee (2008) "The Essence of Hedging: Malaysia and Singapore's Response to a rising China," *Contemporary Southeast Asia*, 30(2).

McDougall, Derek (2012) "Responses to 'Rising China' in the East Asian Region: Soft Balancing with Accommodation," *Journal of Contemporary China*, 21(73).

Severino, Rodolfo C. (2007) "ASEAN Beyond Forty: Towards Political and Economic Integration," *Contemporary Southeast Asia*, 29(3).

Storey, Ian (2016) "Rising Tensions in the South China Sea: Southeast Asian Responses," in Ian Storey and Lin Cheng-yi eds., *The South China Sea Dispute: Navigating Diplomatic and Strategic Tensions*, ISEAS-Yusof Ishak Institute.

URL

① https://www.rappler.com/newsbreak/iq/233394-timeline-chinese-sinking-filipino-boat-gem-ver-west-philippine-sea(二〇二〇年一一月五日閲覧)

② https://www.officialgazette.gov.ph/section/historical-papers-documents/speeches/state-of-the-nation-address/(二〇二〇年九月一日閲覧)

③ https://dfa.gov.ph/dfa-news/statements-and-advisoriesupdate/27140-statement-of-secretary-of-foreign-affairs-teodoro-l-locsin-jr-on-the-4th-anniversary-of-the-issuance-of-the-award-in-the-south-china-sea-arbitration(二〇二〇年一一月五日閲覧)

④ https://pcij.org/article/1395/firms-of-bong-go-kin-top-contractors-many-jvs-delayed-projects-in-davao(二〇二〇年一一月五日閲覧)

第9章　ＡＳＥＡＮの縮図としての多民族国家ミャンマーの統合と開発

吉田鈴香

はじめに

第二次世界大戦後、アジアに誕生した多くの主権国家で構成するＡＳＥＡＮ（東南アジア諸国連合）は、北と西の端をそれぞれ中国とインドと隣接する。二つの国は広大な面積と人口密度の高さで存在感を発揮しミャンマーを挟んでＢＣＩＭ（Bangladesh, China, India, Myanmar）経済回廊を形成している。同地域は、中国の一帯一路のルートの一つであり、経済成長を謳われる一方、全世界の人口の三九％（World Population Prospects, 2019 Revision より集計）以上を占めている。四カ国のうち三カ国は人口第一位と二位、八位であり、ミャンマーだけが人口密度が低く、そのミャンマーを三つの人口大国が取り囲むように位置している。

ＢＣＩＭ地域内における人口が多い国から密度が希薄な国への人口圧力、すなわち流入は、険しい地形と国境警備が不備なミャンマーへの流入という形で行われてきた。西のバングラデシュから入ってくる「ロヒンギャ」、北東から入ってくる国民党の残党、共産党や国境付近に居住する少数民族武装勢力を支援する隣国の関与などは、建国前から続いている。人口圧力を退けるミャンマーの戦いは、国境周辺で主に行われてきた。そして、人口圧力に対抗してきたのが、終始一貫して国軍である。国軍は軍事力の行使のみならず、政治権力も併せ持ち対抗してきた。東西冷戦による世界のイデオロギーの変化、市民社会の台頭、人権優先の国際世論など世界の潮流の変化にも、国境警備の対応は不変である。しかし軍事力の行使、政治権力をもってしてもなお、国土の統一は厳密には本章執筆の二〇二〇年に至るも完全には成し遂げられてはおらず、少数民族武装勢力に阻まれて国軍が足を踏み入れていない地域もある。本章では、人口という観点からミャンマーが建国以来見舞われてきた人口圧力と、その対処として優先されてきた国軍の役割、そして、それによって成し遂げられてきたこと、成し遂げられなかったことを説き起こし、ＡＳＥＡＮとＢＣＩＭ経済回廊との地域統合の難しさを導きだしたい。

一　人口圧力の姿

西からは「ロヒンギャ」

ミャンマーは建国以前から西からの人口流入に悩んできた。バングラデシュ（旧インド領東ベンガル）からイスラム教徒が大規模にラカイン州の北部に流入しては居を構え始め、独自の領地を求める歴史は二〇世紀初頭には見られるようになった。

国際世論は「ロヒンギャ」を、ミャンマーを構成する既存の一民族としてくくり、ミャンマー政府と国軍が民族浄化、虐殺を行っていると批判しているが、ミャンマーは政府も国民も一致してこれを認めていない。ミャンマー側の見解を表す書として、キンニュン元首相の著書『ミャンマー西門の難題』(キンニュン二〇一八)を挙げたい。歴代のミャンマー政府は方針を公に説明することがほとんどないが、「ロヒンギャ」は国民と政府の双方にとっての共通の難題であるという意味を込めてタイトルがつけられた。同書の中に、ミャンマー政府が「ロヒンギャ」を自国民とみなさないという決断の根拠がある。一九四七年に、建国の父であるアウンサン将軍がイスラム教指導者のジンナー師とインドで次のように重要な決定を果たしていた。

ミャンマー側にあるブーディタウンとマウンドーに住むイスラム教徒がパキスタンと協力してパキスタンに併合されるかまたは自治区として独立したいと願っていることについて、ジンナー師が述べたことは、「イスラム教徒は、ミャンマーだけでなく、いかなる土地においても占拠または地権譲渡など考えていない。バングラデシュ東部から来たほんの一握りのイスラム教徒の要求であり、何も心配する必要はない」(キンニュン二〇一八)であった。

ミャンマー側に大挙して土地の所有を要求していたのは、インド側でも土地を持たない農業労働者であった。第二次英緬戦争(一八五二年)でイギリスが下ビルマを併合し、一八八六年にビルマ(現ミャンマー)が英印の一部に併合されてから、ミャンマーに多数の土地なしの農民が稲作の季節労働者としてチッタゴン周辺からミャンマーの西端であるラカイン州に連れてこられた。その多くがそのまま居住民となり、イスラム教徒の移民が民族構成と現地の宗教を変えたことで社会経済問題を引き起こし、最西地域に住む仏教徒ラカイン族と攻防を繰り広げていた。一九世紀になると、スエズ運河等運輸手段の改善によってイギリスは国際貿易の拡大を図れるようになった。ミャンマーには土地と水があり、不足していた資源は労働力であったから、イギリスはそれをインド側で調達し投入したのである。

人口圧力のアクター、すなわち土地なし小作人が生まれた背景について、アンガス・マディソン(二〇一五)は次のように記述している。

植民地時代、インドでは人口の大きさと土地政策、徴税制度が英国には懸案であった。植民地政府は古い軍閥貴族の土地を没収し、徴税を任された土地から上がる所得は英国人に奪われた。ベンガル管区では、徴税請負人は土地税を納める限り世襲的地位を得ることができた。村の支配的カーストに財産権を与えるとともに納税義務を課した。下位カーストの耕作者たちは彼らの小作人になった。時代とともに、二つの要因が土地所有者の所得を引き上げた。一つは人口増加につれて土地の希少性が高まったこと。第二は土地税負担の軽減。村の地主階級の所得は土地税負担の軽減、土地代の引き上げによって増加した。土地の希少性の高まりにより、小作人や農業労働者の伝統的な権利が縮小し交渉力も低下し、彼らの所得は低下した。英国統治の下で土地なし農業労働者の階級の規模が拡大した。

こうした歴史があって、第二次大戦中の勢力対立が生まれ、独立後はラカインで分離・独立を目指すムジャヒディン反乱軍が生まれたのである。また、戦時中インドとパキスタンの難民キャンプに住んでいた一万三〇〇〇人のイスラム教徒が帰還を許されず、パキスタンで不法移民となったことも、その後の「ロヒンギャ」の国籍問題を引き起こした事由となっている。

独立時の貢献者に非ず

第二次大戦中、日本軍がミャンマーに入ると、愛国者の動きを誘発するようになった。ラカイン州は仏教徒のラカイン族と、イスラム教徒が衝突した地域だった。前者はビルマ独立義勇軍(BIA)と地下抗日組織の反ファシスト人民自由連盟(AFPFL)に協力し、後者はイギリスに味方した。一九四五年一月、ラカイン防衛軍(ビルマ国軍のラカイン支部)の自発的で独立した暴動が日本軍をラカインの同盟軍に仕立ててしまったのだが、それは後に、イギリス軍政権がラカインレジスタンスを武装解除する施策に対する憤慨をもたらした。このような戦時下の多様な経験が、異なる勢力の存在を表面化させ、また、ミャンマーを名ばかりとはいえ一時的に統合したのである。のちには対立する政党、組織、軍、少数民族のそれぞれのリーダーが、初めて地元民を率いる経験をした。これが民族の意思の発露たる武装化の原体験といえる。

アウンサン将軍は、ビルマ独立のために一九四七年一月に、アトリー・イギリス首相と一年以内にビルマ独立を約束する「アウンサン＝アトリー協定」に調印したのち、すぐさま周縁部に住む山岳少数民族のリーダーに協調行動をとろうと声をかけた。山岳少数民族とは、チン族、カチン族、シャン族蕃王などである。宗主国イギリスの衰退、行政官として赴任していたインド人の勢力低下を目の当たりにして、独立の可能性を大いに意識した諸民族は、会議開催地のパンロンの地名を取って「パンロン協定」と称される合意書に署名した。アウンサン将軍がビルマ族単独での独立ではなく諸民族団結を図ったのは、数を力に、独立の意志の強さを表そうと企図したと思われる。なぜなら、パンロン協定の中で、少数民族は一〇年後にはそれぞれ連邦から離脱してよいとの一文を含めているからである。あるいは、後で改定するつもりで約束したという説、イギリスの植民地開拓者が描いた国境線まで領土を伸ばす可能性を示しただけという見方もある。人間の数はまさに圧力として、イギリスに作用したのだった。

アウンサン将軍は、パンロン会議に「ロヒンギャ」は招かなかった。また、パンロン会議の前、一九四五年九月、南東アジア最高司令官マウントバッテン卿がセイロン(現在のスリランカ民主社会主義共和国)のキャンディーでイギリスからの独立運動を展開する青年リーダー一一人と会合を持った[1]。その目的は、独立後の新たなビルマ軍の形成を協議することだった。マウントバッテン卿はこの会議を通じて、反乱軍のままミャンマーで活動したのではミャンマーを分かつゆえ、まとまるように働きかけたのである。これにより、ミャンマーが軍を中心に国家建設を行うことが確かめられたともいえる。そして、会議にはイスラム教徒代表は招かれていなかった。イスラム教徒は国家建設に貢献していない、とみなされる一因といえる。

地形地理的要素

ミャンマーは川と山とで国土が東西南北に分断され、民族ごとに物理的社会的に閉じられた範囲でアイデンティティが形成されている。少数民族は国家形成の意思は薄く、それぞれの社会、文化を守ることに専念し、自分たちの社会の内部から国家が生まれてこないようにする機能を果たしてきた。ジェームズ・スコット(二〇一三)は、「国家の中心部で生じる侵略、奴隷狩り、疫病、強制労働から逃避、逃亡してきた人々が少なくとも二千年の間、次から次へと押し寄せて住むようになったところである。この避難地域で、平地から逃れてきた人々は遠く険しい地形に暮らす山地民に合流し、方言、慣習、アイデンティティの吹き溜まりを一層複雑にした」と記述した。

生活資源をほとんどすべて地場で生産できる財に頼り、外の世界との遮断を好む社会性を生んだ背景には、このような民族の成り立ちと地形がある。不介入不干渉を是としてきた彼らをして、差異を前提にイギリスからの独立という大同団結、存在の誇示をするというとき、「ロヒンギャ」は彼らの仲間に入れるような民族ではないと、みなしていたのである。

人口は国際政治においては力となる。サウジアラビアへ亡命したグループや、同国から資金を得た過激派グループが国境で活動し始め、反乱軍の姿を出現させた。二〇一六年一〇月におきたラカイン州の国境警備隊への攻撃が、まさにそれであった。「ロヒンギャ」の問題はすでにミャンマーと隣国だけにとどまらず、国境を接しない大国が支援する国際紛争にもまもなく発展しそうな勢いである。ネ・ウィン元首相によれば、一九七八年には「ロヒンギャ」入境を阻止するために行った一連の作戦の中で、合法移民であれば認めようとするヒンダー作戦を行った。独立して間もない時代には、選挙での勝利を企図した政治家が新たな人口を票田と捉えて「ロヒンギャ」流入をあえて促したことがあった。軍事政権はこれを教訓として選挙と違法移民とが結びつくことを嫌い、以後、新たに流入してくるイスラム教徒は追い払う対象、国の治安を脅かす存在となっている。

ではなぜ、何を目的に西からベンガル人はやってくるのか。「ロヒンギャ」が「ない」と訴える目の前の窮状から、その目的を推定することができる。水、食料、住む家屋、安住できる土地、軍・警察による殺戮の恐怖がないこと、そしてそのような事態を生むミャンマー政府による国籍付与という法的ステータスである。植民地時代から流浪の民のような土地なし農民だった人々には、バングラデシュ政府もまた、国籍を与えなくなっており、バングラデシュに設置された難民キャンプとその周辺に集まっている「ロヒンギャ」は、まさに生活資源の奪い合いの只中にいるようだ。

国土統一――「ロヒンギャ」よりも大きかった建国以来の難題

ミャンマー政府は自国民として認識してきた少数民族には、対話と圧力の両方の戦術で対応してきた。独立当時、国境線は明確に細かい緯度経度までの設定がされていなかった。中国国境もタイ国境も険しい山岳地という地形と、経済活動が活発な都市部から遠いという地理的条件、そして交通インフラの未整備が、隣接する国・地域で好ましくない状況に陥った人々が逃げ込むには格好の地域を作っていた。二一世紀になっても、隣国との長い国境線六一五九キロメートルは、現実には国軍が自在に往来できる状態にはなっていない部分が残っている。ゆえに、ミャンマーの建国以来の難題は、「国境警備」ではなく、「国土統一」と表記するほうが現実を表している。

政府と国軍を悩ませ続けている少数民族とは、一九四七年にパンロン会議で協議した少数民族だけではなく、小さな存在でしかなかったそのほかの少数民族がその後続々と武装勢力を立ち上げた。彼らは、隣接する国の支援を受けており、例えば、モン族、カレン族、カレンニー族はタイからの支援、北東部に住むカチン族、コーカン族、ワ族は中国の支援によって成り立っており、軍事訓練を受けたり武器の供与を受けたりしていた。国民党の残党の後ろには米国政府、ビルマ共産党（ＢＣＰ）には中国共産党があった。そして、これら外国の出自を持つ勢力同士が互いを攻撃しあった。

戦争経済 vs. フォーカット戦略

武装勢力とその支配地域で暮らす人々の暮らしを支えたのは、戦争経済である。武装勢力が行ってきた戦争経済とは、支援国からの資金、武器、訓練などの提供を得ること、戦闘員のリクルートメントを行うために支配地内の民にいくばくかの食料と安全を提供すること、ヒスイなどの宝石、金の採掘、木材、また、ケシ栽培とアヘンの製造も行い、それらを貿易財として国境密貿易を盛んに行うことである。二一世紀に至っては、会社組織を立ち上げて合法を装って戦争経済を続けている。支援国であり隣国である中国、タイを相手に、各武装勢力の企業は木材の伐採、運送業を営んでいる。

政府は、少数民族、建国前から存在した最古の政党であるＢＣＰ、中国国民党軍の残党といった「反乱軍」(2) のほかにも与党政党の混乱を収拾できず、一九五八年、国軍最高司令官ネウィンに選挙管理内閣の樹立を依頼、政治に国軍が直接関与する形が出来上がった。国軍は一九六〇年まで反乱軍の討伐に力を尽くし、反乱軍の兵力は半減した。それを成功体験に、一九六二年に軍事政権を樹立、武装勢力の鎮圧を最優先する統治を始めた。その当時、国軍にとって脅威だったのは、少数民族ではなく、ＢＣＰであった。国軍は軍の人的資源、予算を優先して、住民を巻き込んで進軍する人民の戦争

(People's War)ドクトリンを開始した。これは抗反乱軍作戦(counter-insurgency operations)の意味で捉えられ、ミャンマー北部へと、BCPを押しやった。BCPは中国からの支援で装備も作戦も人員も固め、中国仕込みの人海攻撃を得意としたが、国軍には歯が立たず、戦闘で多数の負傷者を出した。BCPは国軍から軍事圧力を受けて次第に後退と内部分裂を繰り返し、都市部を離れ、農村部に拠点を作る方向へ方針を変更した。これを受けて国軍は一九七〇年代終わりには下ミャンマーから中ミャンマーは「ホワイトエリア」であると宣言した。そして、ようやく国軍は北東地域に集中して取り組める状況になった。

他方、国軍は中国と国境を接するカチン州、シャン州、タイとの国境付近のカレン州(現カイン州)、モン州、カレンニー州(現カヤー州)に陣取る少数民族武装勢力の地では、抗ゲリラ戦略としてフォーカット戦略(Four Cuts Strategy)を実行した。フォーカット戦略とは、武装勢力に食料、資金、情報、リクルートメントの四つの資源を途絶えさせ、テリトリーを封じ込めることで反乱の続行を阻止することである。本格的にフォーカット戦略が実行されたのは、カチン、シャン、モン、カレンの反乱軍に対して、一九八四年から九〇年、ミャンマー南東部であった。フォーカット戦略の真実は、略奪専門の集団のようでもあり、最も残酷な軍事作戦だった。フォーカット戦略が失敗に終わった理由を軍事面から考察すれば、ミャンマー国軍は悪路と輸送力の欠如、情報不足、物資不足により兵站部門が弱く、その弱さを地元民(国境山岳地帯ではすなわち少数民族)の「協力」を強制的に供出させることで補っていたことが推測できる。それは、後に続く強制労働批判の要因である。

国軍の成功体験

七〇年代後半から、シャン州北東部へと追い詰められていったＢＣＰは、同地で勢力を張る少数民族武装勢力と協働する方向へ入った。ＢＣＰの構成員の三分の二は地場の少数民族のリーダーがリクルートした少数民族であったが、ＢＣＰ幹部が彼らを軍として組み入れ戦闘を担当させ、ビルマ族は幹部として政務を行う形態を作った。少数民族は共産主義イデオロギーではなく、「民族」をリクルートメントの動機として、勢力を維持した。しかし、次第に少数民族に不満が高まっていった。組織の方針に関与する余地がほとんどなく、戦闘はもっぱら少数民族のほうであり、ビルマ族のための単なる軍隊としての扱いに甘んじざるを得なくなったからである。ミャンマー国軍は、中国が支援を引き上げれば、ＢＣＰを消滅させることができると考え、機会を狙っていた。

一九七六年九月、毛沢東が死去し、ＢＣＰが毛沢東礼賛の声明を発表した。しかし、中国国内では、毛沢東の死後、鄧小平が「軍務整頓」という名の改革に着手して（林二〇一四）、毛沢東の影響を払拭し始めていた。一九七四年にビルマ連邦社会主義共和国大統領に就任したネウィンはその動向を察知し、一九七七年、非共産国のトップとしては初めてカンボジアを訪れた。当時のカンボジアは、中国が後ろ盾となって支援しているクメール・ルージュが政権の座にあったことから、国際社会では高い評価を得ていなかった。そんな時機での訪問であったことから、中国の政権幹部にミャンマーの存在を強く印象づけることに成功した。一九七九年に鄧小平はミャンマー国軍に、ＢＣＰへの支援はすべて一九八五年で止める、と約束した。その言葉通り、中国は一九七九年、ＢＣＰに配置していた軍事アドバイザーを引き上げさせた。以後、北東部と南東部で国軍が行ったことは次のようなことである。

以下は、筆者がインタビューしたキンニュン情報局長のもとにあった和平チーム長の大佐の言(3)である。

七九年に鄧小平がBCPへの支援を止めると聞いてからは、ミャンマー国軍情報局和平チームは、八二年から八九年を、少数民族武装勢力をBCPから引き離すことに費やした。国軍は武装勢力のリーダーに接触を図って、彼らの不満を聴き、また法律や国情を説明して理解を求めた。少数民族はそれぞれ地域で事情が異なり、意見も異なるから、個別に会う必要があった。

八八年、ミャンマーは再び軍事政権になった。そして重要な三つの政策が発せられた。そのうちの政治課題の一つに、「国土統一」があった。BCPと少数民族が居留する国境周辺は交通不便で政府の出先機関も置けない地域だったから、隣国から多くの人が入り込んでいた。国土統一には、国境沿いにいる少数民族武装勢力と停戦合意をする必要があった。他方、少数民族武装勢力側も、何をすればよいか、内部で活発に検討し始めた。国軍はすでに各勢力のリーダーと個人的関係を築いて、彼らが戦いに疲れ果てて停戦合意に近づいていることを感じていた。とくに、BCPの東北軍区の軍事部門を率いていたコーカン族のリーダー、ポージャーシーは、軍事部門をおろそかにするBCPから独立したいと願っていた。

国軍は、軍であるから政治協議はせず、あくまで停戦についての合意であること、政治的合意は民主的な政権になってから行うことを前提に、停戦について話し合いに入った。八九年三月二一日、ポージャーシーはBCPの東北軍区から独立すると発表した。四月以降次々に少数民族は独立。こうして、軍事政権の力でBCPを解体させた。BCPが解体されたので他の少数民族武装勢力一八グループも次々に停戦合意した。難航したのは、文書にすることを求めたカチン族と、接点自体が持てなかったカレン族だった。ミャンマーの法律の中に「少数民族武装勢力は武器を使わず」という条件を入れることをカレン族の武装勢力、カレン民族同盟（KNU）が認めようとしなかった。そして、統一見解をまとめられず分裂していった。

一九九二年、タンシュエ将軍が最高司令官になった。BCPを追放し、それまでの停戦合意の進み具合から平和を確信した国軍は、こちらから少数民族武装勢力を攻撃することはやめると、メディアでも公表。しかし、国民も外国もこれをKNUだけに向けられた突然の停戦宣言と解釈し、宣言の意図を正しく理解しなかった。停戦合意は、当時情報局長だったキンニュン氏と各武装勢力リーダーとの男と男の約束だった。キンニュン氏は少数民族の地域の道路、病院、学校の建設、生活費まですべて支援することにした。生活のためのケシ栽培は認めた。

このほかキンニュン氏が許したことは、

①他の少数民族からの襲撃に備えてテリトリー内では武器を保持してもよいこと（少数民族武装勢力間での戦いが国軍とのそれよりも激しく頻繁だったから）、

②国境貿易は正式に政府の許可を取っているならば行ってもよいこと（政府は国境付近では関税オフィスも軍事拠点もなかったゆえ、これは実現不可能な皮肉めいた〝許可〟といえる）、

③テリトリーの中での統治権、政治力を持ってはいけないが、その代わり中央政府の政治、法律、国家の方針など実施されていることを、教育を受けていない少数民族に説明する責任を持つこと。

また、「してはいけないこと」は、テリトリーを拡大しないこと、住民から税金を取らないこと、新しくリクルートメントをしないこと、他の反政府グループを応援しないこと、である。「すべきこと」は、新しくできるだろう憲法を守ること、政府の方針を守ること、国の統一を分裂させないこと。「これを守ってくれるなら停戦合意ができる」と言い、了解を得た。

上記の和平チーム長の言葉から、国軍は少数民族武装勢力の自然消滅を狙っていたことがわかる。戦争経済を回らせないように資源の入手を断ち、経済活動の実質的禁止によって武装勢力の活力を失わせ、政治力抑止によって政府から武装勢力、住民へと流れる一方通行の情報ルートだけを残したのである。この考え方は、「ロヒンギャ」問題での対応に見える、武装勢力の資源を断つ方針と類似している。

軍事政権発足とともに表された三大主義と脅威の定義

前述の和平チーム長の説明には定説を覆す内容が含まれている。キンニュン氏が許したという三つの事項である。定説では、軍事力の保持、自由な国境貿易、支配地の統治をする権限を与えたとしている(例えば Tin Maung Maung Than 2013)。その理由については明らかにしておらず、学者たちは少数民族がBCPから離反して追放したことを知ってから国軍は急いで少数民族武装勢力を訪ね、この条件で停戦合意を結んだ、としている(例えば中西二〇一二、クレーマー二〇一二、工藤編二〇一二)。

しかし、軍事クーデターによって国家法秩序回復評議会(SLORC)が政権を握ってすぐに三大主義(連邦崩壊しない、国家団結を分裂させない、国家主権の永続)を宣言した折、三大主義に挑戦する行動を「脅威」と定義している。国土統一の命令は三大主義に基づいて発せられた。停戦合意を結ばない段階で、武装勢力にミャンマー国内の一郭で独自の軍事力、経済力、支配権を許すことは、事実上その土地を放棄するに等しい。また、少数民族がBCPから離反したのを見てから国軍が条件を揃えて停戦合意を締結するにはあまりにタイミングが早すぎる。事実は国軍の助力を得て計画的に離反した。このことから、少数民族武装勢力に武力と自由な国境貿易、行政権を付与したとの解釈は誤解といえる。

キンニュン情報局長が結んだ停戦合意の実施には、停戦監視団も組成されず、二一世紀に入ってからは当時のリーダーたちは皆鬼籍に入ってしまっている。

しかし、ここで「男と男の約束をした」と言った和平チーム長の言葉に注目したい。「紳士協定を結んだ」と英語に訳され、「口約束」あるいは「固い友情に基づく約束」というような意味で捉えられているが、ミャンマー人の文化、風習、習慣に基づいて考えてみると、別の意味合いが浮かぶ。個人間の約束ではあるが「一部族を率いる男のすべてを賭して、ここに嘘偽りなく誓う」とでもいうような、名誉、人生をかけた誓いであるとの表れだったのではないか。上意下達の社会ゆえ、それは民族全体が賛同したに等しい重みがあった。ゆえに、あえて文字化しない。文字化を要求すると、相手を疑っているかのように見えてしまうと、相手の名誉を重んじた。その当事者が亡くなりキンニュン氏も拘束された後は、若い後継者はそれまでの面従腹背を止め、自分の意思で発言できる。前任者とは違うことを言って違いを表すことができた。

もう一つ、八二年から八九年に行われたＢＣＰと少数民族との切り離しの中で重大なことは、廃貨令の実行である。一九八七年、ＢＣＰに振り込まれた、最後の中国共産党からの支援金二〇〇〇万チャット(三〇〇万元)を廃貨した。廃貨とは、それまで使われてきた通貨を流通できなくすることである。唯一の頼みであった中国からの支援がここで途絶え、弾薬の補給も生活資金もなくなり、ＢＣＰの命運はここに尽きたのであった。中国とミャンマーのスムーズな連係は、外交の成果であった。ただし、廃貨令は金融制度に大打撃を与え、以後、外国企業も国民も現金取引に頼らざるを得なくなった。武装勢力との戦いは決して局地戦ではなく、ミャンマー全土、国民すべてに影響を及ぼしてきたのである。

二　国軍が担った役割

国軍が成し遂げたこと

ミャンマーは軍によって独立を果たし、建国後は国軍に反抗を試みる反乱軍やゲリラ軍を周辺国の代理侵略とみなし、非対称戦を間断なく続けてきた。歴史上独立した国家を形成したことがない、複数民族の集合体の中で被支配者として生きてきた人々が、国家を建設・運営する役割を担っているのである。ミャンマーはベトナムのような外国軍と正規の戦争は経てこなかったが、周辺国から人口圧力がかかる環境下で、独自の国家建設に長い年月を要している。長くミャンマー国軍を研究してきたマウンアウンミョーは、国軍ドクトリンはミャンマーが国家として経てきた歴史に沿って三段階に分けられると分析する(Maung Aung Myoe 2009)。

第一期は外国の侵略に対抗する方法に集中した一九五〇年初めから六〇年代半ばの時期。国民党軍、カレン国民防衛機構(KNDO)、ビルマ共産党(BCP)を対象にした。

第二期は一九六四年から一九八八年の軍事クーデターまでの期間。外敵と内なる問題とがつながることを懸念して、抗反乱軍教育の発展と総合的な「人民の戦争」の理念と戦術を形成した。多くの反乱軍を相手にしなければならず、例えばKNDOが国民党軍に武器を求めたり、BCPが中国共産党から指示を受け政治的軍事的訓練を受けたりしている。

第三期は国軍が一九八八年九月にSLORC(国家法秩序回復評議会)を設置して以降の時期。様々な政治組織が外国勢力の支援を受けて現政権を不安定化させることを懸念した。これを新たな脅威として、三大主義を宣言した。独立外交政策の下、防衛能力強化と国軍ドクトリンの見直しに取り掛かった。三大主義(連邦崩壊しない、国家団結を分裂させない、国家主権の永続)に挑戦する行動を「脅威」と定義し、これに基づいて国土統一の命令を発した。

国軍は治安と国土統一を最優先課題に据え、確かに、建国後四〇年強をかけてその目途を立てた。そして、一九八八年を境に、軍は再びクーデターによって政治、外交全般にわたり国家の土台を作る責務を自ら提案し実行する存在として名乗り出たのである。それは本来あるべき武力行使を担う主体の範囲を超えて、自負あるいは責任感のなせる決意だったが、見方を変えれば、民主主義という世界共通の概念に触発された市民社会の勃興を受け入れなかったともいえる。

軍事政権を起こすということは、言い換えるならば意思決定者を絞り込むということである。グローバリゼーションと市民社会の台頭よりも、特定の人物の動向に注視し、その人物を抑え込めば国家建設はより実施しやすくなると見た。人口圧力を退け国土統一をおおむね果たすことと引き換えに、世界の潮流から遠くなってしまったのである。

国軍の自負を如実に表していることの一つに、二〇〇八年二月に起草された新憲法がある。上院（民族代表院）と下院（国民代表院）、地方議会ともに議席の二五％を軍人に割り当てた。また、国防、内務、国境の大臣と副大臣に軍人を据えることが義務付けられた。国軍が最も批判されるゆえんの一つはこの憲法の規定にあるのだが、上述の国軍の警戒心から見直してみると、議会の決議が、中国など外国の強い影響下にある政党や人物によって誘導されて、領土割譲や不利な条件での資源の売却など、ミャンマーに不利益をもたらす急進的方針に触れないようストッパーの役割を果たすという見方もできる。そして、国防は軍人が与かるべき役割にある。内務は国内の非営利組織・市民団体を統括する役割にあり、そこが外国勢力とつながっているかどうかを監視する必要がある。国境は周辺国から反乱軍が侵攻してくるから守る必要がある、と考えているゆえの制定である。

国軍が成し遂げられなかったこと

国家建設においては、領土の画定と国境の維持、立法・行政・司法の統治権の確立、人心の統一など目に見えない部分での共通の価値観の共有を図ることが大切である。しかし、国軍が国境周辺に注意を払うあまりに意思決定者を軍人に絞ったことは、国民とのつながり、すなわちパブリックリレーションをおろそかにした。情報を公開せず、メディアは国有新聞にほぼ限られたため、内外に現れる情報は軍事政権の意向を受けた内容か、もしくは民間で流布される噂かのどちらかになった。

キンニュン元首相の回顧録の中で、ミャンマー国軍は合法民ならばイスラム教徒（ロヒンギャ）を受け入れることを決定していた、と記述がある（キンニュン二〇二〇）。その記述に驚いた人は多いことだろう。何らかの決断があったとき、それを報せる手段が確立されていないのである。誰がその役を引き受けるか、軍の規律を考えると最高司令官をおいて他にないのであるが、最高司令官（タンシュエ大将）は行わなかった。国内外にそれを伝えず、ラカイン州で「ロヒンギャ」の侵入とそれを退けんとする住民との間で騒乱は続き、社会が混乱した。国際社会はもちろんミャンマー政府を批判し続けてきた。そして二〇一六年の大規模な衝突を生むことになった。

また、軍事政権は教育や保健など政府が国民と接する課題も国家予算を充てなかった。地方における教育は、僧院など民間にほぼ任せきりの、放任となった。若者をヤンゴンに集結させないよう高等教育を遠隔教育とした点も過剰なほどの警戒心によるものと推察される。経済制裁の犠牲となった国民の側も諦めが先行し、政府を当てにする機運は生まれなかった。教育予算の少なさは国民統合の精神に逆行している。

軍事政権が一九六〇年前後から断続的に続き、また長引くことで経済成長も犠牲になった。ミャンマーが生んだ開発経済学者H・ミントは、「世界銀行報告によると、一九五〇年から七五年までの間に開発途上国全体の一人当たり所得は年平均三・〇％で上昇し、かつ年平均経済成長率も一九五〇年代の二・〇％から一九六〇年代の三・四％へと上昇したとされている」（ミント一九八二）と記している。アンガス・マディソン（二〇一五）でも同様のことが主張されている（マディソン二〇一五：二三二）。アジアの国々が工業国、開発途上国を問わず経済成長を遂げる中でミャンマーはその成長の波に乗れず、多くの国民は自給自足を続けた。H・ミントの述べる「市場経済の成長を促す伝統的な方法は、より整備された運輸・通信手段、法と秩序を提供して輸出を拡大し、外国貿易への課税によって政府収入の増加を図ること」（ミント一九八二）を実施したのは、少数民族との一時的な停戦が実現した一九九〇年代後半以降になってからである。

おわりに

人口過剰国からの人口移動を「移民労働」として鉱山やプランテーションに受容してきた国々は東南アジアばかりではなく東及び中央アフリカにも存在していたが、大規模な退去作戦を講じてもなお侵入してきたことと、自治区を要求してきた点で「ロヒンギャ」は特異である。対して、北東部と南東部からの周辺国からの流入は共産主義のイデオロギーや政治と関係を持つ人々による侵攻であった。性格の異なる二方面の人口圧力を同じ方法で退けんとしてきたのである。

「歴史的にインドと中国人の労働者は総人口の相当部分を占め、その増加率が土着人口の増加率より高いこともしばしばであった。とりわけ錯綜した社会経済的問題を作り出し、それはしばしば経済開発の問題を行き詰まらせる要因ともなった」とのミントの記述は、まさにミャンマーにも当てはまる。

国軍の誤算は、一九八八年を改めて国家建設の年に設定して、外交関係、国民が交流する民間外交のチャネルをも一時的に仕切ることができると思ったことではないか。東西冷戦時代は、ベトナムでは東西の代理戦争が行われ、カンボジアでは政府軍と反政府軍がそれぞれ外国軍を味方につけて戦ったために国土は焦土と化し、多くの難民を排出した。それを参考に、ミャンマーは他国を頼みとせず、外交は中立、武器購入は一カ国に偏らぬようにしてきた。共産主義が西側に及ばないよう緩衝地帯の役割を果たしてもいたためASEAN諸国は不干渉の姿勢を貫いてきたが、冷戦終結後は自由経済圏を阻む未開発地と見られるようになった。

マックス・ヴェーバー（一九八〇）[4]は「国家とは、ある一定の領域の内部で正当な物理的暴力行使の独占を要求する人間共同体である」「どんな支配機構も、継続的な行政を行おうとすれば二つの条件が必要である。一つはそこでの人々の行為が、おのれの権力の正当性を主張する支配者に対して、あらかじめ服従するよう方向づけられていること。第二に、支配者はいざというときには物理的暴力を行使しなければならないが、これを実行するために必要な物財が上に述べた服従を通して、支配者の手に掌握されていること」とする。軍事力ありきで国家が成り立ち、その上に国民が社会経済活動を行っていると言い換えられる。

時代を後世に進めると、高坂（一九六六）は「各国家は力の体系であり、利益の体系であり、そして価値の体系である。したがって、国家間の関係はこの三つのレベルの関係がからみあった複雑な関係である。国家間の平和の問題を困難なものとしているのは、それがこの三つのレベルの複合物だということなのである」という。「国民は共感によって結ばれ、共通の政府によって統治されることを望む人々」であれば、国民国家として成立するともいう。この理論に基づいてミャンマー国軍の行動を見ると、国軍は国民に信頼され統治を望まれる主体でありたかったのだと、わかる。人民の戦争を国軍ドクトリンの理念としたのも、予算の少なさを人海戦術で補おうとしただけではない、「かくありたい」の意思が先行しての理念であったと理解できる。

しかし時代はそのような理念とは合致しない。政府の権威で主体を規制することは不可能に近く、一九九〇年代半ば以降は市民社会の台頭によって国民国家を超えてグローバルに行き交う人間同士の社会経済活動が見られるようになった。個人主体の活動の基盤にもやはり国家主権の枠組み、領土保全の原則、法と秩序は必要である。人口圧力をかけてくる周辺の大国と軍事衝突を避け、兄をたたえる弟のような態度を装いながら時間をかけて解決を図るミャンマー方式の外交は機能するのか。ミクロとメソ、マクロにそれぞれ相当する国家、民族、市民といった三階層がそれぞれの方針と行動を理解することが批判を抑えることになるのではないか。

注

（1） 参加者は反ファシスト人民自由連盟（ＡＦＰＦＬ）とビルマ愛国軍（ＰＢＦ）のリーダーたち、カレン族とラカイン族のレジスタンス代表だった。

（2） 「反乱軍（Insurgency）」とは、本来、政府軍に対抗する反政府軍を意味するが、ミャンマー国軍は、治安を乱すもの、という意味で用いている。夜盗の類や、国民党の残党にも適用していると、一九五〇年代後半から六〇年代初頭にかけてバルーチャンダムへ通じる道路を建設した伊藤博一は『トングー・ロード』の中で記している（伊藤一九六三）。

（3） 二〇一五年一一月筆者インタビュー。吉田（二〇一八）初出。引用に際し、表記などを適宜改めた。

（4） マックス・ヴェーバーはまたトロツキーの「すべての国家は暴力の上に基礎づけられている」にも「正しい」としている。

参考文献

伊藤博一（一九六三）『トングー・ロード――ビルマ賠償工事の五年間』岩波新書

林載桓（二〇一四）『人民解放軍と中国政治――文化大革命から鄧小平へ』名古屋大学出版会

ヴェーバー、マックス（一九八〇）『職業としての政治』脇圭平訳、岩波文庫

カルドー、メアリー（二〇〇三）『新戦争論――グローバル時代の組織的暴力』山本武彦・渡部正樹訳、岩波書店

キンニュン（二〇一八）『ミャンマー西門の難題―― 〝ロヒンギャ〟がミャンマーに突きつけるもの』千葉大学研究グループ解題、恵雅堂出版

キンニュン（二〇二〇）『私の人生にふりかかった様々な出来事』（上・下）千葉大学研究グループ訳、三恵社

工藤年博編（二〇一二）『ミャンマー政治の実像――軍政23年の功罪と新政権のゆくえ』アジア経済研究所

クレーマー、トム（二〇一二）「ミャンマーの少数民族紛争」工藤年博編『ミャンマー政治の実像――軍政23年の功罪と新政権のゆくえ』アジア経済研究所

高坂正堯（一九六六）『国際政治――恐怖と希望』中公新書

スコット、ジェームズ・C（二〇一三）『ゾミア』佐藤仁監訳、みすず書房

中西嘉宏（二〇一二）「国軍――正統性なき統治の屋台骨」工藤年博編『ミャンマー政治の実像――軍政23年の功罪と新政権のゆくえ』アジア経済研究所

マディソン、アンガス（二〇一五）『世界経済史概観 紀元一年―二〇三〇年』岩波書店

宮本雄二（二〇一二）『激変 ミャンマーを読み解く』東京書籍

ミント、H（一九八一）『開発途上国の経済学』東洋経済新報社
吉田鈴香（二〇一八）「〝ロヒンギャ〟問題の核心」キンニュン『ミャンマー西門の難題』恵雅堂出版
Maung Aung Myoe (2009) *Building the Tatmadaw*, Institute of Southeast Asian Studies.
Selth, Andrew (2002) *Burma's Armed Forces: Power without Glory*, East Bridge.
Tin Maung Maung Than (2013) *Inter-Ethnic Conflict and Peacemaking in Myanmar*, LSEAS perspective.

第10章 ブレグジット時代のヨーロッパ地域統合

――「中心」と「周辺」の関係性から――

水島治郎

はじめに――ブレグジットの実現

二〇二〇年一月三一日午後一一時、イギリスは欧州連合(European Union, EU)を離脱した。議会前広場には離脱を喜ぶ群衆が集まり、ユニオンジャックを高く掲げ、歓呼の声を上げた。この日に合わせてボリス・ジョンソン首相はメッセージを発表し、「これは終わりではなく始まりである」と国民に呼びかけ、ブレグジット(EU離脱)後のイギリスの進路に期待を表明した。他方、離脱に批判的な主張も根強く残っており、議会周辺では離脱賛成派と反対派の小競り合いもみられた。離脱への賛否は今も大きく分かれ、ブレグジットをめぐる国内の「分断」が懸念されている。いずれにせよ二〇一六年六月の国民投票以来、三年半にわたって離脱の是非をめぐって混乱が続いてきたブレグジット問題は、これにより離脱という形でひとまず決着した。

ブレグジットの実現は、二一世紀に入るまで順調に進展してきたはずのヨーロッパ統合が、かつてない重大な挫折を経験したということを意味していた。ＥＵ加盟国が初めて離脱したことの衝撃はもちろんあったが、しかもその離脱国が、人口規模・経済力などの点で文字通りＥＵを代表する大国、イギリスだったことのインパクトは極めて大きかった。そしてイギリスの抜けたＥＵにおける統合の拡大・深化の動きは、明らかに停滞している。それどころか、中東欧諸国ではＥＵ主流国と距離を置いた権威主義化が進み、移民排除の動きも厳しさを増すなど、ＥＵは統合よりむしろ混乱、機能不全への道を突き進んでいるとの感もある。

さらに、ＥＵにおける地域統合の進展の挫折は、ヨーロッパ地域にとどまらない問題をはらんでいる。たとえばブレグジットの動きと時を同じくして、トランプ政権下で保護貿易志向を強めるアメリカは、北米自由貿易協定（North American Free Trade Agreement, NAFTA）の抜本的な見直し、環太平洋パートナーシップ（Trans-Pacific Partnership, TPP）の離脱、対中国制裁措置などを強行し、各国に衝撃を与えた。このようにみると、ブレグジット問題は、グローバル化と反グローバル化の動き、地域統合をめぐる求心力と遠心力のせめぎあう、現代世界のアポリアを端的に示すものといえよう。

本章は、このブレグジットの実現という（一見すると）全く新しい事態を踏まえながら、「関係性」という視点を軸として、ヨーロッパの歴史的文脈を重視しつつ、イギリスとヨーロッパの位置づけを試みたものである。

本シリーズ第一巻「序章」で酒井啓子が述べるように、グローバル関係学は、「関係性」という視点を出発点に据える。その点でみれば、ブレグジットはまさにイギリスとヨーロッパにおける「関係性（とその棄損）」そのものであり、ブレグジットをめぐる問題（およびそれに至るイギリス・ヨーロッパ間関係）を理解しようとすれば、「関係性」という視点を抜きにして考えることはできない。

しかもこの「関係性」は、翻って「主体」のあり方を左右する。グローバル関係学が提起するのは、「関係性こそが主体のあり方を規定する」という分析手法である。この点でもイギリスの展開は興味深い。二〇一九年秋、イギリス下院でEU離脱に慎重な議員が多数を占めることに業を煮やしたボリス・ジョンソン首相は下院の解散を強行し、一二月一二日、ブレグジットの是非を問う総選挙が実施された。ここで保守党は歴史的な大勝を果たし、二〇二〇年一月末のEU離脱が確定した。EU離脱派の有権者の支持を、保守党が一手に集めたことが大きかった。そして下院で圧倒的な優位を確保したジョンソン政権のもと、EUと関連性の薄い内政面においても、賛否の分かれる政策が強引に実施されようとしている。ブレグジットをめぐる政治的帰結が、内政の行方を左右しているというこの展開は、まさに「関係性」が「主体」の内実を揺るがし、その帰趨を決定づけているということを示している。

本章では、以上のような「関係性」を重視する視点をとる。特にそのさい念頭に置く「関係性」として、ヨーロッパ的秩序における、歴史に根差した「中心－周辺」という関係に注目する。ブレグジットに至るヨーロッパとイギリスの間においては、ヨーロッパにおける「中心」と、イギリスという「周辺」との非対称的な関係が歴史的に継続してきたのであり、その独自の関係性を踏まえずにブレグジット問題を理解することはできないからである。

イギリスは「ヨーロッパ世界」の一員でありながら、大陸ヨーロッパと物理的な距離があり、「非ヨーロッパ世界」にも身を置く存在である。それゆえにイギリスは、「ヨーロッパ世界」の「中心」からすれば、「周辺的」な存在であった。この歴史的な関係性を分析することで、現代のブレグジットをめぐる文脈、ヨーロッパ統合の抱える困難な課題が明らかになるだろう。

一　ヨーロッパ史のなかの「中心」と「周辺」

「中心」としてのローマ

それではヨーロッパにおける「中心」とはどこなのか。歴史的にみれば、それはやはり「ローマ」であろう。ローマという都市はイタリア中部の一都市に過ぎないが、かつて古代ローマによる支配は大陸ヨーロッパ全域を覆い、その版図は現在のトルコや北アフリカ、ブリテン島にまで及んでいた（図10-1）。

このローマ支配を可能としたのが、その卓越した軍事力、土木技術、そして輸送技術だった。ケルト人などの他民族を圧倒したローマは、各地に植民都市を築いて支配領域を飛躍的に拡大した。まさに「ローマの平和」のもと、街道を軸とする交通網が整備されたことで、各地の商業流通の発展が促された。しかもローマ支配において特筆すべきことは、この軍事的・経済的な支配以上に、生活・文化・言語・宗教面に及ぶソフト面の影響が大きかったことである。支配地域には、ローマ風の都市、建築、文化が普及した。言語はラテン語が広く用いられ、都市には水道が供給されて豊かな都市生活が実現した。宗教としては、後にキリスト教が帝国内に広まった。

このローマ文化は、強制して押しつけた場合もあるが、征服地のエリート層によって受容され、広められた面もある。ローマの市民権は、新たな支配領域の市民層にも付与されたため、「ローマ市民」

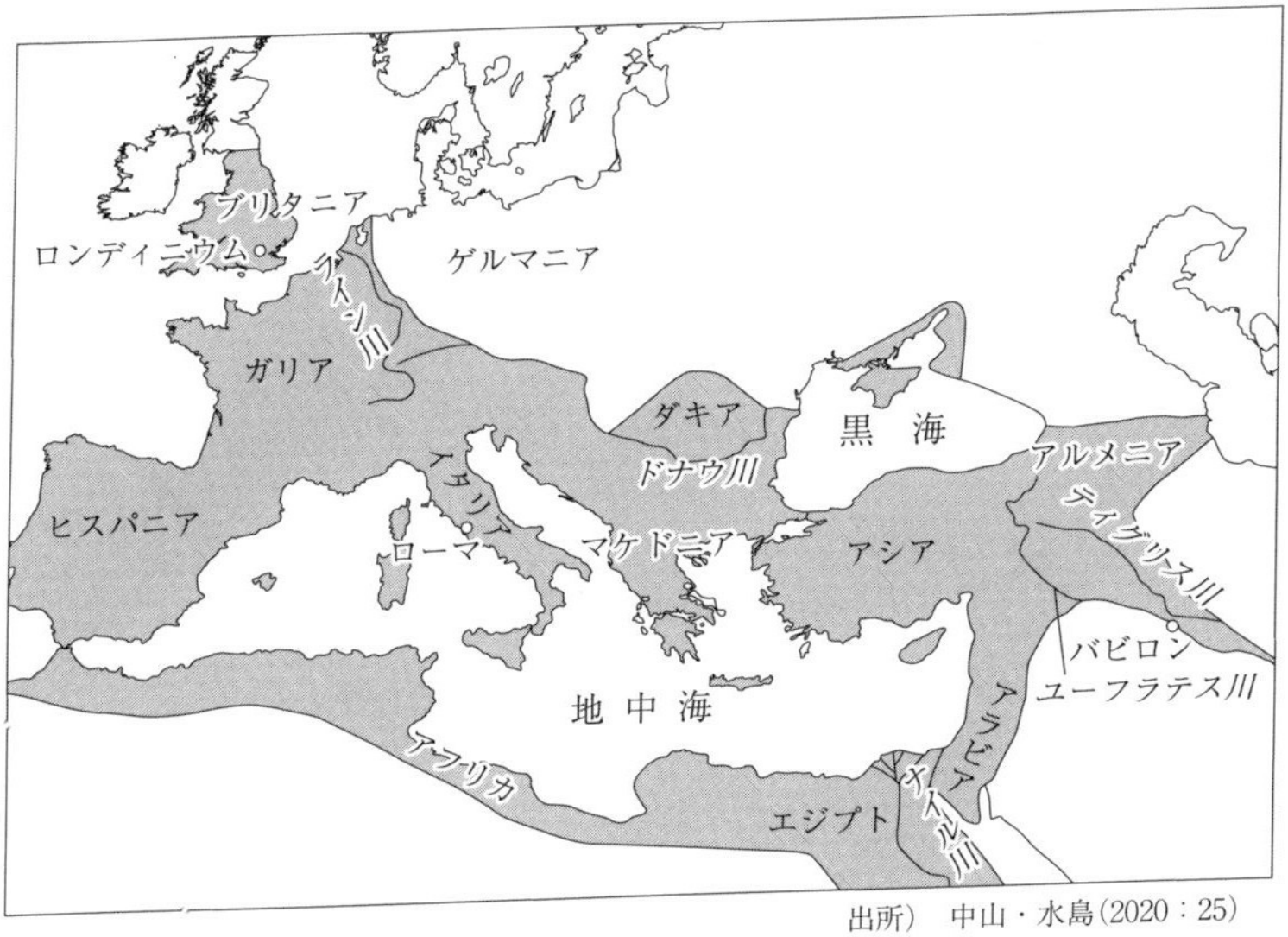

出所）　中山・水島（2020：25）

図 10-1　最盛期のローマ帝国（2 世紀初頭）

は都市ローマの枠を超えた普遍的存在となった。そして帝政が後期になると、各地の出身者が、同じラテン語を話すローマのエリートとして、ローマを代表する知識人となり、皇帝に就任することもしばしば生じている。

他方、現代のイギリスにあたるブリテン島についてみると、ローマの影響力は中途半端なものにとどまった。確かに、かのカエサルもブリテン島に侵攻し（紀元前五五―五四年）、クラウディウス帝の治下、紀元四三年には属州ブリタニアが設置された。またローマ支配下で建設された植民都市のロンディニウムは、後にロンドンに発展している。

しかしローマの支配はブリテン島の南半分にしか及ばず、ローマ支配地域と北方諸民族との間には、東西に長い「ハドリアヌスの長城」などが築かれた。ブリテン島における「ローマ化」は、地域的・階層的にみても、限定的なものだった。同じローマ支配を受けたイベリア半島の出身者から、哲学者のセネカや最盛期の帝国を率いたトラヤヌス帝など有力な「ローマ市民」が輩出したのに対し、ブリテン島出身者の「ローマ」における活躍は、意外なほど少ない。大陸ヨーロッパを軸とするヨーロッパ秩序におけるブリテン島の「周辺性」は、すでにローマの時代から始まっていたといえる。

そして四〇九年、ローマによるブリテン島の支配は静かに終わりを告げる。ローマ支配下のブリテン島の展開を研究した南川高志は、これを「ブリテン島の人々」による、「ローマ皇帝からの統治」からの「離脱」と表現している(南川二〇一五：二三九)。二一世紀の「EU離脱」のはるか一六〇〇年以上前に、ブリテン島の大陸ヨーロッパからの「離脱」の先行事例が存在した、ともいえようか。

さてヨーロッパ全体をみれば、西ローマ帝国の崩壊後も、この「ローマ」の影響は残り続けた。中世以降のヨーロッパではローマ風の都市が各地につくられ、ラテン語が用いられ、一種のミクロコスモスとして、ローマ的な世界を保持していた。各都市では中心に広場が設置され、中心広場から放射状に道が広がる都市構造が再生産された。

しかもローマという都市は、宗教的な「中心」であり続けた。カトリック教会の総本山は、いうまでもなくヴァティカン、すなわちローマである。そもそも使徒パウロ自身がローマ市民であり、彼の伝道旅行によってキリスト教は帝国内に広まった。帝国なきあと、カトリック教会はヨーロッパ内にネットワークを張る最大の組織として、知識や文化の保持・普及の結節点となった。

このように、ローマ支配が政治的に終了した後においても、この「ローマ」は、文化的・社会的宗教的な中心として存在し続けた。ラテン語は中世のヨーロッパの共通言語であり、カトリック教会の公式言語だった。中世に成立した各地の大学でも、ラテン語で研究・教育が進められた。

さらにローマ帝国の再興という夢こそが、中世ヨーロッパの政治エリートの遠い目標とされた。特に「神聖ローマ皇帝」なる称号は、そのローマへの憧憬を典型的に示すものだった。実際には「ドイツ王」に就任した権力者が、その後にローマで戴冠して、「神聖ローマ皇帝」に就くという形をとっていたが、彼らはローマで戴冠されることで、ローマ皇帝を受け継ぐ「神聖ローマ皇帝」となり、自らの正統性を保持しようとしたのである。「ローマ」はその意味で、理念上の「中心」であり、見果てぬ夢の行きつく先でもあった。中世の神聖ローマ帝国が、絶えずローマを擁するイタリアに進出を図り、イタリアで政治的影響力を行使しようとしたのはまさにその結果だった。とはいえその余波として、北イタリア地域はしばしば外国勢力の介入を受け、混乱に見舞われたのだが。

「自立」する近代国家

さて以上みた「ローマ」の中心性、すなわち政治上の理念から言語・文化・社会に至るまでヨーロッパで共有されてきた「ローマ」の優位性は、近代に入り、大きく揺らぐ。その背景にあったのが、いうまでもなく、近代国家の出現である。都市国家から帝国まで、さまざまなレベルの政治体が併存していた中世と異なり、近代のヨーロッパは、主権を有する各国によって領域的に分割され、それぞれの国家は内側に、「首都」たる新たな中心を設立した。すなわち「ローマ」という彼方に「中心」を想定し、憧憬の対象とするのではなく、独立した主体たる主権国家が、自らの内部にミニ「中心」

を設定し、集権化を進めていったのである。

しかもこのローマからの「自立」は、ローマから地理的にも遠い、ヨーロッパの北部（アルプスの北側）において顕著に展開した。宗教改革が成功し、カトリック教会による影響力を断ち切って宗教的な「自立」を果たした国は、ほとんどがヨーロッパの北部に位置している。しかもそのさい、各国の君主や領主は領内の修道院の没収を進め、政治的・経済的にも、ローマからの自立を実現していった。

この「自立」を果たした北方諸国の典型例が、イギリスである。イングランドでは一五三四年、ローマ教皇と衝突したヘンリー八世のもとで国家主導の宗教改革が実施され、国を挙げてローマ・カトリック教会からの自立を実現し、国教会を設立した。またオランダでも、独立戦争を経て成立した共和国は、プロテスタントが公的教会の座を占め、カトリック教会の影響を排除した。同様に北欧諸国においても、宗教改革と国教会制度の導入が相次いでいる。

しかもイギリスやオランダをはじめ北部ヨーロッパ諸国の「自立」が可能となった背景には、いわゆる地理上の「発見」、新大陸との交易の開始による、ヨーロッパ世界の大いなる転換があった。もともと中世のヨーロッパでは、貿易の舞台は地中海貿易であり、地中海に面したヴェネツィアはじめイタリア諸都市が、繁栄を謳歌していた。しかし大西洋世界へと経済の重点が移動し、地中海世界がこれに後れをとると、イギリスやオランダをはじめとする大西洋に面した国々が、ヨーロッパの覇権を狙う主役となっていったのである。北部ヨーロッパの「周辺」諸国は、経済的にも宗教的にも、南ヨーロッパに置かれた「中心」に従属を続ける理由がなくなったといえよう。

なおこの各国の「自立」のさい、同時並行的に生じたのが、言語の自立である。ラテン語が公用語とされ、各国の俗語が一種の方言とみられていた中世と異なり、近代国家では、宗教改革と連動しつつ、各国で用いられていた俗語を、ラテン語に代わる国語として用いるようになる。しかもその国語の普及を可能としたのが、印刷革命だった。一六世紀のルターのドイツ語訳による聖書は、印刷されて広く行き渡り、以後のドイツ語の発展に大きな役目を果たした。また一七世紀初頭にイングランドで刊行された欽定訳聖書は、二〇世紀に至るまで、英語の発展に大きな影響を与えている。

こうして政治・宗教・文化などあらゆる面で「ローマ」からの自立を果たしていったヨーロッパの近代国家は、一九世紀以降、その内部に住む住民たちを「国民」として積極的に包摂し、ここに「国民国家」が成立する。そして第一次世界大戦後、ハプスブルク君主国などの「帝国」が解体し、東ヨーロッパにも国民国家が次々成立したことで、ヨーロッパの国民国家はその最盛期を迎えたのである。

イギリスにおける「ローマ」認識

それでは、近代のイギリスは「ローマ」とどう関わり、どう認識してきたのか。ここまでの叙述から容易に想像できるように、近代のイギリスでは、基本的にローマは否定的な表象の対象だった(南川二〇一五)。ローマは専制の象徴、カトリシズムの牙城と同一視された。かの歴史家ギボンの手による『ローマ帝国衰亡史』(一七七六—一七八八)は、ローマの繁栄を華やかに描いた歴史書ではなく、ローマ帝国の独裁と衰亡を描いたものである。また、ローマ帝国の支配に果敢に抵抗した女性指導者、ボウディッカによる「ボウディッカの乱」がしばしば称揚され、イギリス人のナショナリズムをかきたてた。

ただ、一九世紀後半以降のイギリスで、ローマに対する再評価が進んだことも事実である。当時の大英帝国が、世界に覇を唱える巨大な海洋帝国を築くなか、かつての「軍事帝国」としてのローマに光が当てられ、その「帝国性」が高く評価されたこともあった。また文化的にも、古代ブリテン島に広まったローマ文明に注目し、「ローマン・ブリテン」を憧憬を持って振り返る言説も主流化した。たとえば、イギリスを代表する児童文学者のローズマリー・サトクリフ(一九二〇―一九九二)の作品は多数日本語にも訳され、愛読者も多いが、古代ブリテン島を舞台とした、『第九軍団のワシ』、『ともしびをかかげて』をはじめとする多くの作品に共通するのは、ローマン・ブリテンに対する飽くなき憧れである。『ともしびをかかげて』における「ともしび」とは、まさにローマ文明がブリテン島を照らす光のごとき存在だったことを暗示する言葉といえる(サトクリフ二〇〇八)。

近代のイギリスは、宗教改革を最大の転換点とし、「中心」たる「ローマ」の持つ政治・宗教・言語など多面的な影響力を排除し、大陸ヨーロッパ諸国に対抗して近代国家としての自立を果たしてきた。他方で、ブリテン島に文明をもたらした「光」としての「ローマ」への憧れも、消えることはなかった。このアンビヴァレントな「ローマへの視線」はまた、大陸ヨーロッパをめぐるイギリスの微妙な立ち位置を示すものであった。

二 ヨーロッパ統合とイギリス

統合の背景

次に第二次世界大戦後に話を進め、ヨーロッパ統合の進展、そしてヨーロッパとイギリスとの関係についてみてみよう。戦後のヨーロッパにおける最大の変化は、各国が地域統合を進めて超国家機関の設立を実現し、そこに主権の一部を委譲していったことである。現在のEUの直接の起点は、一九五七年のローマ条約である。フランス、西ドイツ、イタリア、ベネルクス三国の合計六カ国がローマ条約に参加し、ヨーロッパ経済共同体(European Economic Community, EEC)の設立をうたい上げた。このEECが、現在のEUにつながる超国家機関となった。それでは、近現代のヨーロッパを特徴づけてきた主権国家、そして民族自決を旨とする国民国家が、なぜ自らその自立性を放棄し、統合を進める決断をしたのか。

ヨーロッパ統合が可能となった背景としては、以下の三点が挙げられる(遠藤二〇〇八などを参照)。

第一は、ヨーロッパ再生の必要性である。戦後のヨーロッパは、敗戦国も戦勝国も含め、いずれも経済的・社会的にも甚大な被害を受けていた。この荒廃したヨーロッパの没落を防ぎ、アメリカに対抗できるヨーロッパを復活させるためには、従来の国民国家単位の個別の対応では困難であり、何らかの形での統合・協力が必要であるということが、各国の指導者層に共有されていた。

第二は、アメリカによる積極的関与である。ヨーロッパの復興に必要な資金を潤沢に供給することを約束したマーシャル・プランは、ヨーロッパ各国が協調して復興計画を定めることをその条件として課していた。その結果、ヨーロッパ側も援助の受け皿としてヨーロッパ経済協力機構を設立し、各国間の協調をベースに復興計画を進めていくこととなり、後のヨーロッパ統合につながる枠組みを手にすることとなった。このようにヨーロッパは、アメリカからの強力な関与の結果として、ヨーロッパ内部の「関係性」を強化させ、統合への道筋をつけていったのである。

第三は、ドイツ問題の解決の必要性である。そもそもドイツは二度にわたり世界大戦を引き起こし、ヨーロッパ全土に惨禍をもたらした国であるため、このドイツが再びかつてと同じままに経済大国・軍事強国として復活することは、決して認められないとの認識で各国は一致していた。特に隣国として二度にわたり国土を蹂躙されたフランスにおいて、ドイツ復活への強い懸念は幅広く共有されていた。この懸念に基づき、戦後当初、ドイツの工業生産と軍事力に厳しい制約を課し、その大国化を阻止するということがヨーロッパの周辺国における共通了解とされていた。

しかし、冷戦の進展が状況を変えた。一九四八年にはチェコスロバキアで政変が起き、ドイツでは東西の分断が進んだ。東西対立が深刻化し、西側世界では、ソ連・東欧諸国による共産主義の脅威が強く意識された。その結果、最前線に位置するドイツが、東側の脅威に対抗するために経済的、軍事的に十分な力を備えることが重要である、という認識が広がっていく。

このことは、西欧諸国に重大なディレンマをもたらした。ドイツが順調に経済復興を進め、軍事大国化して再びヨーロッパの盟主になることがあれば、東側に対する防波堤としては十分に機能を果たすだろうが、今度はその強国化したドイツの刃が、フランスなど西側に向いてしまう恐れもあるからである。ドイツがある程度復興して力を蓄えることは必要だが、単独で強国化するならば、他の西欧諸国にとっての脅威となってしまう。解決困難な問題が浮上したのである。

地域統合という「解決」

この問題に対し、ヨーロッパが与えた新たな解決が、「地域統合」だった。一種のイノベーションといってよい。フランスの外務大臣のロベール・シューマンが一九五〇年に発表したシューマン・プランがそれである。このシューマン・プランは、フランスとドイツの石炭・鉄鋼の生産を共通の高等機関の管理下に置くことを骨子とした提案である。そこで共同管理の対象として念頭に置かれていたのは、ドイツのルール地方における石炭・鉄鋼の生産だった。石炭の埋蔵量が豊富なこの地方が、ドイツ経済の発展に持つポテンシャルは極めて大きかったことから、ドイツがこの地域の石炭・鉄鋼業を再び発展させることがあれば、それは容易にドイツの単独の強国化を招くだろうと思われていた。とはいえ、ドイツに厳しい制約を課し、石炭・鉄鋼生産を低水準にとどめるならば、今度は東側に対する防波堤としてのドイツの発展は見込めない。

そこでシューマン・プランは、ドイツとフランスの両国が共に関わる形で石炭・鉄鋼の生産を管理下に置くことを提案し、ドイツ単独の強国化を防ぎつつ、同時にドイツ経済の復興を認める方向を提示したのである。これにより、前述のディレンマは解消した。シューマン・プランには、ドイツのヨーロッパ復帰を重視する西ドイツ初代首相・アデナウアーも賛意を示す。そして一九五二年、フランス・西ドイツ・イタリア・ベネルクス三国からなるヨーロッパ石炭鉄鋼共同体が成立した。そして同じ六カ国が一九五七年にローマ条約を締結し、ヨーロッパ経済共同体を設立する。ヨーロッパ市場統合の本格的な開始である。西ドイツの復興・経済発展も順調に進む。結果的には、ドイツ問題のディレンマを解決するための妙案として編み出されたシューマン・プランは、その後のヨーロッパ統合の基本線を敷く、極めて重要な提案となったといえよう。

地域統合を進めるうえで鍵となったのは、各国指導者の間に一定の価値観が共有されていたことである。この時期のヨーロッパ各国の政権担当者や外交政策に関わった人物の多くは、キリスト教民主主義・カトリック系の背景を持っていた。第二次世界大戦後、旧来の保守勢力がファシズム協力の責任を問われて権威が失墜するなか、一部がレジスタンスに関わるなどして戦後の政治空間の正統なアクターとして再登場したキリスト教民主主義勢力が、ヨーロッパ各国で最大の保守勢力として政権を握ることとなった。その典型が西ドイツのキリスト教民主同盟・社会同盟や、イタリアのキリスト教民主党である。しかも各国のキリスト教民主主義系勢力は戦後直後から相互に連絡を開始し、国境を越えたネットワークを築いていた(Kaiser 2007：特に第五章以降)。この地域レベルで展開する、各国の個別利害を超えたネットワークが、戦後ヨーロッパの直面した難問の解決に貢献したといえよう。

なお以上のヨーロッパ統合の進展については、一見するとドイツとフランスの関係が決定的な役割を果たしており、独仏が先導した「大国主導」型の統合だったように思える。しかし、それだけではない。ベネルクス三国、すなわち小国グループの果たした役割も大きかった。しかもベネルクス三国の場合、独仏間における安全保障上の配慮というよりは、ヨーロッパにおける自由貿易圏を築くという経済的な思惑が先に立ち、それがヨーロッパ統合へと流れ込んでいったことが指摘できる。

そもそもベネルクス三国は、早くも一九四〇年代の後半、ベネルクス関税協定によりベネルクス内に共同市場を実現しており、ミニ地域統合を開始していた。相互の関税の撤廃(あるいは引下げ)を行い、域外に対して共通関税を設定していく形で共同市場を設立したが、これによって三国間の貿易額は顕著に増加し、早期の戦後復興に貢献した(Van Zanden 1996)。

そこでベネルクス三国は、この「成功体験」をヨーロッパレベルに適用させることを目論み、共市場の設立を各国に提案する。もともと小国であるベネルクス三国は国内市場が狭く、経済が輸出に大きく依存していたことから、人口の多いドイツ・フランスの国内市場を輸出先として確保することが、死活的な意味を持っていた。そこでベネルクス三国は、市場統合を優先するベネルクスモデルを、ヨーロッパ石炭鉄鋼共同体を構成する六カ国で実現することを公式に提案したのである。

当初、ドイツやフランス、イタリアにおいては、安全保障についての関心が強く、一九五〇年代前半には、軍事面でのヨーロッパ統合プランが注目されていた。しかし、軍事面の統合には各国の思惑が複雑に絡み、容易に進まなかった。そしてヨーロッパ防衛共同体の設立に失敗すると、各国の関心は軍事面のハイ・ポリティクスから、合意のとりやすい経済面のロー・ポリティクスに向かっていく。そこでベネルクス提案が注目され、六カ国の合意が成立し、ローマ条約に結びついたのである。このようにヨーロッパ統合の進展は、安全保障を重視した大国の思惑と、巨大な共同市場の設立を狙う小国の意図が絡み合って実現したといえよう。そしてその後、ＥＥＣからＥＣ、ＥＵへと続くヨーロッパ統合は、加盟国を増やし、政策領域を拡大しながら展開した。その結果ヨーロッパは、国際的にみても最先端の地域統合モデルの場となったのである。

ヨーロッパ統合とイギリス――ブレグジットという試練

しかしこのヨーロッパ統合の順調な展開のなかで、イギリスの位置づけはまたしても微妙なものであった。いうまでもなくイギリスは　大陸ヨーロッパのＥＥＣを結成した六カ国と海を隔てた場所に位置し、他の加盟国と距離がある。そして何より、イギリスには「ヨーロッパ」と異なる世界があった。それを象徴するのが、一九四八年にウィンストン・チャーチルが語った「イギリス外交における三つの輪」である。すなわちイギリスには、①英連邦と帝国、②アメリカ、③ヨーロッパの三つの輪がある、というのである。この言葉が象徴的に示すように、イギリスはヨーロッパの国であると同時に、ヨーロッパ外の世界に属する国でもあった。また、前述のように、ヨーロッパ統合の初期には各国のカトリック系ネットワークが重要な役割を果たしていたが、これに対しプロテスタントの強いイギリスでは、違和感が強かったこともあった。

とはいえイギリスも、結局はEECに加盟する。イギリスはEECに対抗して欧州自由貿易連合(European Free Trade Association, EFTA)を一九六〇年に結成したものの、積極的な成果をあげることができなかった。そしてEECが高い経済成長を実現するなか、イギリスもEEC加盟申請へと舵を切る。ただ加盟申請は当初、フランス大統領ドゴールの拒否に遭い、ようやく加盟が実現したのは一九七二年のことだった。

しかしヨーロッパ統合が市場統合にとどまらず、政治や通貨を含む統合の深化に進んでいくと、イギリス側には違和感が募っていく。一九九三年にはマーストリヒト条約が発効し、統合は新たな段階を迎える。しかしイギリスは「国家主権の維持」にこだわりをみせ、シェンゲン協定や通貨統合など、大陸ヨーロッパ諸国の進めるさらなる統合の仕組みに不参加を選択した。またマーガレット・サッチャー首相はイギリスにおける反EC感情を喚起し、そこにタブロイド紙も飛びついた(Charmley 2008: 217-218)。そして保守党内のヨーロッパ懐疑派をはじめとして、統合に批判的な意識が高まっていしかも二一世紀に入ると、ＥＵ離脱を前面に掲げるイギリス独立党(United Kingdom Independence Party, UKIP)が台頭する。農村部や北部イングランド旧工業地帯など、グローバル都市ロンドンの繁栄とは距離のある地域を基盤に、反ＥＵ・反移民を訴えるＵＫＩＰが支持を伸ばしたのである(Ford and Goodwin 2014)。ＵＫＩＰと右派系有権者の支持を奪い合う関係にある保守党には、動揺が走る。二〇一〇年代、ＥＵ問題をめぐって保守党は内部分裂状態に陥り、膠着状態を打開しようとしたキャメロン政権のもと、二〇一六年六月、ＥＵ離脱の是非を問う国民投票が実施された。そして離脱賛成票が五一・九％に達し、離脱派が勝利する、驚きの結果となったのである。

なお、この国民投票で顕著にみられたのが、国内の地理的な分断である。イギリス史研究者の長谷川貴彦は、「ロンドンの発展と地方の衰退という地理的コントラストが進展してきた」ことを指摘している(長谷川二〇一七：一八八)。

大陸ヨーロッパにおける中心国——ドイツの「一人勝ち」

ところで、イギリスがＥＵへの違和感を強めるなか、大陸ＥＵ諸国のなかで圧倒的な存在感を持ち、しかもその影響力を周辺諸国、とりわけ中東欧に拡大している国がある。このＥＵ統合におけるいわば「勝ち組」、新たなヨーロッパの「中心」というべき存在が、ドイツである。

そもそも二一世紀初頭、西欧諸国における反ＥＵ感情が高まった一因として、ＥＵの中東欧への拡大が進んだ結果、中東欧からの移民が自国に自由に流入し、それが自国民の雇用を圧迫しているとの認識が広まったことが挙げられる。特にイギリスでは、ＥＵに新規加盟したルーマニアやブルガリア

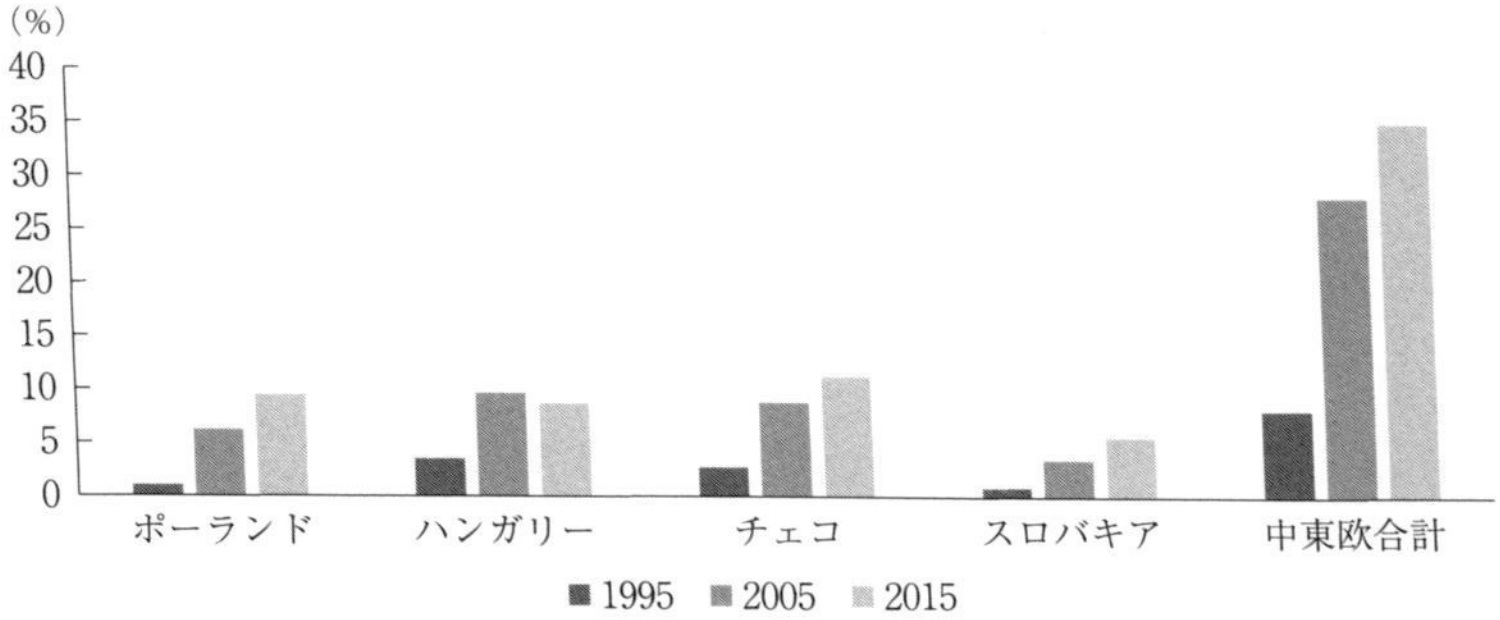

図 10-2　ドイツの自動車部品輸入に占める中東欧諸国の割合

などから移民が多数流入したことが槍玉に挙げられ、EU離脱派の論拠として用いられた。

しかし、そのような西欧各国における認識とドイツの状況とが、やや異なっていることに注意しなければならない。端的にいえば、中東欧へのEU拡大は、ドイツに大きな経済的利益をもたらしているからである。たとえばドイツの自動車部品輸入に占める中東欧諸国の割合は、図10-2から明らかなように、中東欧諸国のEU加盟によって激増した(内閣府二〇一七)。ドイツはポーランドやチェコと国境を接しており、これら中東欧諸国に直接投資を行って自動車の部品生産を進めたうえで、その部品を輸入している。そしてドイツ国内では、その輸入部品を用い、高品質・高位モデルの自動車を生産し、ドイツ・ブランドの自動車として輸出している。労働集約的な生産工程を中東欧へ移転しつつ、国内の生産過程で高い付加価値を実現することに成功しているのである。EU拡大のもと、中東欧諸国をサプライチェーンに取り込んでEU大の分業体制を確立することで、ドイツの輸送機器業は発展を続け、国内の雇用はむしろ増加している。ヨーロッパ統合のメリットを積極的に享受することで、ドイツはむしろ、自国の製造業の発展に成功しているといえる。

ブレグジット後のイギリス――「孤立」と「グローバル化」の間で

それでは、イギリスはブレグジット後、ヨーロッパを離れて孤立の道を歩むのだろうか。確かにイギリスはEU離脱により、大陸ヨーロッパにおける足掛かりを失う。EU市場へのアクセスの可否は今後の交渉次第であるものの、外交・司法など多分野において、イギリスはEUと進路を異にしていく。まさにイギリスはヨーロッパ世界のなかで、さらなる「周辺」に追いやられ、孤立の度を強めるようにみえる。

しかし、現実はより多面的である。なぜならイギリスは、アメリカとの紐帯を別にしても、大英帝国に由来するコモンウェルス諸国からなるネットワークを持ち続け、東南アジア、オセアニア、アフリカ、北米など世界諸地域との特別なつながりを保持しているからである。かつてチャーチルがイギリス外交における「三つの輪」を語ったように、イギリスはヨーロッパの外に、独自の論理からなる世界を持つ。しかもこのコモンウェルスとイギリスの紐帯は、単に文化的・象徴的なものにとどまらない。興味深いのは、グローバル化の進む二一世紀において、イギリスとコモンウェルス諸国とのつながりが、社会経済的に新たな意味を持ってきたという事実である。

たとえば福祉国家研究者の日野原由未は、現代のイギリス福祉国家における、コモンウェルス諸国出身の移民たちの果たす役割に注目する(日野原二〇一九)。近年、福祉国家の機能において、現金給付による所得移転から、サービス給付・ケア提供などの対人サービスに力点が移動していることはつとに指摘されているが、実はイギリスにおいては、医師や看護師などをはじめとする医療ケア従事者において、コモンウェルス出身者の占める比率が高く、イギリス福祉国家の重要な一翼を担っている。イギリスの公的医療保険であるNHS（国民保健サービス）で就業する医師のうち、すでに三七％が外国出身者で占められているが、その上位五カ国はインド（一〇％）、パキスタン（四％）、南アフリカ（二％）、ナイジェリア（二％）、アイルランド（二％）となっており、いずれもコモンウェルス（あるいはかつてイギリスに支配を受けた英語圏諸国）である（日野原二〇一九：二〇一―二二九）。大陸EU出身者については、ドイツが七位（一％）でようやく姿を現すものの、その数は六位のエジプト（一％）にも及ばない。高度医療人材の供給という点でみれば、イギリスは大陸EUではなく、コモンウェルス・英語圏諸国に圧倒的に依存している。そしてその背景にあるのが、言語および教育制度の共通性である。たとえばインドでは、英語でイギリス由来の医学教育が実施されており、その教育を受けて資格を取得する医師がイギリスに移住し、就業することのハードルは明らかに低い。

そもそも二一世紀に入りイギリスでは、医療福祉分野に限らず高度技能を持つ移民の流入を促す制度が導入されているが、そこでもコモンウェルス出身者が優勢である。高度技能移民の四分の一をインド出身者が占めており、パキスタン、ナイジェリアなどを含めると、やはりコモンウェルス出身者が多数となっている（日野原二〇一九：七六―七七）。高度人材の育成・獲得が重要性を増すグローバル経済のなかで、イギリスがコモンウェルスという、大陸EU諸国とは全く異なる人材供給ルートを保持し、活用していることは明らかである。そしてこのイギリスを中心とする独自の国際的な人材ネットワークは、EUと独立の論理で機能している。

こうしてみると、EUから離脱し、今や名実ともにヨーロッパの「周辺」に決定的に追いやられたようにみえるイギリスは、しかし同時にコモンウェルスのネットワークの「中心」に依然として君臨し、しかも人材獲得競争が厳しさを増すグローバル経済の展開のなかで、そのネットワークに新たな血液を吹き込み、動かしているともいえる。そしてこのコモンウェルスの文化的紐帯を象徴してきたのが、コモンウェルスの首長たるエリザベス女王である（君塚二〇二〇）。さらにイギリスの場合、英語というグローバル時代のリンガ・フランカ（共通語）の元祖の国であること、グローバルな金融市場の中心の一つであるロンドンを擁することなどもあり、独自の「強み」を持ち続けている。そうだとすれば、「周辺」であると同時に「中心」でもあるイギリスの立ち位置は、今後のヨーロッパと世界の秩序形成のあり方を考えるうえで、重要な鍵となるのではないだろうか。

なお、二〇二〇年に各国を襲った新型コロナウィルスは、グローバル化が進み、国際的な人の移動の顕著な国や都市で感染の広がりをみせた。イギリスでも、国内で早期に新型コロナウィルスの大規模な感染が広まったのはロンドンだった。そもそも歴史を二世紀ほどさかのぼると、一九世紀初頭に各国で猛威を振るったコレラの流行は、当時の大英帝国の存在を抜きにして考えることはできない。イギリス支配下のインド・ベンガル地方で発生していたコレラは、大英帝国の支配と交易のグローバルなネットワークに乗り、アジア・中東、そしてヨーロッパに広がっていった。「人の移動」は同時に「疫病の拡大」とセットとなり、グローバルに広がっていくといえよう。

おわりに――「ローマ的秩序」から三度目の離脱を経て

本章でみたように、イギリスは、大陸ヨーロッパの中心の「ローマ」から距離のある「周辺」的存在として、その歴史を歩んできた。

そもそも古代ローマによる支配を受けたのはブリテン島の南半分のみであり、ローマ化は中途半端な形で終わった。四〇九年、ブリテン島の人々はローマ帝国からの「離脱」を選択する。そして近代初期の一五三四年には、イングランドは宗教改革によってローマ・カトリック教会の影響力を排除し、宗教的・政治的な自立を果たす。さらに二〇世紀後半、イギリスはローマ条約に始まるヨーロッパ統合に遅れて参加しつつも、共通通貨ユーロは採用せず、二〇二〇年一月三一日、ブレグジットによるEU離脱という決断を下した。

四〇九年、一五三四年、そして二〇二〇年。三度にわたりイギリスは、「ローマ的秩序」からの「離脱」を果たしてきた。ローマという「中心」に惹かれ、そしていったんはローマ的秩序に服しつつも、しかし反発して距離を置くという「周辺」性こそが、イギリスという主体を強く規定してきた。その意味で二〇二〇年のブレグジットは、全く新しい事態のようにみえながら、イギリスの歴史からすれば、すでに三度目となる「離脱」が実現した、といえるだろう。

他方、一九五七年のローマ条約調印から六〇年余りが過ぎた今、ヨーロッパ統合は最大の岐路に立っている。振り返ると、かつてはヨーロッパが地域統合の最先端を走り、東南アジア諸国連合（Association of Southeast Asian Nations, ASEAN）が後追いをしているという印象が一般的だった。そのASEANの「遅れ」の理由としてしばしば挙げられたのが、全会一致を重視し、各国の合意を踏まえて意思決定を行う方式——それゆえに反対国があれば決定が困難となる——、いわゆるASEANウェイである。

しかし今や、後発チームとされてきたASEANは、経済共同体から共同体へと衣替えし、着々と統合の歩みを進めている。他方EUは、ブレグジットに中東欧諸国の離反も加わり、かつてない危機に直面している。EC／EUは市場統合を超えて政治統合を進め、特定多数決制度によって反対国を抑え込む仕組みをつくり、欧州委員会をはじめとする超国家機構のもと、積極的に統合を推進してきたが、結果的には「周辺」諸国の反発を強め、ブレグジットを招く結果となった。統合「先進地域」として先頭を走ってきたヨーロッパ・モデルならではの逆説、といえるかもしれない。

ヨーロッパの歴史のなかで、これまでローマ帝国を超える国家が成立したことはない。そして今もなおヨーロッパには、「中心」たるローマへの憧憬がある。「全ての道はローマに続く」というわけである。ヨーロッパ統合の開始を告げる条約の締結地としてふさわしい場所は、ローマを措いて他になかった。またローマ条約に始まるヨーロッパ統合は、まさにローマ帝国のような超国家的な政治体を再興しようという壮大な試みでもあった。しかしいま、その試みが内側から危機にさらされている。

「ローマは一日にして成らず。」中世フランス語に由来するこの格言は、現代のヨーロッパ世界の抱える困難を考えるうえで、最もふさわしい言葉といえるのではないか。

参考文献

今井貴子(二〇二〇)「遅れてきたポピュリズムの衝撃——政党政治のポピュリズム抑制機能とその瓦解?」、水島治郎編『ポピュリズムという挑戦——岐路に立つ現代デモクラシー』岩波書店

遠藤乾編(二〇〇八)『ヨーロッパ統合史』名古屋大学出版会

君塚直隆・細谷雄一・永野隆行編(二〇一六)『イギリスとアメリカ——世界秩序を築いた四百年』勁草書房

君塚直隆(二〇二〇)『エリザベス女王——史上最長・最強のイギリス君主』中公新書

サトクリフ、ローズマリ(二〇〇八)『ともしびをかかげて』(上・下)、猪熊葉子訳、岩波少年文庫

内閣府(二〇一七)『世界経済の潮流　二〇一七年Ⅰ』内閣府

中山洋平・水島治郎(二〇二〇)『ヨーロッパ政治史』放送大学教育振興会

中山洋平(二〇二〇)「革命と焦土——二〇一七年フランス大統領・下院選挙の衝撃」、水島治郎編『ポピュリズムという挑戦——岐路に立つ現代デモクラシー』岩波書店

長谷川貴彦(二〇一七)『イギリス現代史』岩波新書

日野原由未(二〇一九)『帝国の遺産としてのイギリス福祉国家と移民』ミネルヴァ書房

細谷雄一編(二〇〇九)『イギリスとヨーロッパ——孤立と統合の二百年』勁草書房

南川高志(二〇一五)『海のかなたのローマ帝国　増補新版——古代ローマとブリテン島』岩波書店

南川高志編(二〇一八a)『B.C.二二〇年　帝国と世界史の誕生』山川出版社

南川高志編(二〇一八b)『三七八年　失われた古代帝国の秩序』山川出版社

Charmley, John (2008) *A History of Conservative Politics since 1830*, second edition, Palgrave Macmillan.

Ford, Robert, and Matthew Goodwin (2014) *Revolt on the Right: Explaining Support for the Radical Right in Britain*, Routledge.

Milward, Alan S. (1992) *The European Rescue of the Nation-State*, Routledge.

Kaiser, Wolfram (2007) *Christian Democracy and the Origins of European Union*, Cambridge University Press.

Van Zanden, Jan Luiten (1996) "The Economic Development of the Netherlands and Belgium and the 'Success' of Benelux, 1945-1958," in Jan Luiten van Zanden ed., *The Economic Development of the Netherlands since 1870*, Elgar.

III

関係理論から見た統合と分裂

第11章　ポジティブ公共システム理論と地域統合
——日本内外の関係論的な多層的・多次元的分析——

小林正弥

はじめに——今日の状況と新関係論の必要性

今日の人文社会科学においては、一般的な理論やモデルがなくなっており、それが学問的混迷の一因をなしている。戦後にはアメリカを中心として一九六〇年代に近代化論・発展論が展開し、社会学や政治学におけるシステム理論や経済学における新古典派経済学や開発論は、いわばパラダイムのような標準的理論を形成していた。比較政治学でも、これらの影響を受けて、ガブリエル・アーモンドやルシアン・パイらの政治発展論が提起された。

ところが、これらの包括的一般理論はいずれも一九六〇年代末以来、衰退に向かい、それに代わるパラダイム的な理論は成立していない。比較政治学においても、諸理論が併存する状況になり、個々の研究者がテーマに即して好都合なメソないしミクロな理論を用いるようになった。このような学問的閉塞状況を乗り越えるために、筆者が研究してきた公共哲学や公共研究の展開を踏まえて、関係性を中心にする新理論を提起して地域統合を考察する視点を提示したい。この際、さまざまな水準の主体の関係性を考えるとともに、人間主体内部の心理にも目を向ける。

一九九一年のソ連と東欧の共産圏の崩壊は、市場経済や自由民主主義の全面的勝利をもたらしたように見え、「歴史の終わり」(フランシス・フクヤマ)というような凱歌があがった。資本主義においては、国家の規制を減らして市場経済を最大限に自由に展開させようとするネオ・リベラリズムが台頭した。それは、グローバリズムの波となって、国境を越えて世界を席巻した。

しかしグローバルな市場経済の躍進は、国民国家のシステムを動揺させ、各国内や世界的な貧富の差を増大させている。それは、イスラーム圏における反米主義を助長して、二〇〇一年のアメリカ同時多発テロ(九・一一)へとつながり、アフガニスタンやイラクに対するアメリカの「対テロ」戦争は後のイスラーム国(Islamic State, IS)台頭の遠因ともなった。

他方でアメリカ国内では、ネオ・リベラリズムによる資本主義の暴走が、二〇〇八年のリーマン・ショックを引き起こし、世界的な市場経済の危機を招いた。イラク戦争の失敗・反省とあいまって、これはオバマ政権の誕生につながったが、アメリカ経済の停滞や衰退には歯止めがかからず、二〇一七年にトランプ政権が成立した。

この政権は、「アメリカ第一主義」を唱えて国際協調路線を放棄し、世界の政治経済体制を動揺させた。アメリカの他にも、フランス・イギリスなどの民主主義の母国でも、国内の政治的不満や鬱憤が右派ポピュリズムの台頭を招いて民主主義の危機が指摘され、イギリスはＥＵから離脱した。

こうして、ＥＵのような地域統合や、アメリカに主導された協調的国際秩序は、深刻な危機を迎えている。米中間の経済紛争や、アメリカ・イラン間の緊張激化などのように、文明間の世界的な紛争の増大の危険性が生じている。またアメリカは、米ロ中距離核戦力廃棄条約を二〇一九年に失効させ、温暖化や異常気象などの地球環境問題の昂進に対する国際的対応を困難にしている。

さらに本稿脱稿時(二〇二〇年三月)には、新型コロナ・ウイルスの流行によって、各国やその一部地域が他国からの入国などを大幅に制限して、国際交流自体が困難になっている。このような事態が生じるのは第二次世界大戦後初めてであり、これを契機として経済的後退が進む可能性を考えると大きな危機が到来していると言えよう。

このような諸問題の主因の一つは、思想的には原子論の制覇に求められる。原子論は最小単位の集合としてマクロな現象を考えるが、国内においては個人、国際関係においては国家を最小単位として想定することが多い。全体論に比して、個人や国家の自由を擁護することが原子論の最大の思想的意義である。

その個人や国家に倫理性があれば、自由民主主義や国際協調主義へとつながる。しかし精神性を欠くと原子論は、個人や国家における利己主義を思想的に正当化し、加速させる。国内においては、私欲に基づく市場経済や政治の歯止めなき膨張を可能にし、国際的には自国中心主義による国際的協調関係の崩壊をもたらして、地球環境を悪化させてしまうのである。

よって、今日の問題を乗り越えるためには、非倫理的な原子論を超えて、個人や国家における他の主体との関係を尊重する思想を再生させる必要がある。もっとも、過去の全体論の失敗を繰り返してはならないから、その弱点を直視しつつ、原子論と全体論との相克を乗り越えるような新しい思想的地平を切り拓く必要がある。

そのためには、個人や国家の主体的な自由と、他の主体や全体との関係という双方の要素を顧慮することが必要である。原子論と全体論の双方をいわば弁証法的（対理法的）に統合するための鍵は主体間の関係性の重視にあるので、本章ではそれを新しい関係論ないし「新関係論」と呼ぶことにしよう。

一　ポジティブ公共システム論における多水準・次元・領域の理論枠組み

規範的な政治哲学ないし公共哲学においてこのような方向を追究しているのが、リベラル・コミュニタリアニズムである。

他の多くの政治哲学（功利主義、リバタリアニズム、リベラリズム）が個人を起点ないし中心として考えているのに対し、それは、個々人とともに、人々が共に考えて生きるという「共」の側面も重視するという点で、コミュナルな要素を尊重する。

コミュニタリアニズムはコミュナルな側面も重視するから、全体論的な性格を持っている。個人の自由や人権を尊重しつつ、他者への責任や人格的美徳を重視するという点で、近代的な自由主義を基礎にしているから、「リベラル・コミュニタリアニズム」という表現を用いることもある。

よって、原子論と全体論の双方を尊重して双方の長所を活かしつつ短所を補うという点で、対極を止揚・統合しようとしていることになる。今日のコミュニタリアニズムは、個々人の近代的自由を前提とした上で、人々が「共に」生きるという点を尊重する点に眼目がある。「共」というコミュナルな側面は良き関係性を表現している。

これは、自由と共同、リベラルとコミュナルとの（対理法的）統合を目指すということである。そのためには、人間相互の関係が重要だから、公共性の理念は関係論的であり、リベラル・コミュニタリアニズムの公共哲学は新関係論的なのである。

この公共哲学を基礎にして、人文社会科学において関係論的な経験的理論を提起することができる。筆者は、経験的科学として勃興しているポジティブ心理学が美徳や善き人生などを科学的に研究していることに注目し、リベラル・コミュニタリアニズムとの統合を図っている。

リンジー・オーズらメルボルン大学ポジティブ心理学センターの研究グループは二〇一九年に、V・ベルタランフィ以来の一般システム論と接合させて、いわば「システム論的ポジティブ心理学」を新しく提起した（Kern et al. 2019）。

この試みを発展させ、筆者は、タルコット・パーソンズの社会システム論を基礎にして「ポジティブ公共システム論」を提案した（小林二〇二〇）。コミュニタリアニズムの側から言えば、これは、その公共哲学を人文社会科学の理論として展開したものである。

図11-1で要約的に示したように、中心には人間という身心のシステムが存在し、個人の人生ウェルビーイングの増進がそのポジティブな方向である。ポジティブ心理学は、美徳や人格的強みが活かされると、ウェルビーイング（量的・質的な幸福や繁栄）が高まる傾向が大きいということを明らかにした。

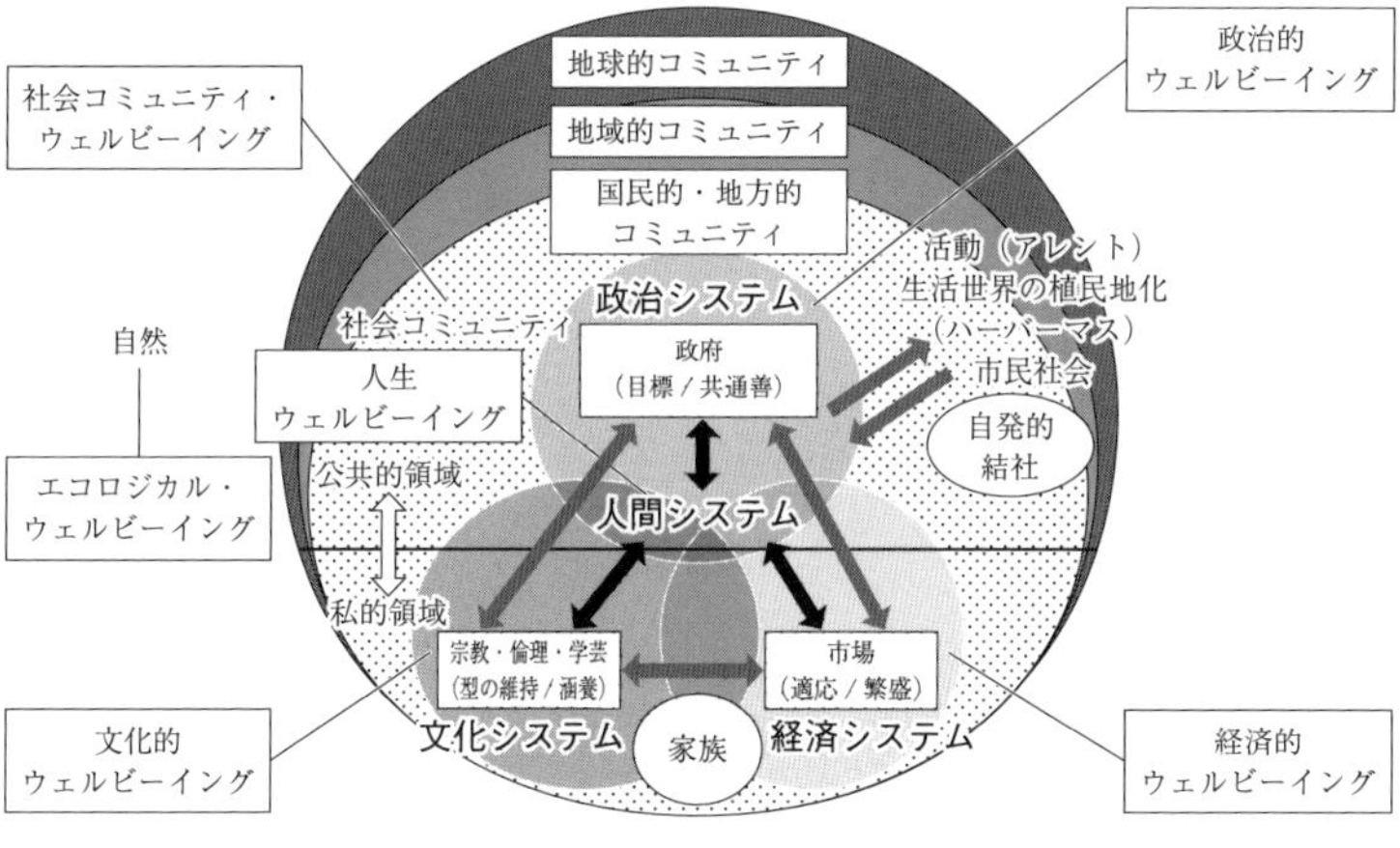

出所）　筆者作成

図 11-1　ポジティブ公共システム論の 4 層と 3 領域

その社会の基礎に今日では一般的には「社会コミュニティ」が存在する。この概念は、コミュニティと社会（・アソシエーション）という対立図式における双方の要素が存在することを表している。社会コミュニティにおいても、「社会的ウェルビーイング」（C・キーズ）ないしコミュニティ・ウェルビーイング（I・プリレルテンスキー）、つまり「社会コミュニティ・ウェルビーイング」を考えることができる。

時間的には過去・現在・未来という三時制でその変化を把握する。空間的には地方的（ローカル）・国民的（ナショナル）・地域的（リージョナル）・地球的（グローバル）・自然（エコロジー）というように多水準で多層的に社会コミュニティが存在している（図11-1では国民的・地方的と地域的、地球的というように三層に縮約して示している）。

人間は他の人間との関係について、縦・横・高さという物理的な三次元に類比して把握する先天的な感性があるので、垂直的・水平的・超越的という三次元で人間関係を把握しやすい。これらは、それぞれ有能・強力、平等、崇高・精神性という理念に対応している。それらが政治（政府など）・経済（市場など）・文化（宗教・倫理・学芸など）という三領域への分化と、政治・経済・文化という下位システムを生み出す。それぞれは、パーソンズの社会システム論でいうG（目標達成）・A（適応）・L（潜在的型の維持と緊張管理）の機能に対応し、コミュニタリアニズムの観点からすれば、共通善・繁盛・涵養という理念や目的に相当する。

そして、人間システムにおける幸不幸の心理的状況はウェルビーイングで表現することができる。一般的には個々人の人生ウェルビーイングを計測するが、それぞれの下位システムに即して政治的ウェルビーイング、経済的ウェルビーイング、文化的ウェルビーイングを考えることができるし、自然との関係についてはエコロジカル・ウェルビーイングが存在する。

これは、人間システムや多層的な社会コミュニティにおける「主体内部の関係性」や、多層的・多元的なコミュニティや下位システム間の「さまざまなレベル、規模の主体が相互に関係しあう、その関係性の変化と相互連関性(1)」を扱う分析枠組みである。

二　日本周辺の国際関係と内外二重恩顧主義

この分析枠組みに基づいて、戦後から現在に至る日本政治を念頭に置きながら、現在の日本周辺の国際関係を素描してみよう。

時間的には、過去については第二次世界大戦とその戦争責任の問題がなお大きい。現在については、政権側が改憲を主張していて、日本国憲法を尊重する主要野党と対立している。将来のビジョンについては、共産主義を理想として堅持する共産党などを除けば、野党側は全体的に弱いという印象がある。

地球全体のコミュニティの中で、東アジアの空間が存在する。日本は中国や韓国とともにその主要な構成主体だが、同時にアメリカとの間に緊密な関係を持っている。

今日の国際システムでは、形式的には主権国家の関係は対等であり、水平的である。国内のシステムが原子論的な政治経済システムになったのと平行して、この水平的主権国家システムはやはり原子論的で、その最小の単位は国民国家である。

国民国家とは、ナショナルなコミュニティである国民と、制度としての国家機構とが結びついて成立している。この国民は図11-1における社会コミュニティに相当し、国家機構は政治システムの一部である。戦前の日本では、単一で同質的な民族共同体が万世一系の天皇制のもとで成立しているとされていた。しかし、アイヌや琉球民族、在日朝鮮人をはじめとして複数のエスニシティが日本においても、もともと存在している。さらに経済発展や都市化に伴って、価値観・世界観などの文化の多様化が本土においても進行している。よって、日本国民も同質的なコミュニティではなく、異質性を含んだ社会コミュニティとみなされる。

さて、原子論的システムでは主体間の緊張関係が生まれうるので、その対策や共存の方策が大きな課題となる。思想的には、国家間の紛争をなくすために、国家が部分的ないし全面的に主権を委譲して、世界国家ないし世界連邦を形成するという理想があり、第一次世界大戦後より世界連邦運動が始まった。これは、政治的な地球的統合に相当するが、現実にはまだ遠大な理想にとどまっている。

国連総会は民主的で水平的な機構だが、安保理常任理事国は戦勝国から構成されているので、そこには垂直的な寡頭制的要素が強い。戦後の日本国憲法は、水平的国際秩序への信頼とそれへの協力を表明したが、アメリカとの間に日米安保条約を結んで段階的に深化させ、日米間の垂直的な国際関係を基軸にするようになった。日米安保は、アメリカに基地を提供する代わりに庇護・防衛をしてもらうという互酬性を中心にしており、垂直的なパトロン－クライアント関係(庇護－随従関係)ないし恩顧主義(クライエンテリズム)を条約として制度化したものである(小林二〇一〇)。

日米のこの関係は、日本国内のパトロン－クライアント関係によって支えられている。パトロン－クライアント関係は、垂直的な上下関係の間の互酬性(垂直的限定交換)によって説明できる。これは、民主主義の理念に基づく水平的な議論や政治(意見に基づく支持など)とは原理として背反しているし、超越的な理念も欠いている。日米の恩顧主義は、このような日本国内の恩顧主義的政治構造に支えられており、まとめて見れば内外の二重恩顧主義体制だったと言うことができる。

これに対して、二〇〇九年の政権交代によって成立した民主党・鳩山内閣が国内政策では事業仕分けを断行しようとし、外交問題では沖縄の基地問題で県外移設を追求したのは、この政権が功利主義的発想から離れて、内外二重恩顧主義の体制を変革しようとしていたことを示している。鳩山首相個人は、かねてから友愛外交による「東アジア共同体論」を主張しており、日米恩顧主義を部分的に弱めて外交的自律性を強めようとした。

しかし、官僚やアメリカの抵抗にあってこの路線は挫折し、安倍政権に戻って日本政治は国家主義的傾向を強めた。安倍一強体制と言われた長期政権のもとで、官邸を中心にする恩顧主義が繁茂し、外交政策はアメリカとの国際的恩顧主義に回帰した。二〇一五年の安保法制「成立」によって法学的には「クーデター」(石川健治)が行われて平和憲法は形骸化し、競争的権威主義ないし新権威主義への移行が始まった(小林二〇一六)。

戦後のインドネシア・スハルト政権やフィリピン・マルコス政権などの開発独裁やソ連・東欧の共産圏などで見られたように、権威主義体制のもとで恩顧主義や縁者・知己贔屓(ネポティズム)が繁茂することは多い。森友学園・加計学園問題などのように、安倍政権のもとで次々と露見した公私混同問題や新家産官僚制的政策・行動様式は、これを連想させる。五五年体制の恩顧主義と区別して、官邸中心の恩顧主義(縁者・知己贔屓)という点でこれを「新権威主義的恩顧主義(縁者・知己贔屓)」と言うことができよう。これらの事件において露見した官僚の「忖度」による行動様式は、「新家産官僚制的」と説明することができる。ちょうどアジアなどの開発独裁政権がアメリカとの間で恩顧主義的関係を結んでいたように、安倍政権も国内で権威主義的恩顧主義を繁茂させて日米恩顧主義を再強化しようとしていると言えよう。

しかしアメリカで右派ポピュリズムとみなされるトランプ政権が誕生し、国際関係には大きな動揺と混乱が生じた。トランプ政権はアメリカの国益のために中国に経済制裁を加えたので、米中関係は緊張した。

中国には覇権国への志向が表れていると国際的に危惧されており、ASEAN諸国の一部との間には領土紛争が生じている。たとえばベトナムが中国に対して強硬姿勢を取っているのに対して、マレーシアやフィリピンのように時に柔軟姿勢を取る国もあり、一部では中国との間に恩顧主義的関係を形成して自分たちの便益を図ろうという動きや、アメリカから距離を置こうとする動きも現れている。

北朝鮮には核兵器開発の疑惑があり、アメリカとの関係が悪化して、一時は周辺諸国を巻き込む戦争の危険が危惧されたが、二〇一八年の歴史的米朝会談によってひとまずは危機が回避された。文民政権となっている韓国は、戦争の危機を回避するために米朝間を仲介して、この過程で大きな役割を果たした。日本は日米恩顧主義に即してアメリカに追随するのみだったが、韓国に対しては従軍慰安婦問題などで強硬な国家主義的主張を繰り返し、日韓関係は悪化している。

三　東アジアにおける国際的・国内的関係性の動態的分析枠組み

以上を踏まえて、地域統合に関してさまざまなレベル・規模の主体の関係性を分析するために、状況を整理してみよう(図11-2および後掲の表11-1参照)。

(1)三時制の位相:時間的位相としては、第二次世界大戦を中心に過去の戦争責任の捉え方や領土問題が、日本と周辺地域との問題に重要な影響を与えており、日本の政治動向(たとえば与党が目指す改憲と、それに対抗する野党の立憲主義)とも密接不可分に関わっている。これに対して、将来のビジョンは野党においてはさほど明確ではない。民主党・鳩山政権下での東アジア共同体構想は地域統合構想という点で注目に値する。

(2)空間的水準:国際関係の分析では、基本的主体は国民国家であり、アメリカ・日本・中国・北

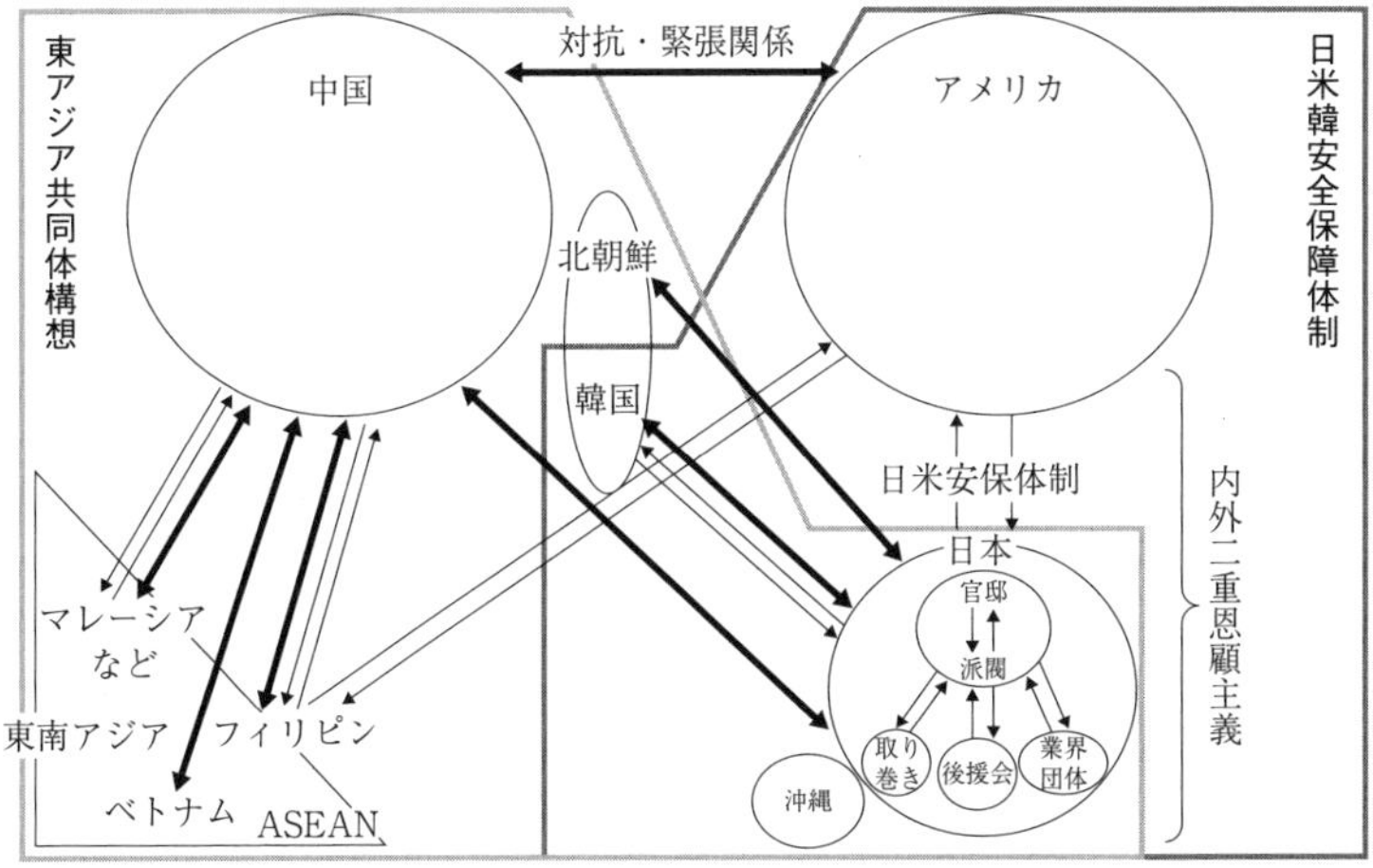

注）⇄は相互依存関係，↔は対抗・緊張関係を表す
出所）筆者作成

図 11-2　日本周辺の国際関係と地域統合構想

朝鮮・韓国などである。原子論的分析ではこれらの主体間の相互関係が分析の中心になる。しかし、前記の枠組みからすれば、国民国家だけではなく、広域では、国連をはじめグローバルな世界コミュニティやその機構、東アジアやアジア・太平洋圏などの地域コミュニティを考える必要があるし、狭域では地方コミュニティや自治体などを視野に入れる必要がある。

　日米安保体制は二国間の恩顧主義だから、国民国家主体の分析の対象であり、アメリカや中国と東アジア・東南アジア諸国との関係も同様である。これに対して、東アジア共同体構想はまさに地域コミュニティの水準にあり、ＡＳＥＡＮも東南アジアのコミュニティやその機構である。

　また経済的にはグローバル・リバタリアニズムに基づく政策や動向がこの地域にも大きな影響を与えている。ＴＰＰは、環太平洋圏におけることの現れである。他方で中国からは広域経済圏構想(一帯一路)が提起されている。

さらに大きな地球的コミュニティという点では日本国憲法における国連中心主義や国際的協調主義が挙げられる。日本国憲法の空洞化とともにその後退は顕著であり、日米恩顧主義によるアメリカ追従が顕著になっている。

他方でそれぞれの国内では地方コミュニティや諸集団の利害が国政にも影響している。日本では、辺野古基地のような沖縄の問題は特に重要である。この基地問題は、鳩山民主党政権が早期に崩壊した主要因でもあった。県の水準では、沖縄県をはじめ野党系の知事が当選したり、知事が政府の方針に批判的な姿勢を示すこともある。

(3)三次元の理念:日本においては歴史的・文化的に垂直軸が強く、戦後の政治でも中央集権主義や官僚支配、お上への随従志向などとして現れている。他方で、本格的な市民革命が行われていないこともあって水平的な要素が弱く、民主主義の脆弱性や市民の政治参加の少なさに現れている。

超越軸に関しては、日本は枢軸時代における(現世と来世というような区別をするという)二分論的分裂が生じなかったという点で非枢軸文明に相当し、今でも国家を超える超越的視座が弱い(小林二〇〇八)。政治との関係では天皇制は超越軸と垂直軸の双方に関わっていてこの二軸の分化が弱いので、この傾向が強く、政治的ナショナリズムを支えている。

(4)三領域:政治領域では上述のように新権威主義化が進んでおり、行政には新家産官僚制化が進み、財界や業界団体、後援会、取り巻き(知己)などと恩顧主義的関係を形成している。

このような体制は他領域にも影響を及ぼしている。高度成長期が終わってから経済は停滞に転じている。第二次安倍政権下ではアベノミクスという標語のもとで、金融超緩和・機動的財政政策・成長戦略という「三本の矢」の政策が打ち出されたが、これらは実際には金融の国家主義的介入・ケインズ主義・リバタリアニズムの混合的(ハイブリッド)政策である。一方ではグローバル・リバタリアニズムの政策を取りつつ、国内では新権威主義的な政治に即した統制政策を取っている。当初掲げた経済的政策目標は達成できず、実質賃金の低下や貧富の差の拡大を招き、経済的失敗が明らかになりつつある。

この統制政策は文化領域に及びつつあり、たとえばマス・メディアに圧力をかけて政府に有利な報道を増やそうとして報道や評論の質的低下が起こっている。よってこの三領域は制度としては分化しているものの、垂直軸の歴史的な強さが現時点では大きく影響を及ぼし、権威主義的政治が市場経済や文化の自律性に対して圧力をかけて統制を図っていると言えよう。

もちろんこの三領域の中にはさまざまな政治的・経済的・文化的主体が存在し、それぞれが国内及び国際的に相互作用を及ぼしている。たとえば政治では、上記のような政府・支援団体・支援者の他に、野党や市民団体、労働組合などが存在する。民主党政権時に比して第二次安倍政権下では小さくなっているものの、今でも一定の抵抗力・牽制力として機能している。

地域統合との関係を考えてみれば(図11-2参照)、戦後は平和憲法の理念に基づく平和主義的路線が取られていたが、自民党政権によって日米同盟が段階的に強化され、安保法「成立」によって平和主義は事実上放棄された。この方向は「日米韓安全保障体制」と言われている。

表11-1　現在の日本をめぐる多水準・3次元・3領域分析

3時制	空間的水準	3次元	3領域
過去：戦争責任	地方的：沖縄	垂直：強	政治：新権威主義化
現在：改憲か立憲主義か	国民的：日本	水平：弱	経済：停滞と自由化・統制
未来：ビジョン弱	地域的：(東)アジア	超越：弱	文化：衰退と自律性の減退
	地球的：国連中心主義		

出所）筆者作成

他方で、「東アジア共同体」は、「ASEAN＋3(日中韓)」を中心にする地域統合構想である。中国は二〇〇〇年代から積極的で二〇一五年以後は「東アジア経済共同体(EAEC)」構想を提起し、一帯一路(シルクロード)構想も推進している。自民党政権はオーストラリアやインドを含む方向を志向しているのに対し、民主党・鳩山政権は東アジア共同体構想を提起した。

そこで、「①平和主義、②日米同盟強化、③東アジア共同体」という三つの路線や構想に集約して簡単に整理してみよう(表11-2参照)。

この三路線は「三時制」の中の「未来」に基本的に相当するが、過去や現在にも対応する。過去については、②が戦争責任論を自虐的として批判し(歴史修正主義)、周辺諸国に高圧的・批判的な態度を取りがちであるのに対し、①や③は戦争責任の自覚と周辺諸国への謝罪などについて真剣である。現在については、②が復古的改憲論、①や③は護憲論や立憲主義の擁護を主張する。

空間的水準に関しては、①が国連中心主義であるのに対し、②は国家主義的、③は東アジアとの協調を重視する。①・③は沖縄の人々の意志を尊重するのに対し、②はそれを軽視し中央の意向を押し

表 11-2　国際関係の 3 路線についての多水準・3 次元・3 領域分析

3 時制	空間的水準	3 次元	3 領域
過去：①・③戦争責任，②歴史修正主義	地方的：①・③沖縄尊重，②沖縄軽視	垂直：②	政治：②新権威主義化，①・③民主主義の回復と擁護
現在：①護憲・立憲主義，②復古的改憲，③立憲主義	国民的：②国家主義	水平：①・③	経済：②政治的介入，①・③自律性の回復
未来：①平和主義，②日米同盟，③東アジア共同体	地域的：③東アジア協調	超越：(③)	文化：②政治的介入，①・③自律性の回復
	地球的：①国連中心主義		

出所）　筆者作成

つけようとする。

三次元に関しては、①や③は水平的な民主主義を重視するのに対し、②は垂直的な国家主義や権威主義に傾いている。超越的な要素はあまり関係しないが、鳩山政権が「友愛」も掲げていたことを考えれば、③がやや超越的な軸と親和的である。

三領域に関しては、政治領域について、②が前述のように新権威主義的になりつつあるのに対し、①・③は民主主義の回復と擁護を主張する。経済・文化領域については、②が政治的圧力を加えているのに対し、①と③は自律性の回復を主張すると思われる。

そして上述のように与党支持の諸団体は②を、野党支持の団体などは①や③を推進するように働きかけているわけである。

地域統合に関しては、③が東アジアの地域統合を志向していたのに対し、①は究極的には地球全体の政治的統合につながる方向性であり、②は国民国家と（日米恩顧主義という）垂直的互酬関係を強調して、地球的統合にも東アジアの地域統合にも消極的だと言えよう。このような地域統合をめぐる姿勢の相違は、もちろん多層的なコミュニティにおける力点の違いと関連するとともに、上記のように、三時制や三次元・領域における相違と連動している。

たとえば時制との関連では、戦争責任をめぐる内外の論議や国際的展開は国際関係に影響を与える。従軍慰安婦をめぐる国内の否定論が強まれば②の路線を促進する。現に日韓関係は悪化して二〇一九年には韓国が日韓秘密軍事情報保護協定(GSOMIA)を破棄する寸前までいった。

次元や領域との関係では、戦後には革新勢力が①の路線の担い手であったのに対し、現在の新権威主義化は②の路線と連動しており、逆に民主化が再び起これば①や③の路線が復活する可能性がある。これらは、国内の諸団体や諸運動ともちろん連動している。

四　二〇一九年参院選をめぐる心理的幸福度と地域統合の関係

このような三時制・多層的・三次元・三領域の連関は、人々の心理的動向と深く関係する。トランプ政権の誕生においては、五年後の予測などでウェルビーイングの低い地域において、民主党から共和党への票の移動が起こる傾向が強かった。幸福感の低さやその将来の見通しがトランプ政権への期待につながっていたわけである(Ward et al. 2020)。

日本でも二〇一九年七月二一日の参議院選挙におけるウェルビーイングと選挙結果との関係を調べたところ、アメリカほどではないものの、類似の傾向が見いだせた。インターネット調査会社によって全国の八ブロックでそれぞれ五〇〇人をめど（実際には五五一人から五八六人までの間）にして有権者（一八歳以上の男女、合計四五五〇人）のウェルビーイングを調査した（七月一九日から七月二九日）。都道府県ごとに集計すると一一人から五六二人であり、データ数の限界やばらつきから分析には留保が必要である。

この質問項目で、Q1は今の人生についての自己評価、Q2は五年後の人生についての自己評価、Q3はポジティブな感情、Q4はネガティブな感情（分析では反転させた）、Q5は人生の目的や意味について聞いた。Q1〜4は「もっとも悪い」から「もっとも良い」までの一一段階評価、Q5は五段階で聞いているので、Q1〜4の四項目平均値と、Q1〜5の五項目平均値（Q5の値を二倍し他と合計して五で割った）を算出した（全七項目）。

そして全国の各都道府県ないし地方区選挙区（合区のため四五個）における自民党議席数・占有率増減（二〇一九年議席数・占有率―二〇一六年議席数・占有率）や四七都道府県の自民党得票数増減（二〇一九年得票数―二〇一六年得票数）・自民党得票率増減（二〇一九年得票率―二〇一六年得票率）とこれらのウェルビーイングの関係を調査項目ごとに調べた。

表11-3のように、議席数増減については全ての項目でマイナス〇・〇六五からマイナス〇・三七二の負の相関係数を示し、Q2が五％有意、四項目・五項目平均値が一〇％有意であり、議席占有率についても全ての項目でマイナス〇・〇七六からマイナス〇・三九六の負の相関係数を示し、Q2が一％有意、四項目・五項目平均値が一〇％有意であった。得票数増減については全ての項目でマイナス〇・一五一からマイナス〇・三二六の負の相関係数を示し、Q4（一）と四項目・五項目平均値が五％有

表 11-3　2019年参院選における自民党選挙結果の増減とウェルビーイングとの相関

	自民党議席数増減		自民党議席占有率増減		自民党得票数増減		自民党得票率増減	
	相関係数	P値	相関係数	P値	相関係数	P値	相関係数	P値
Q1	−0.207	0.172	−0.228	0.133	−0.192	0.197	−0.174	0.241
Q2	−0.373*	0.012	−0.396**	0.007	−0.243†	0.099	−0.304*	0.038
Q3	−0.137	0.370	−0.130	0.395	−0.287†	0.051	−0.215	0.146
Q4(-)	−0.065	0.673	−0.076	0.620	−0.304*	0.038	−0.155	0.299
Q5	−0.235	0.120	−0.231	0.126	−0.151	0.311	−0.161	0.280
Q1-Q4(-)	−0.258†	0.087	−0.275†	0.068	−0.326*	0.025	−0.275†	0.062
Q1-Q5	−0.264†	0.080	−0.277†	0.066	−0.304*	0.038	−0.263†	0.074

注）　** は1% 有意，* は5% 有意，† は10% 有意
出所）　筆者作成

意、Q2とQ3が一〇%有意であった。得票率増減については全ての項目でマイナス〇・一五五からマイナス〇・三〇四の負の相関係数を示し、Q2が五%有意、四項目・五項目平均値が一〇%有意であった。得票数増減でもっとも明確な相関が現れているものの、いずれもウェルビーイングが低い方が自民党への投票が増加するという傾向があったわけである。

また所得やその増減（二〇一九年―二〇一六年、以下同じ）、人口とその増減、主観的ウェルビーイング（上記調査）を説明変数として、二〇一九年選挙結果（二〇一九年自民党議席数・議席占有率・得票数・得票率―二〇一六年自民党議席数・議席占有率・得票数・得票率）を目的変数とする重回帰分析（ステップワイズ法）を試みた。

所得（二〇一九年の県民所得や一人あたり県民所得、二〇一八年度の生活保護を受けた人の人口一〇〇〇人あたり比率、二〇一八年度完全失業率）やその増減数・率（県民所得や一人あたり県民所得）、人口（有権者数とその増減）、上記ウェルビーイング七項目を説明変数とし、自民党議席数・占有率の増減や自民党得票数・得票率の増減と自民党得票率（二〇一九年）を目的変数としたところ、

表11-4のような結果が得られた。

このように、自民党の議席数や議席占有率の増減との関係が大きいのは、負の方向でQ2（五年後の人生）や有権者数増減であり、これらほどではないものの、正の方向でQ3（ポジティブ感情）や県民所得増減で相関係数が有意だった。モデルの説明力はやや強く、将来に不安を持っていたり、人口が減っていたりする地域で自民党の議席は増える（減らない）傾向にあり、ポジティブ感情が多く所得が増えている地域で自民党の議席は増える（減らない）傾向がある。

表 11-4 自民党選挙結果の増減についての重回帰分析

自民党議席数増減（N＝45）：R 0.615，R^2 0.378，調整済み R^2 0.316；有意確率 0.001

	標準化係数β	有意確率
Q2 平均	−0.625	0.002**
有権者数増減	−0.492	0.001**
県民所得増減	0.310	0.034*
Q3 平均	0.392	0.046*

自民党議席占有率増減（N＝45）：R 0.579，R^2 0.335，調整済み R^2 0.286；有意確率 0.001

	標準化係数β	有意確率
Q2 平均	−0.707	0.001**
有権者数増減	−0.338	0.012*
Q3 平均	0.440	0.029*

自民党得票数増減（N＝47）：R 0.439，R^2 0.193，調整済み R^2 0.156；有意確率 0.009

	標準化係数β	有意確率
Q1－Q4（−）平均	−1.047	0.006**
Q1 平均	0.778	0.036*

自民党得票率増減（N＝47）：R 0.304，R^2 0.092，調整済み R^2 0.072；有意確率 0.038

	標準化係数β	有意確率
Q2 平均	−0.304	0.038*

自民党得票率（N＝47）：R 0.791，R^2 0.626，調整済み R^2 0.609；有意確率 0.000

	標準化係数β	有意確率
有権者数（2019）	−1.533	0.000***
県民所得（2019）	0.828	0.007**

注）***は0.1% 有意，**は1% 有意，*は5% 有意
出所）筆者作成

これに対して自民党得票数・得票率の増減との関係が大きいのは、所得や有権者数よりも幸福度だった。自民党得票数増減の場合は正の方向でＱ１（今の人生の自己評価）、負の方向で四項目平均値だけであり、自民党得票率増減の場合は、負の方向でＱ２だけだった。これらの説明力は弱いものの、各種変数の中で主観的ウェルビーイングがもっとも自民党得票数・得票率の変動との関係が深く、今の幸福感（自己評価）は高い方が自民党への投票が増える傾向がある一方で、主観的ウェルビーイングの平均や将来の見通しが低いほど、自民党に投票する数や率が増加したことになる。

日本では、一九五五年体制において近代化・都市化・工業化が進むと、自民党の得票数や議席が減って、野党の得票数や議席が増えるという傾向があった。これが自民党の一党優位体制を弱体化させ、自民党分裂や二〇〇九年の政権交代をもたらしたと考えられている。この傾向は、この調査からも見いだせた。県を単位にして分析すると、有権者数が多い方が自民党得票率は少なく、有権者数が増加している県の方が、自民党の議席数・議席占有率は落ちるという傾向があるからである。標準化係数による比較では、二〇一九年の自民党得票率の大きさに強く影響したのは、調査した変数の中では、有権者数と県民所得であり、それぞれ負、正の標準化係数なので、人口が多く、貧しいと自民党の得票率は低いということになる。有権者数の変化や県民所得の変化については、自民党議席数・議席占有率の増減にも同じ傾向が一定程度現れている（表11-4）。

これに対して自民党得票数・率の増減はウェルビーイングと大きく関連しており、特に後者の将来の見通しが低いほど自民党の得票が増える傾向がある。アメリカのトランプ当選選挙の場合と比較すると、ウェルビーイングないしその見通しが低い方がアメリカでは共和党の得票が増え、日本では自民党の得票が増えたことになる。上記の限界が存在するのでこの傾向の存否やその解釈は今後の研究の課題であるが、この時点においては日米とも将来への不安のようなウェルビーイングないしその見通しが低い方が右翼的政党の得票が増加したという解釈もありうるだろう。将来の人生への期待（Q2）を制御すると、ポジティブ感情（Q3）が多い方が自民党議席数・議席占有率は多いのは、明るい気持ちの人は与党に投票する傾向が高いという与党の効果かもしれない。

どのような解釈を取るにしてもウェルビーイングなどの心理的要因は選挙結果に関係しており、選挙結果はもちろん政治的路線を左右し、地域統合の展開にも影響する。トランプ政権の誕生が国際協調主義の後退をもたらしたように、日本における安倍政権の勝利は、上記のように二重恩顧主義の強化と対中韓関係の悪化をもたらした。トランプ政権により国際協調主義が失墜して地球的統合のビジョンが消滅し、日本においては「①平和主義・国連中心主義の放棄、②日米同盟の強化を目指す対米追従主義、③東アジア共同体構想の崩壊」が進んだわけである。

政治システム論の用語を使って表現すれば、「心理的要因→政治的入力（選挙）→政治的出力（外交政策）」という因果関係が想定できる。よって、日本周辺の国際関係を考えるにあたって、基本的主体たる国家だけではなく国家内部における人間という主体の内部における心理的要因を分析することが、究極的には必要になる。そして人間心理や相互の関係は、多層の社会コミュニティや、垂直・水平・超越という三次元や政治・経済・文化の三領域のシステムと関連している。

よって地域統合の動向や未来を考えるためにも、人間個々人から始まる多層的・多次元的な関係性の分析が重要である。こうして個々人のウェルビーイングの動向も、地域統合のようなマクロな現象にも多大な影響を与えうるから、（コミュニタリアニズムやポジティブ心理学で強調されている）個々人の善き生き方やウェルビーイングを注視しつつ、政治経済との関係を分析することが必要である。

たとえば、「はじめに」で言及した新型コロナ・ウイルス問題によって、現時点では国々の分断が生じている一方で、パンデミックに対処するための国際的な協力や連帯の必要性が自覚され、新しい国際的統合を求める声もあがっている。地域的・地球的統合の今後の展開は、このような世界史的経験の後の人々の心理や意識にも大きく影響されるだろう。人間心理を含めた多層的・多次元的分析は、このような動態を分析することによって、国際関係や地域統合を望ましい方向へと展開するための規範的示唆や政策も導出することが期待できるのである。

注

（1）新学術領域研究「グローバル関係学」ウェブサイト、「「グローバル関係学」とは」http://www.shd.chiba-u.jp/glblcrss/outline/index.html

参考文献

石川健治（二〇一五）「集団的自衛権というホトトギスの卵――「非立憲」政権によるクーデターが起きた」、『世界』二〇一五年八月号、岩波書店
小林正弥（二〇〇八）「比較文明論と歴史公共哲学――地球的文明へのビジョン」『公共研究』第四巻第四号
小林正弥（二〇一〇）「日本政治の公共学」、山脇直司・押村高編『アクセス公共学』日本経済評論社
小林正弥（二〇一六）「今なおファシズムの世紀なのか？――日本における政治循環と新権威主義」『公共研究』第一二

巻第一号
小林正弥（二〇二〇）「ポジティブな動態的公共システム論」『公共研究』第一六巻第一号
Ward, George, Jan-Emmanuel De Neve, Lyle H. Ungar, and Johannes C. Eichstaedt (2020) "(Un)happiness and voting in U.S. presidential elections," *Journal of Personality and Social Psychology*, https://doi.org/10.1037/pspi0000249
Kern, Margaret L., Paige Williams, Cass Spong, Rachel Colla, Kesh Sharma, Andrea Downie, Jessica A Taylor, Sonia Sharp, Christine Siokou, and Lindsay G. Oades (2019) "Systems informed positive psychology," *The Journal of Positive Psychology*, https://doi.org/10.1080/17439760.2019.1639799

第12章 なにが統合と分断を促すのか——地域統合のテキスト解析

田代佑妃
石戸　光

はじめに

本章では、地域統合を促進もしくは分断させる要因について、とりわけテキスト（自然言語による関連文書）を用いた解析を試みる。これらの研究はいずれも今後の発展が望まれるものであり、新たな学術領域として開拓されるための一歩となることを目指している。第一節では地域統合（もしくは階層的にミクロ的な国内における国家統一の安定性）の促進・分断要因を解析する手法としてカタストロフィ理論[1]のデータ解析、社会的な関係性を視覚化するソシオン理論および関係性を巡る言語解析について概観し、続く節での実証的な議論の準備とする。第二節においては、カタストロフィ理論でみる各地域の分断の特徴を仮説として提示し、第三節では、ソシオン理論によりいくつかの地域統合の分断の特徴づけを行う。第四節では、「イスラム」をめぐる国際社会の不安定な状況が地域統合にも影響を与えている点に鑑み、関係性の不安定化について、ソシオン理論により考察する。第五節ではＡＳＥ

ANの縮図としてのミャンマーを取り上げ、同国元首相による政策意図に関する著作をもとにしたテキスト解析を行う。

一　カタストロフィ理論・ソシオン理論・テキスト解析の概要

カタストロフィ理論と地域統合

地域統合を構成する国々の間の関係性は、歴史的な「権利主張」と「譲歩」のなかで、一定の許容範囲のなかでは安定的となるが、許容範囲を超えると突然分断へと変化しうる。ある主体1（国家、民族集団、個人など）が地域統合の交渉相手（主体2）に対して権利を主張する場合、主体2から得られる利益は増加し、逆に主体1が主体2に譲歩する場合、主体1の利益は減少し、許容範囲を超えると関係性は唐突に悪化する。図12-1に主体1から見た関係性の「場」を示す。同図の座標平面の底面部分にみられるクサビ形の部分が関係性の急激な変化をもたらす領域となっている。

このクサビ形の領域に着目し、地域統合の突発的かつ階層縦断的な「分断」事由を「カタストロフィ理論」（ジーマン・野口一九七四）により類型化すると図12-2のようなパターンが考えられる。

（一）権利主張の高まりによる分断（ASEAN、TPP（環太平洋パートナーシップ協定）などに該当するという仮説）（図12-2の（1））

（二）資源豊富国が他国から権利主張を受けた場合の分断（中東において該当するという仮説）（図12-2の（2））

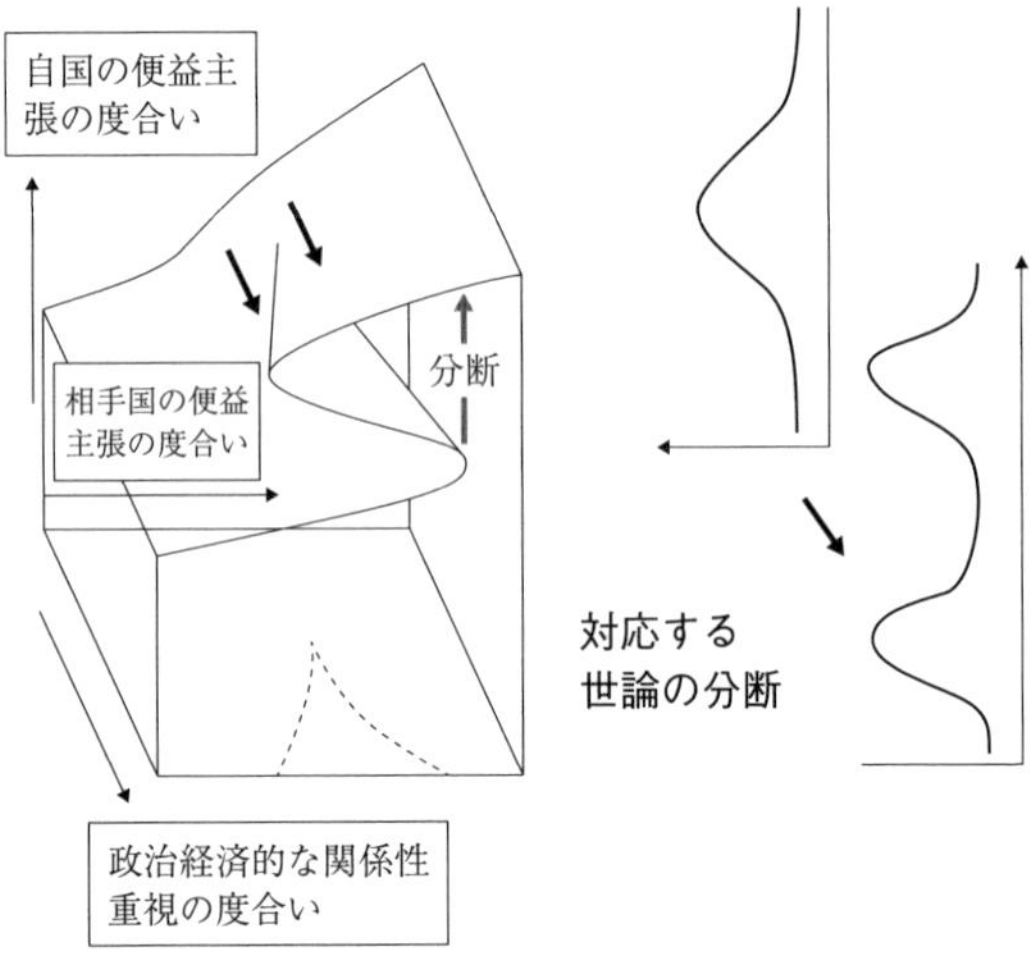

図 **12-1**　ある主体にとっての地域統合における関係性の場

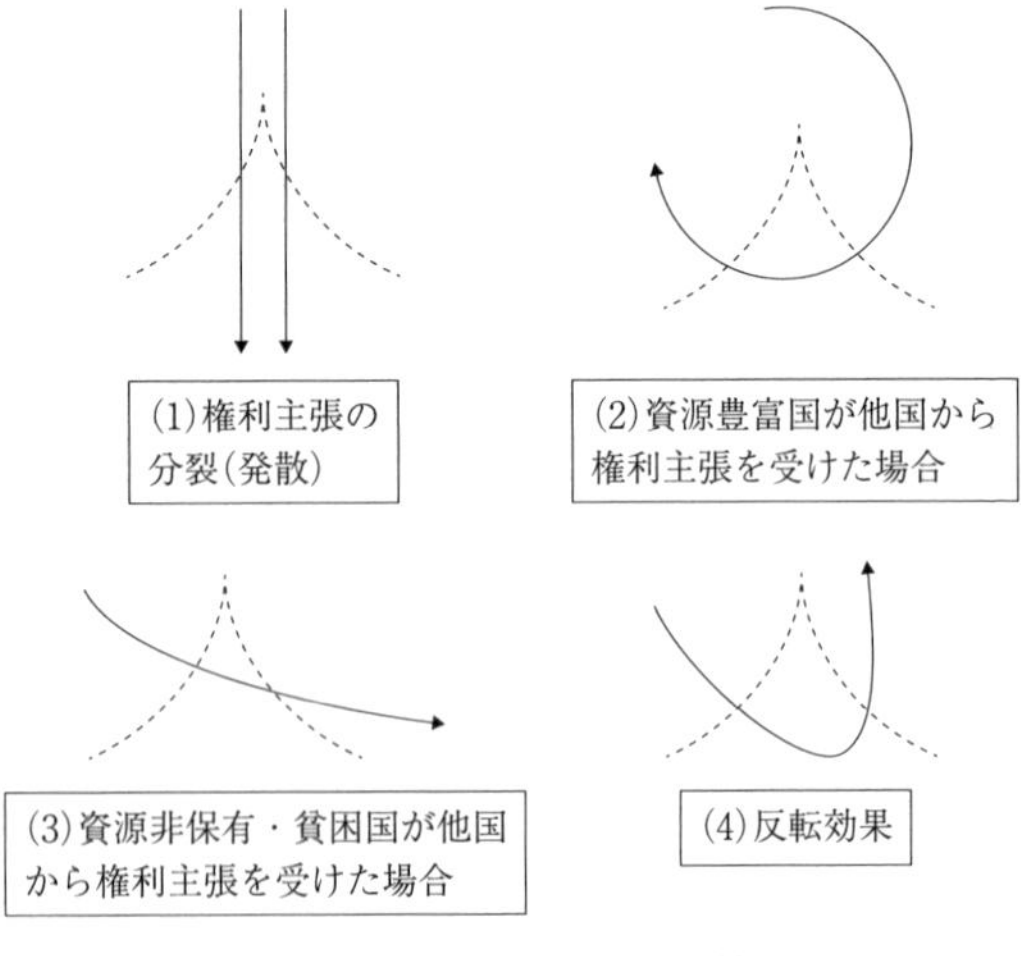

図 **12-2**　地域統合と加盟国の関係性の類型化

（三）資源非保有・貧困国が他国から権利主張を受けた場合の分断（ＴＰＰおよびＲＣＥＰ[2]、朝鮮半島の統一等が該当するという仮説）（図12-2の（3））

（四）関係性を反転させることによる分断（ＥＵが該当するという仮説）（図12-2の（4））

ソシオン理論と地域統合

「主体間の関係性」と「政治経済的地域統合」および隣接する社会事象についてのメタ理論を学融合的に模索するにあたって、心理学や社会学において確立されてきたソシオン理論が有効であると考える。ソシオン理論とは、人間関係(人と人との結びつきやふるまい)や社会全体をネットワークとして捉えようという前提の理論であり、人は三つの私(荷重Ⅰ・Ⅱ・Ⅲ)から成り立つとし、私から他者への気持ちのことを荷重Ⅰ、他者から私への気持ちのことを荷重Ⅱ、私から私への気持ちのことを荷重Ⅲと呼び、図12-3のように示す(藤澤一九九七、小杉ら二〇〇六)。

ここで荷重とは、主体と主体を結ぶ繋がりであり、その強さを表す言葉である。荷重が大きいほどその関係は重要であることを示し、正と負の向き(荷重価)をもち、「少し好き」や「とても嫌い」といった大きさ(荷重量)をもつ(小杉ら二〇〇六)。小杉ら(二〇〇六)では、荷重価を表す際に、矢印の始点は評価をする主体を、終点は評価を受ける主体を指す。実線はポジティブな評価、点線はネガティブな評価を表す。荷重量は、荷重を示す円(荷重円)の直径で表すこともできる(図12-4に例示)。

ソシオン理論では、人の持つ(自分や相手に対する)感情をポジティブまたはネガティブのどちらかとして表す方法を取っているが、「人は複数の判断材料を心の中に持ち、同時にたくさんの人格でもって相手を理解することが求められる」(小川二〇一四)とあるように、人は文化・宗教・経済・政治といった世界をつくる主要な物事に関して様々な価値観を持っており、それをもとに、様々な判断を下して生活している。好きまたは嫌いという感情は、そのような価値観を元に生じると考えるため、人の持つ多面性(plural self)・育った環境などで形成される価値観を考慮し、各自の感情を理解することが

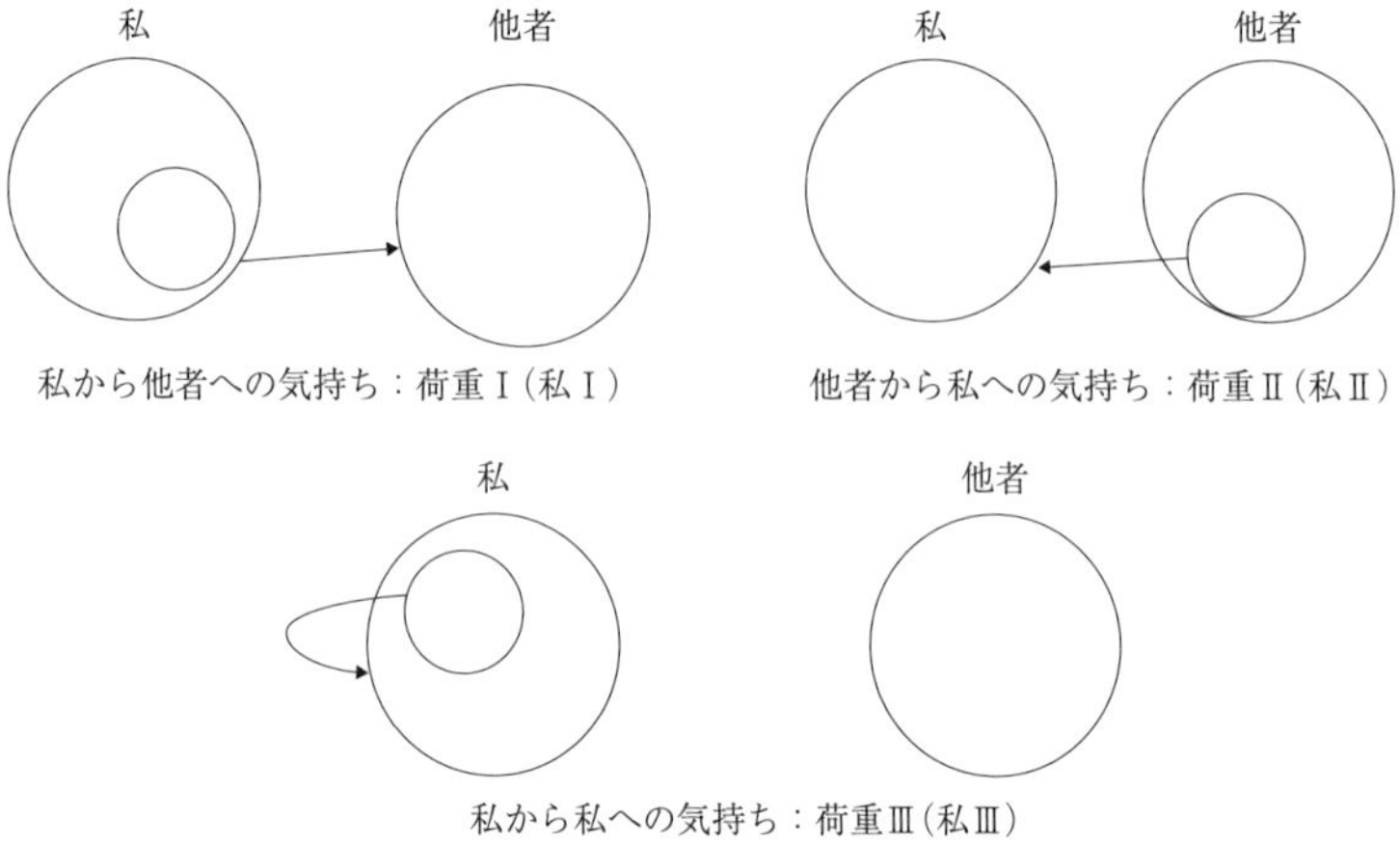

出所） 小杉ら(2006：20–21)

図 12–3 3つの「私」という主体(荷重Ⅰ・Ⅱ・Ⅲ)

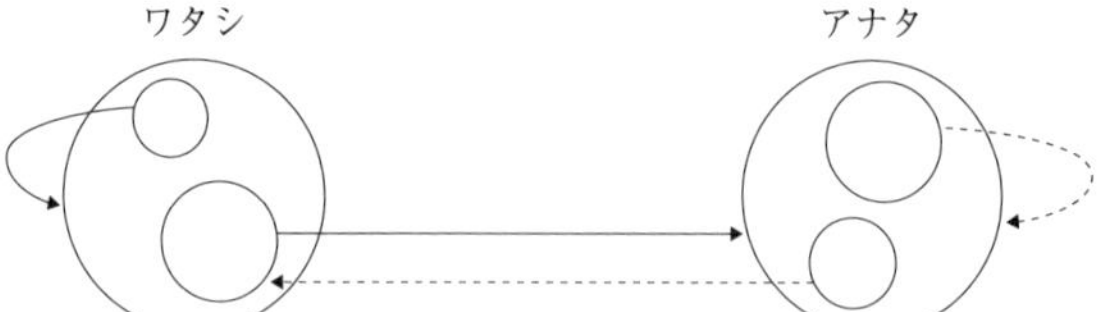

図 12–4 「ワタシはアナタのことが大好きだけれど，アナタはワタシのことが嫌いである．アナタは自分のことが大嫌いだけど，ワタシは自分のことが好きである」という状況をソシオンで表した様子

重要だと考えられる。

またソシオン理論を人から国家主体などへ拡大して適用することがどの程度許容されるのかについては、議論の余地があるが、たとえば多様な構成員を内部に持つ一つの国を日常の言語でも一つの主体であるかのようにとらえて国名で代表させることも通常行われており、本章ではこのことを踏襲して、国を一つの「主体」(ただし関係性によりその主体の特質は変化しうる)ととらえ

てソシオン理論を適用することとしたい。

テキスト（言語）解析について

自然言語（テキスト）の解析ツールとして、Text Mining Studio（NTTデータ数理システムにより開発された言語解析ソフトウェア）を使用して解析を試みる。分析手段としては、単語頻出解析・注目語情報・評判抽出（好評語ランキング・不評語ランキング・ネットワーク図）を主に使用する。それぞれの概要は以下の通りである。(3)

「単語頻出解析」とは、解析データ全体内でどのようなキーワードが出現しているのかを確認する手段である。データ内での頻出頻度が高いキーワード順にグラフ化され、解析する際には、頻度および文字数の指定（●文字以上●文字以下）、行中に現れる重複単語のカウント方法など、様々な条件を指定することが可能である。

また「注目語情報」とは、言語解析に際し、気になるキーワードと同時に使用されている単語を解析する機能である。文章または行（一つの意見）の中で同時に使用されることが多い単語の組み合わせが抽出され、注目した単語が、どのような表現で用いられているか、他のどのような単語・属性と同時に出現（共起）しているかを示す。注目語情報において、ある単語Aからある単語Bに矢印が引かれている場合、それはある行（または文）に単語Aが出現した場合に、同じ行（文）に単語Bも出現する確率が高いということを表している。この場合の単語Aを「前提」、単語Bを「結論」と呼び、確率の値は、パラメータや結果の表にある「信頼度」(4)の数値によって表される。また単語間をつなぐ矢印の太さも、「信頼度」の数値により決定され、ノード（結節点）の大きさはこの頻度・出現数に対応している。

次に「評判抽出」とは、データ全体として良いイメージ・悪いイメージで語られる言葉を抽出する手段である。単語に対して、好意的・非好意的表現（解析ソフトにより事前にリストとして定義されている）で語られた回数をカウントし、それらをもとに好評語・不評語のランキングを作成する。また「ネットワーク図」とは、好意的・非好意的表現の抽出結果を用いて、どの言葉がどのような表現を用いて語られているのかを観察するものである。矢印は評価を与える単語から評価を受ける単語の向きで作成され、ノードの大きさは、ポジティブおよびネガティブ表現中での単語の出現数に応じ、リンクの太さは、それらが結合する言葉間の表現が出現した回数に対応している。

二　カタストロフィ理論でみる各地域統合の分断・非線形性

関係性を継続することの利益が費用を上回る限り地域統合は形成（新規の場合）もしくは継続（既存の場合）され、逆に費用が利益を上回る場合には、地域統合は形成されない。そして関係性の悪化もしくは断絶は非線形的・突発的に起きる点がカタストロフィ理論の視点である。カタストロフィ、すなわち突然の断絶の状況を具体的に検証するために、地域統合を巡る様々な文書（テキスト）をもとに、ある程度主観的に関係性悪化の判定を行うことは可能である。しかしさらに客観的なデータを用いた地域統合を巡る関係性分析も可能と思われ、本節ではその概観を行う。

地域統合を巡る関係性の指標として、次の三つを想定してみる。

- 関係性の現状の指数(図12-1の縦方向):自国の相手国への輸出量の現実の値÷自国の相手国への輸出量の理論値(グラビティーモデル(表12-1下の注を参照)により算出)
- 関係性の重要度(図12-1の奥行き方向):自国の相手国への輸出量÷自国GDP
- 相手国の脅威・相手国の主張の度合い(図12-1の横方向):相手国の軍事費÷自国の軍事費

そしてこれらの三つの指標(図12-1の三つの軸に対応)をもとに、通常の「直線的な回帰」と、図12-

表 12-1 地域統合の構成国間における回帰分析結果の比較

地域統合	回帰モデルの BIC に基づく全体的な比較
RCEP	直線回帰モデルの BIC: 4994.5 カタストロフィ回帰モデルの BIC: 414.0
GCC	直線回帰モデルの BIC: 431.0 カタストロフィ回帰モデルの BIC: 41.3
AU	直線回帰モデルの BIC: 4499.3 カタストロフィ回帰モデルの BIC: 256.6
EU	直線回帰モデルの BIC: 17309.9 カタストロフィ回帰モデルの BIC: 1351.8

注) BIC(Bayes Information Criterion)の値が小さいほど全体としてモデルがより適していることを示す. RCEP(東アジア地域包括的経済連携)の分析には交渉メンバーの16カ国としてASEAN10カ国, 中国, 日本, 韓国, オーストラリア, ニュージーランドおよびインド(2019年末に交渉からの離脱を表明したがこの分析には含めている)を使用. GCC(湾岸協力理事会)の分析にはメンバー全6カ国(アラブ首長国連邦, バーレーン, クウェート, オマーン, カタールおよびサウジアラビア)を入れた. 同様にAU(アフリカ連合)の分析には55のメンバーのうちデータの存在する国のみを入れた. EU(欧州連合)の分析にはイギリスも含めた加盟28カ国を入れた. 輸出量には国連の貿易統計および世界銀行のGDP関連データ(ともに2018年)を用い,「グラビティーモデル」により首都間距離(https://www.distance-cities.com/により算出)とGDPの対数値に線形回帰して得られる理論的な輸出量を算出した後,「関係性指標」として「実際の輸出量÷理論的な輸出量」を計算した. 軍事費はオンラインデータ「グローバルノート」(https://www.globalnote.jp/post-3874.html)より入手した.

出所) プログラミング言語Rの統計パッケージ(cusp)を用いて田代佑妃が解析を行った.

1のようなクサビ(cusp)のある曲面を前提とした「カタストロフィ回帰」との比較を行った。紙幅の関係で詳細を掲載できないが、表12-1に全体としての回帰分析の当てはまりの良さの比較結果を示す。いずれもモデルの当てはまりの良さを測るBIC(Bayes Information Criterion)の値はカタストロフィ回帰の場合の方が直線回帰の場合よりも低く、地域統合を巡る各国の関係性の非線形性、断絶の度合いが示唆される結果となっている。分析の頑健性のチェック(違った関数形や変数でも同じような結果となるか)、さらに地域統合に関連する他の指標の導入など、検討課題は多いものの、本節で示した全体としてのモデルの当てはまりの良さに関する分析結果(表12-1)より、少なくとも地域統合を巡る関係性は、カタストロフィ理論の示唆する通り非線形的、断絶的であることが浮かび上がってくる。

三　ソシオン理論によるアジア太平洋地域の地域統合を巡る関係性の視覚化

図12-5はアジア太平洋諸国の地域統合を巡る主要な関係性をソシオン理論により視覚化したものである。ここで、「イシュー」[5]すなわち非主体的な事柄も、ソシオンにおいてあたかも「主体」(もしくは主題)であるかのように扱い、以下の二つのレベルの「イシュー─ソシオン」も導入している。

マクロ的イシュー─ソシオン：多角的自由貿易協定より地域統合を重視すべき

メソ的イシュー─ソシオン：TPP12の妥結、TPP11の妥結[6]、RCEPの妥結、AIIB(アジアインフラ投資銀行)および一帯一路構想

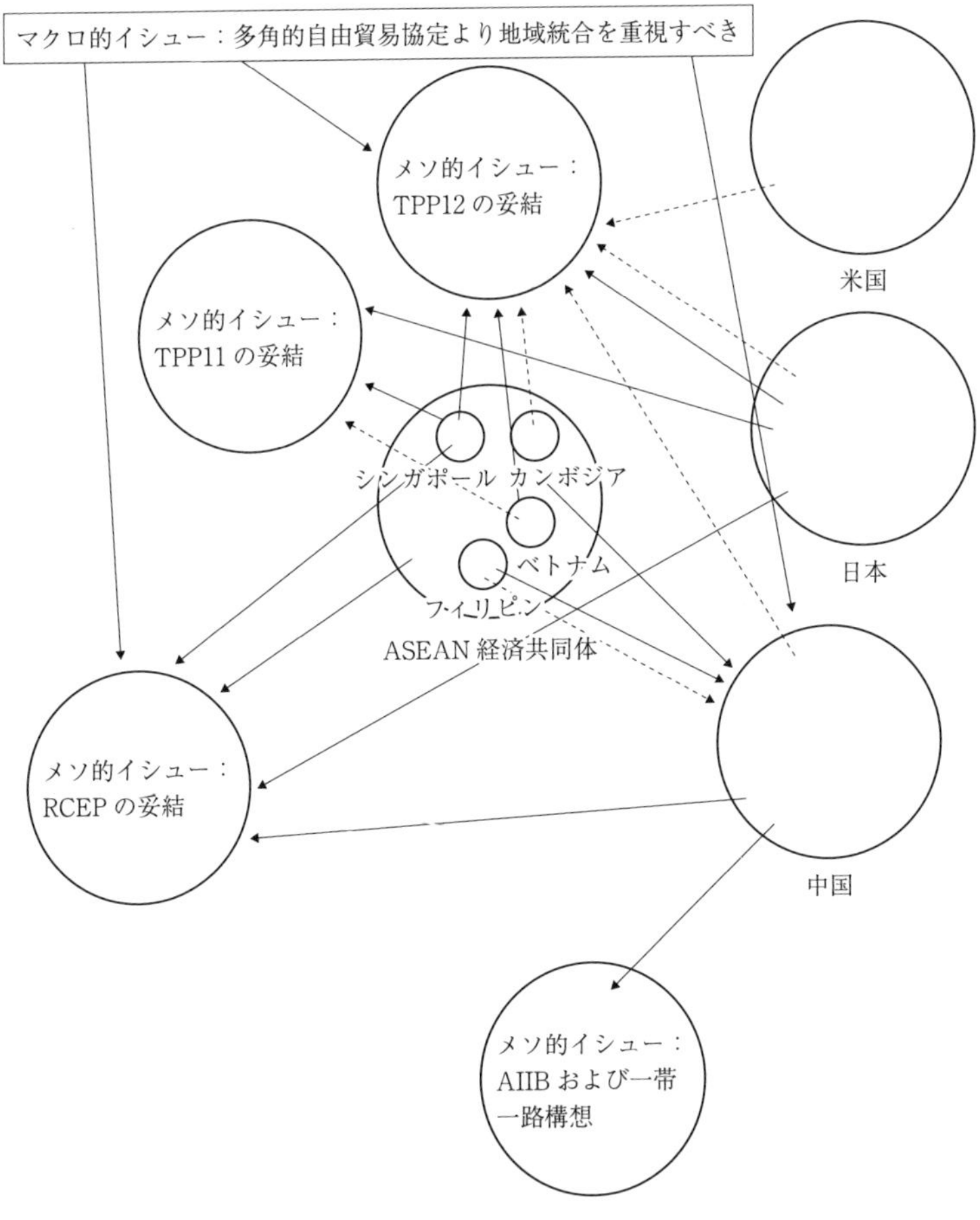

注） 矢印の始点は評価をする主体を，終点は評価を受ける主体を指す．実線はポジティブな評価，点線はネガティブな評価を表す．

図 12-5 ASEAN経済共同体および関係国・イシューのソシオンによる視覚化

ＡＳＥＡＮ全体としてはＲＣＥＰの妥結をポジティブに評価していることを表す。しかしＴＰＰ12については、参加国であるシンガポールおよびベトナムはポジティブに評価している一方、米国不在のＴＰＰ11に対してベトナムはネガティブに評価している。すなわちシンガポールおよびベトナムの立場の相違などにより、ＡＳＥＡＮがＴＰＰ12の評価をめぐって「分断」されていることが分かる。このことがさらにＡＳＥＡＮ経済共同体の特質を転化させ、たとえばＲＣＥＰの妥結にはポジティブな評価をしているものの、その実現に向けた動きを遅らせている。以下は主体ごとの地域統合への関係性を示す。

米国は、「自国中心主義」(スペースの都合で図示していない)をポジティブに評価していると考えられる。また総合的にはＴＰＰ12を(本章執筆時点において)ネガティブに評価している。

カンボジアは中国より多額の経済援助を受けているため、「中国が低評価するＴＰＰ12を低評価する」という「関係性の推移性」が成立している。また繊維製品の輸出国として、ＴＰＰ12不参加が不利になるとの観測もＴＰＰ12への低評価につながっている。一方フィリピンは、南シナ海の領有権をめぐり政治的には中国をネガティブに評価していると想定される。しかし経済的には、開発援助資金を中国から提案され、関連産業団体などミクロ的主体の影響により、中国をポジティブに評価している(そのためポジティブ評価を表す実線とネガティブ評価を表す点線が同時に中国に伸びている)。

シンガポールは、貿易立国としてＴＰＰ12およびＲＣＥＰの双方を高評価していると思われる。ベトナムは中国に隣接するため、政治的に中国と緊張関係に置かれやすい。ＴＰＰ12に当初から不参加の中国への外交的配慮もあり、米国不在のＴＰＰ11についてはネガティブに評価している。日本はＴ

ＰＰ12をポジティブに評価し、また、米国不在のＴＰＰ11についてもポジティブに評価している（本章執筆時点）。中国は自国が参加していないＴＰＰ12をネガティブに評価する一方、参加しているＲＣＥＰの妥結をポジティブに評価していると想定している。しかしＡＩＩＢや一帯一路といった中国独自の経済構想をさらにポジティブに評価しているためＲＣＥＰなどＡＳＥＡＮが名目的にではあっても主導する地域統合へのポジティブな評価は限定的である。このようにソシオンでアジア太平洋の地域統合を巡る評価を視覚化することにより、この地域における統合度合いの整合性・安定性を検討することができる。特にＡＳＥＡＮはこの地域における重層的なＦＴＡ（自由貿易協定）の存在および階層的な他の要因からの影響により、絶えず「分断」の圧力を受けていることが分かる。

四　イスラム指導者・イスラム教徒・マスメディアの関係性

イスラム指導者・イスラム教徒・マスメディアの関係性をソシオン理論によりみていく。暫定的な考察結果であるが、「イスラム」を巡って国際社会（西欧諸国、マスメディアおよび国際世論を含む）との関係性が不安定である現状を受け、またこの考察が翻って地域統合を巡る関係性にも一般的に大きな影響を与えていると考えられ、あえて提示してみたい。

主体の外部からの批判が、その主体の特定の信条への「帰依」すなわちポジティブな評価を強めるメカニズムのことをソシオン理論では、ネットワーク反対効果（network opposite effect）と呼び（渡邊二〇〇五）、図12-6に示したように、イスラム世界における自らの承認の度合いを高めたい、という承

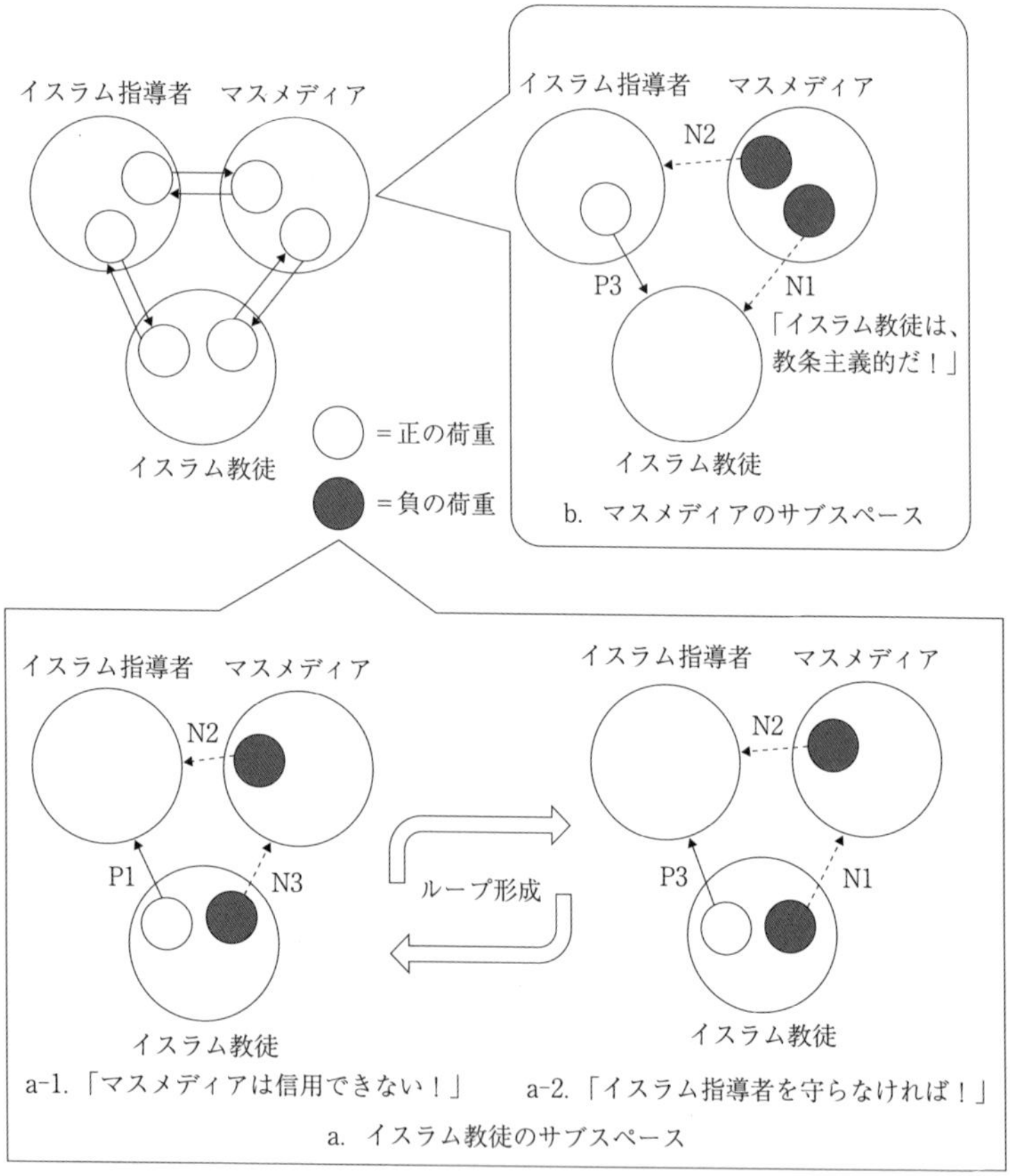

出所） 渡邊(2005：図 4-2)をもとに作成

図 12-6 イスラムとマスメディアをめぐるネットワーク反対効果

認欲求により、反対効果が増幅しうるのではないか、ということを示唆するものである(図中で矢印に付したPはポジティブ、Nはネガティブを表し、P1のように通し番号を付している)。

イスラム指導者への「帰依」が固定化すると、イスラム指導者への批判には繋がらず、かえってイスラム指導者を批判するマスメディアが間違っている(悪)という認識を生み出すことになる。西洋の「マスメディア」の部分を「ポピュリズム」に読み替えても良いかもしれない(水島二〇一六)[7]。ここでポピュリズムは、SNSなどを活用して、輸入品・移民の制限についての思想を広めており、イスラム教を信奉する立場の「Pモード」、すなわちその個人(Person)にとっての世界像は、事実上、近代国家より上位の概念に位置している。そして負の荷重が増大する「反対効果」のループが形成されることにより、関係性がマクロおよびミクロの影響を受けてネットワーク的に伝達される結果、不安定化するにいたる。すなわち「現象界」(Cモード、すなわち社会に共通する(Common)と思われる世界像)に対して「心象世界」(Pモード)が影響を与えているのではないかと考えられる。

地域統合一般に関しても、統合を行う主体の持つ限定合理性のため、マクロの階層とミクロの階層で「地域統合により雇用や賃金水準などの点で利益が損なわれる」という同じ構図が観察された場合、マクロ＝メソ＝ミクロのレベルでも「地域統合を分断させるべき」とのループ的な確信が生まれることが想定されるのである。本来「現象界」そのものは人間には知覚できない「世界そのもの」(実在するか否かは問わないことにするが)という哲学的な見解もありうるが、西欧的な「近代化」による啓蒙主義的、実証主義的な影響により直接観察が可能であるとされ、「心象世界」の比重が低下したことに

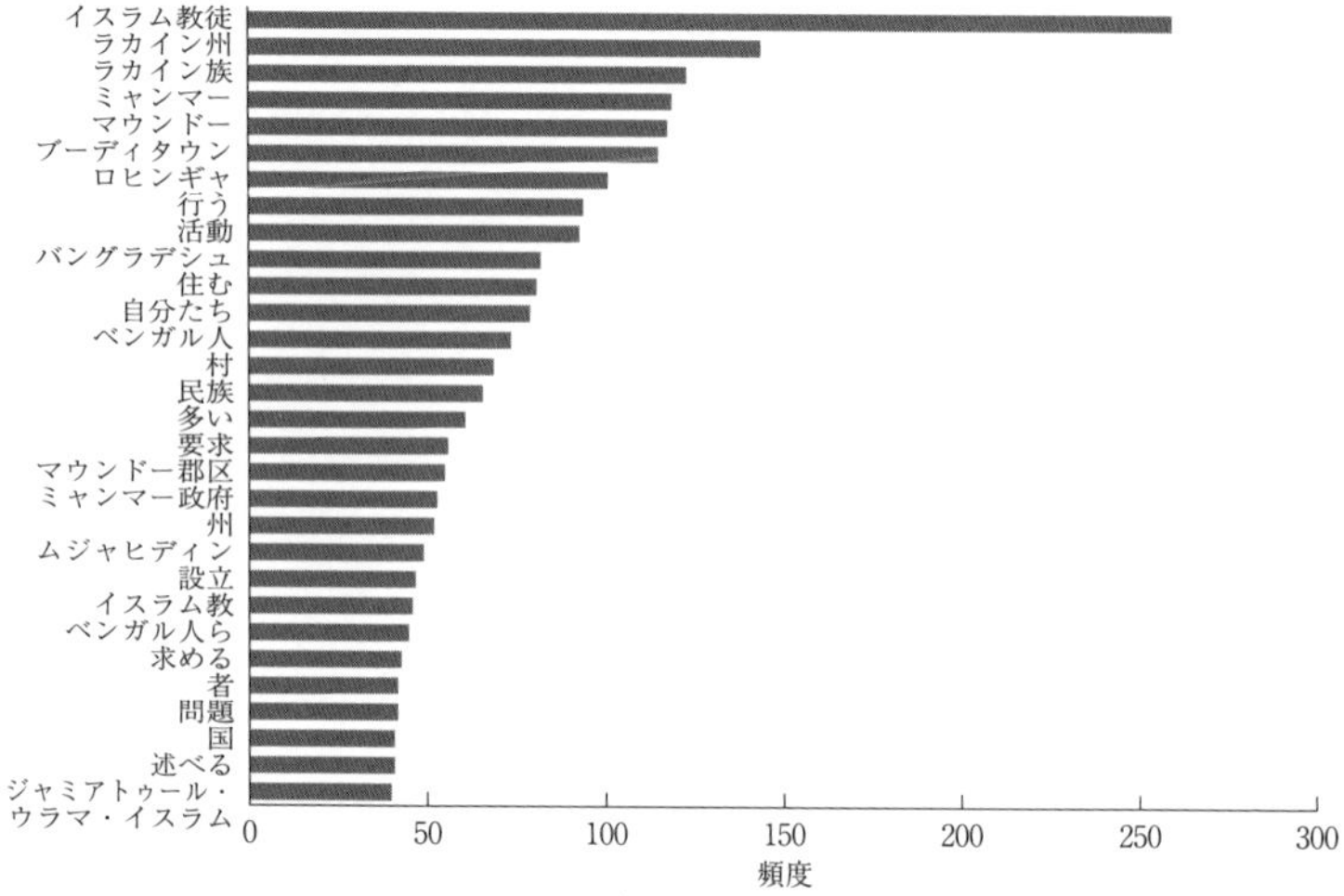

出所） キンニュン（2018）の本文をもとに作成

図 12-7 単語頻出解析

より、このような「イスラム」と「西欧社会」をめぐる関係性は、ループ的な不安定化を招くのではないか。そして自らには見えていない「未定義の部分」では共通性があるかもしれない。いずれの主体も資源や権利など、何らかの要素の欠乏の中で自己主体の利益を増大させようとしているが、そこにはたとえば、異なる文明間の相互理解、あるいは地域統合を巡る具体的交渉において、分業による協働の余地がありうるのではないか、という確信がネガティブなループから脱却してむしろポジティブなループに転換され、平和構築につながるという可能性も、勇み足ながら本節の最後に指摘しておきたい。

五 テキスト解析でみるミャンマーの国内的分断の特徴

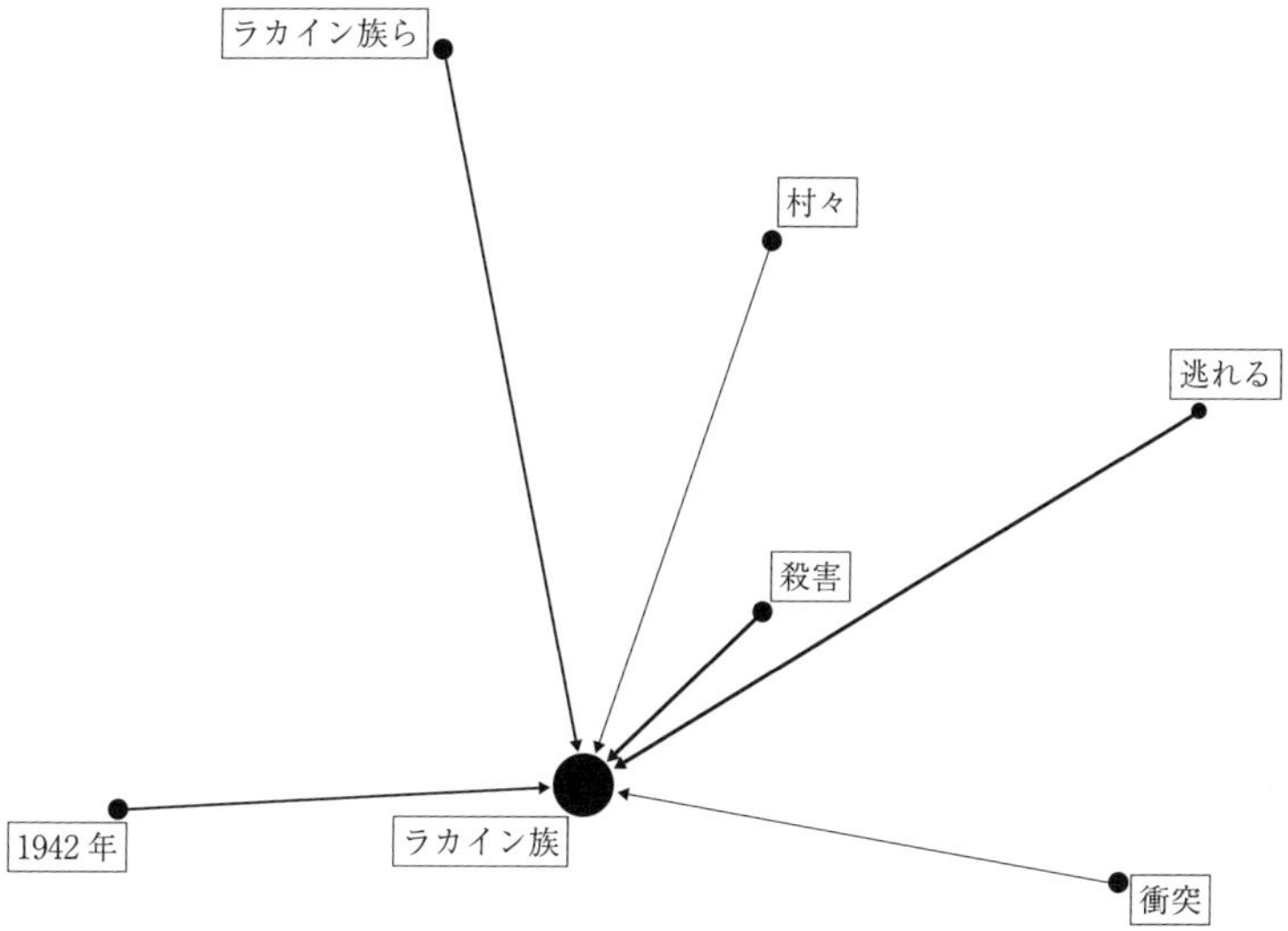

出所） キンニュン（2018）の本文をもとに作成

図12-8 注目語情報「ラカイン族」

Text Mining Studioを使用し、ミャンマーの軍政期に首相を務めたキンニュン氏により執筆された本文（日本語訳）の言語解析を行い、言語化された内容から、ミャンマーの国内的不安定要因としての〝ロヒンギャ〟（イスラム教徒を中心とするミャンマー西部の集団で、ミャンマー政府からは土着の民族として認定されず、隣国のバングラデシュからの不法入国者として認識され、国際社会からは国籍が付与されない難民として認識されている集団。詳細は本書第9章を参照）の問題を考察する。図12-7は、キンニュン氏による本文の単語頻出解析を行った結果を表している。解析の条件は、頻度一回以上（上限制限なし）、文字数一文字以上（上限制限なし）、同一文中に現れる重複単語を一カウントとし、これらの条件を満たすもののうち上位三〇件を抽出した。同図によると、「イス

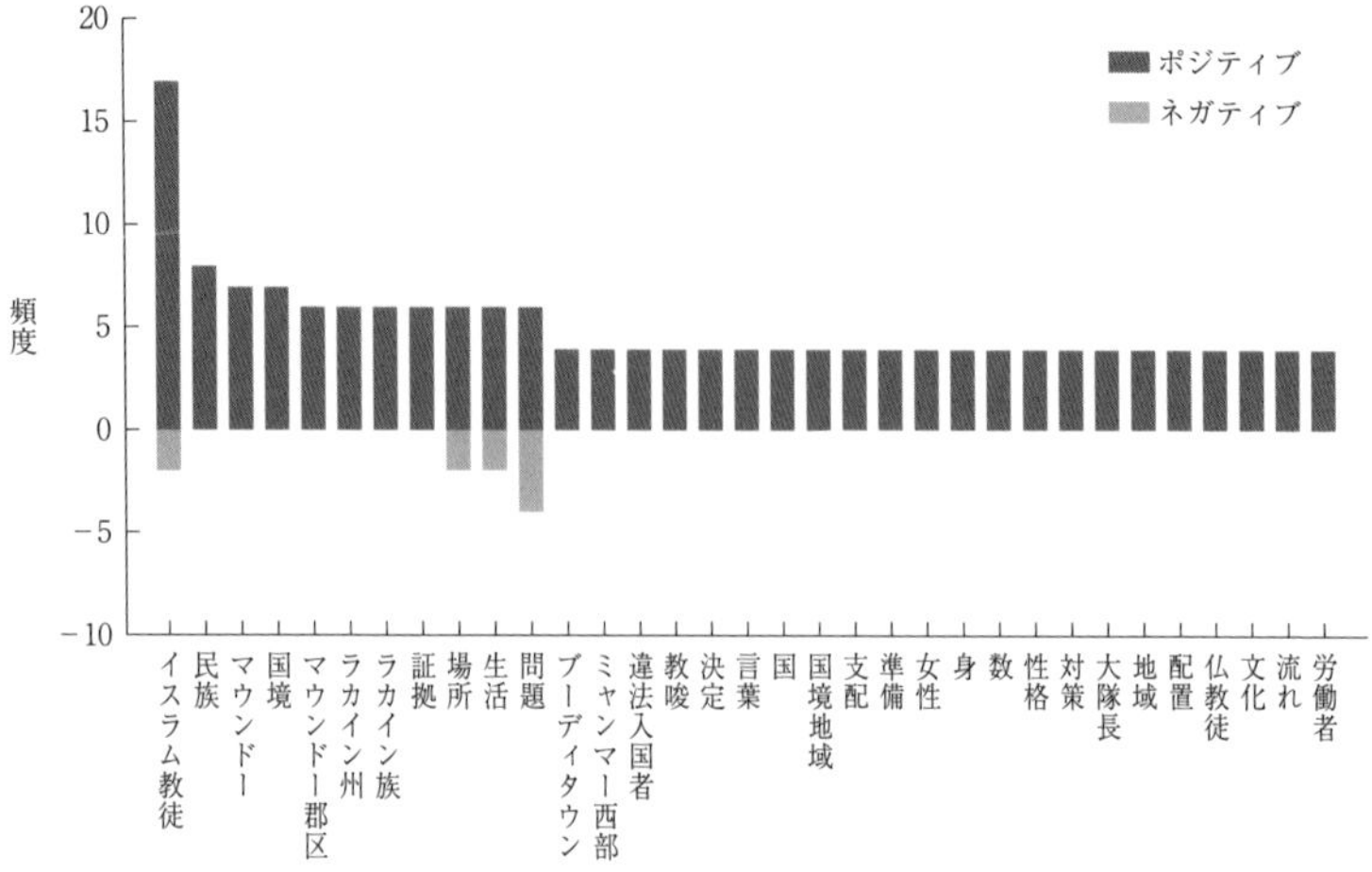

出所）キンニュン（2018）の本文をもとに作成

図 12-9 好評語ランキング

ラム教徒」というキーワードが最頻値を示しており、続いてラカイン州、ラカイン族、ミャンマー、マウンドー、ブーディタウンそしてロヒンギャという頻度の順位となっている。「イスラム教徒」という呼称がロヒンギャという呼称より高い頻度で使用されている点は、重要である。すなわち、キンニュン氏の認識として、ロヒンギャとは何よりも、（仏教徒ではない）イスラム教徒という捉え方が先行しているように思われる。

さらに、注目語情報を指定し、その注目語（気になるキーワード）と同時にどのような単語が使用されているかを図12-8に示す。「ラカイン族」をキーワードとし、共起抽出設定・最低信頼度六〇、出現回数五回以上の共起ルールを最大一〇〇抽出するという条件で抽出された結果をネットワーク図で表したものである。すると「ラカイン族」が「殺害」され、「逃れる」とい

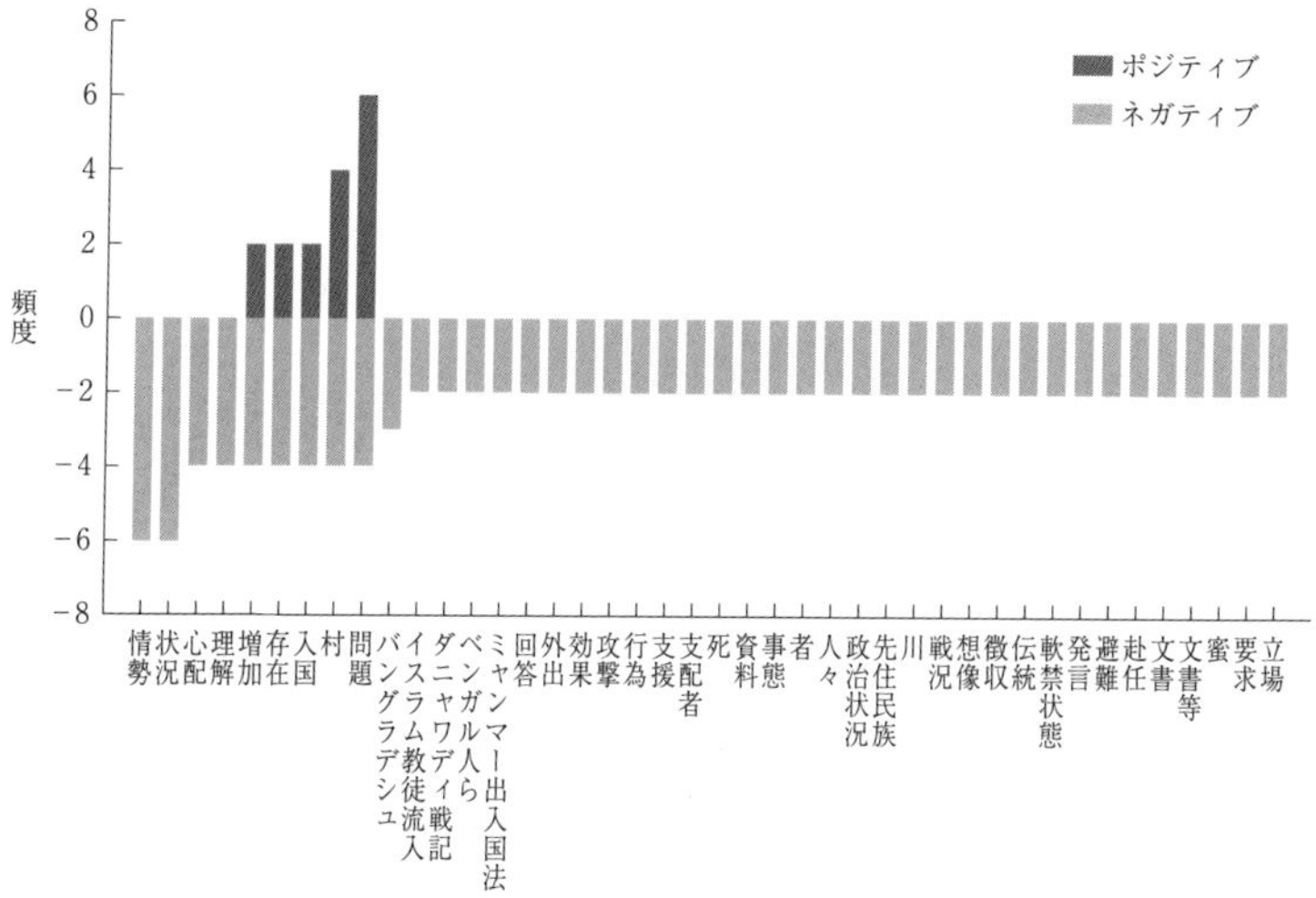

出所）　キンニュン（2018）の本文をもとに作成

図 12-10　不評語ランキング

う状況にあるという認識が明確に浮かび上がり、著者の注目する懸念点であることが分かる。

次に、データ全体内で良いイメージ・悪いイメージで語られる言葉の評判抽出を行い、好評語ランキング（図12-9）、不評語ランキング（図12-10）を示す。評判抽出では、単語に対して、好意的・非好意的表現のそれぞれ語られた回数をカウントし、それをもとに好評語・不評語のランキングを作成している。「イスラム教徒」が好評語にリストされているが、原文を確認すると分かるように、「イスラム教徒」という言葉が必ずしも好意的な表現を受けているわけではないということが読み取れる。

原文より一部抜粋すると、

- イスラム教徒を中央政府の大臣に任命すること。

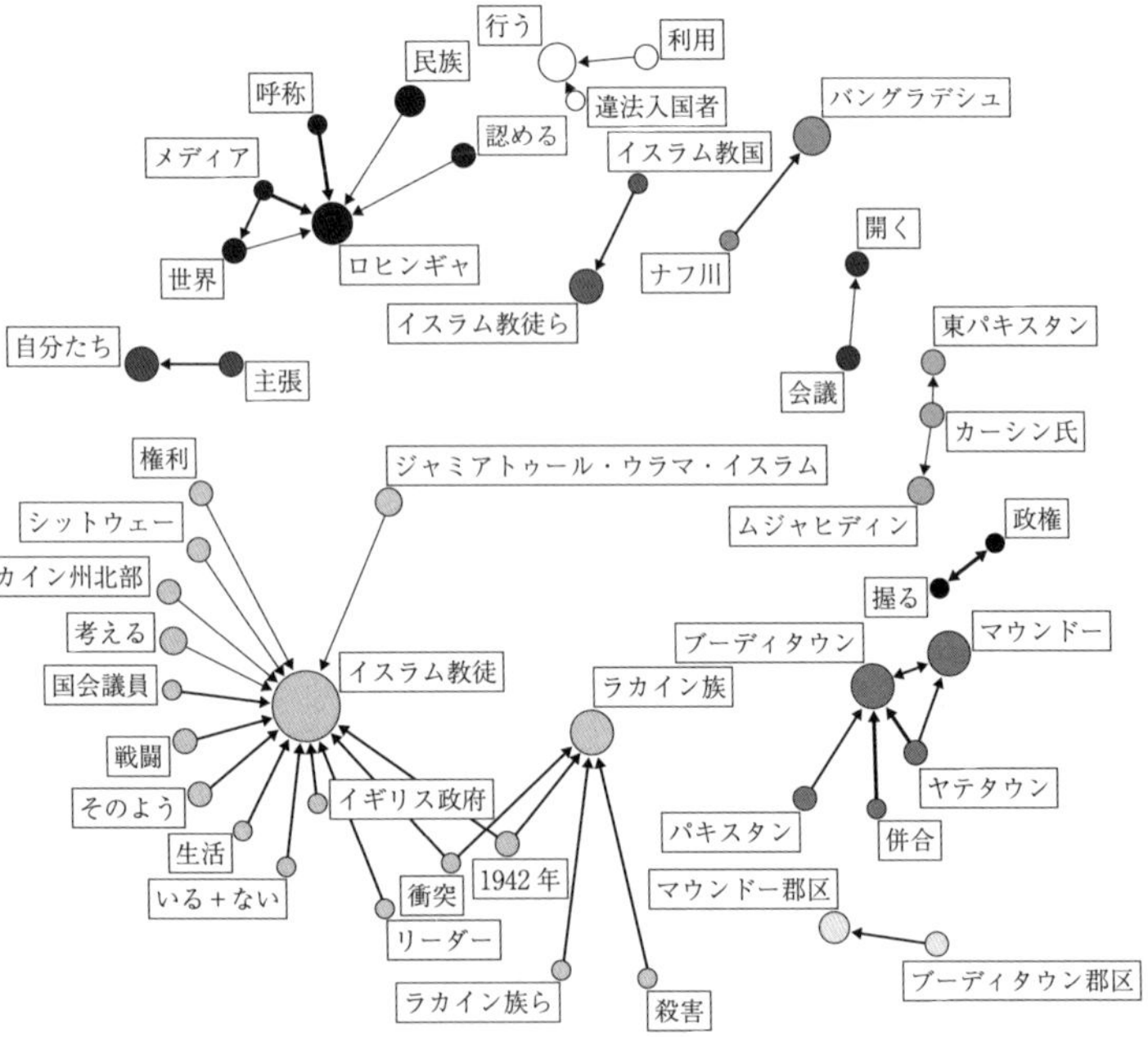

出所） キンニュン（2018）の本文をもとに作成

図 12-11 ネットワーク図

・イスラム教徒がミャンマー連邦政府議会議員に就任できるようにすること。

・イスラム教徒にも信教の自由などの人権を与えること。

などとなっており、その当時イスラム教徒に与えられていなかったことを「できるようにする」・「任命する」・「与える」などといった「今後への要望事項」がプラスの表現として用いられることで、「イスラム教徒」がポジティブな評価を受ける語として分析されている。

不評語については、「情勢」「状況」「心配」「理解（相互の理解不足）」といった用語が上位にランキングされており、著者の懸念点が明示されている。

最後に、本文全体から得られる意味内容をネットワーク図で示す(図12-11)。矢印は評価を与える単語から評価を受ける単語の向きで作成され、ノードの大きさは、好評、不評表現中での単語の出現数に応じ、リンクの太さは、それらが結合する言葉間の表現が出現した回数に対応している。一番大きな円(頻度の高さを表す)は「イスラム教徒」であり、「ロヒンギャ」の呼称を(その存在を認めることとなるため)なるべく避けていることが読みとれる。また、「ラカイン族」と「イスラム教徒」との「衝突」が念頭にあることも分かる。

全体として、本節の言説分析結果は、ロヒンギャを「イスラム教徒」として認識し、彼らの流入の多さを脅威として認識している著者の心情を明確に示している。本章においては、言語化された本文の内容を元に、ロヒンギャ問題を考察した。もとより、言語化されない部分における対立の構図もこの問題に関しては重要な考察事項であるが、そのような言語化されない対立の構図もまた、言語化された資料を解析することにより、浮かび上がってくるのではないか。また認識面の「ずれ」が本章においても観察されるように思われる。

注

(1) カタストロフィ理論と地域統合の関係を巡る考察は、本叢書シリーズの第一巻第4章を参照。

(2) RCEP(東アジア地域包括的経済連携)はASEAN(東南アジア諸国連合)一〇カ国および中国・日本・韓国・オーストラリア・ニュージーランド・インドの一六カ国で構想している経済連携である。

（3） NTTデータ数理システム（二〇一六）に依拠している。
（4） 前提単語Aと結論単語Bの間の「信頼度」とは、同一文章中もしくは同一行中で、単語Aが現れた際に単語Bが同時に出現する確率を表す。この値は〇－一〇〇の間で与えられ、もしこの値が一〇〇であれば、単語Aが出現するときには必ず単語Bも同一文中に出現していることを示す。値が五〇であれば、単語Aが出現する文章もしくは行のうち、半数において単語Bも同時に出現していることになる。
（5） 「イシュー」とは社会的存在としての思想や目標などを指し、国や産業団体などの主体とは区別している。
（6） TPP12とは、米国を含めたTPP参加表明の一二カ国を指し、TPP11とは、二〇一七年一月にTPPを巡る交渉から離脱した米国を除いたTPP参加表明の一一カ国によるTPPを指す。
（7） 水島（二〇一六：一〇七）によると、ポピュリズムは「西洋の「リベラルな価値」を前提とし、政教分離や男女平等を訴えるとともに、返す刀で「近代的価値を受け入れない」移民やイスラム教徒への批判を展開」している。また近代啓蒙主義を受け継ぐものとして「リベラル」を称し、そのリベラルな価値を突き詰めることで移民排除を訴えるという論法を有している。さらにデンマーク・オランダのポピュリズム政党は、「デモクラシーや自由・人権・男女平等といった近代的価値を全面的に承認したうえで、それを逆手にとる形でイスラムを批判し、その「後進性」を非難する。反民主的・人種差別的イデオロギーに基づき移民を排除するのではなく、「リベラル」な価値を守り、「デモクラシーを守る」がゆえにイスラム系移民を排除」している（水島二〇一六：一二八）。

参考文献

池田明史（二〇一六）「溶解する中東の国家、拡散する脅威」『アステイオン』八四号
NTTデータ数理システム（二〇一六）「Text Mining Studio バージョン6.0マニュアル」
小川仁志（二〇一四）『アダム・スミス 人間の本質――『道徳感情論』に学ぶよりよい生き方』ダイヤモンド社
キンニュン（二〇一八）『ミャンマー西門の難題―― 〝ロヒンギャ〟がミャンマーに突きつけるもの』（解題：千葉大学研究グループ）恵雅堂出版

小杉考司・藤澤隆史・渡邊太・清水裕士・石盛真徳編（二〇〇六）『ソシオン理論入門――心と社会の基礎科学』北大路書房
ジーマン、E・C／野口広（一九七四）『応用カタストロフィー理論――社会科学＋破局の理論』講談社
藤澤等（一九九七）『ソシオン理論のコア――心と社会のネットワーク』北大路書房
水島治郎（二〇一六）『ポピュリズムとは何か――民主主義の敵か、改革の希望か』中央公論新社
渡邊太（二〇〇五）「ネットワークにおける感情論理の分析」『大阪大学大学院人間科学研究科紀要』第三一号

吉田鈴香(よしだ・すずか)

1958年生．元日本ミャンマー協会職員．非国家主体研究(ミャンマー，ソマリア等)．

水島治郎(みずしま・じろう)

1967年生．千葉大学大学院教授．ヨーロッパ政治史，比較政治学．

小林正弥(こばやし・まさや)

1963年生．千葉大学大学院教授．政治哲学，公共哲学，比較政治学．

田代佑妃(たしろ・ゆき)

1982年生．元千葉大学特任研究員．開発学，心理学．

執筆者紹介

石戸　光（いしど・ひかり）　奥付参照.

鈴木絢女（すずき・あやめ）　奥付参照.

畑佐伸英（はたさ・のぶひで）

1971年生．大阪経済法科大学教授．アジア経済論，国際経済論.

韓　葵　花（かん・きか）

1968年生．千葉大学非常勤講師．地域研究，経済学.

尹　相　国（いん・そうこく）

1969年生．浙江越秀外国語学院副教授．経済学.

韓　炳　燮（はん・びょんそぶ）

1962年生．Mission to the World 宣教師．朝鮮半島をめぐる政治経済.

渥美利弘（あつみ・としひろ）

1971年生．明治学院大学准教授．国際貿易論.

梁　立　成（りょう・りっせい）

1988年生．元千葉大学特任研究員．国際経済論.

ジャコモ・ルキアーニ（Giacomo Luciani）

1948年生．ジュネーヴ国際開発高等研究所教授．エネルギーの地政学.

ダニエル・C・バック（Daniel C. Bach）

1950年生．ボルドー政治学院名誉教授．政治学.

池田明史（いけだ・あきふみ）

1955年生．東洋英和女学院大学教授．国際政治学，中東現代政治.

編集

石戸 光

1969年生．千葉大学大学院教授．国際経済論．著書に『地球経済の新しい教科書――金・モノ・情報の世界とわたりあう作法』(明石書店)，『相互依存のグローバル経済学――国際公共性を見すえて』(共著，明石書店)等．

鈴木絢女

1977年生．同志社大学教授．東南アジア政治．著書に『〈民主政治〉の自由と秩序――マレーシア政治体制論の再構築』(京都大学学術出版会)等．

グローバル関係学 3

多元化する地域統合

2021年1月14日　第1刷発行

編　者　石《いし》戸《ど》　光《ひかり》　鈴木《すずき》絢女《あやめ》

発行者　岡本　厚

発行所　株式会社 岩波書店

〒101-8002 東京都千代田区一ツ橋 2-5-5

電話案内 03-5210-4000

https://www.iwanami.co.jp/

印刷・法令印刷　カバー・半七印刷　製本・牧製本

ISBN 978-4-00-027056-4　Printed in Japan

位置し、他の加盟国と距離がある。そして何より、イギリスには「ヨーロッパ」と異なる世界があった。それを象徴するのが、一九四八年にウィンストン・チャーチルが語った「イギリス外交における三つの輪」である。すなわちイギリスには、①英連邦と帝国、②アメリカ、③ヨーロッパの三つの輪がある、というのである。この言葉が象徴的に示すように、イギリスはヨーロッパの国であると同時に、ヨーロッパ外の世界に属する国でもあった。また、前述のように、ヨーロッパ統合の初期には各国のカトリック系ネットワークが重要な役割を果たしていたが、これに対しプロテスタントの強いイギリスでは、違和感が強かったこともあった。

とはいえイギリスも、結局はＥＥＣに加盟する。イギリスはＥＥＣに対抗して欧州自由貿易連合(European Free Trade Association, EFTA)を一九六〇年に結成したものの、積極的な成果をあげることができなかった。そしてＥＥＣが高い経済成長を実現するなか、イギリスもＥＥＣ加盟申請へと舵を切る。ただ加盟申請は当初、フランス大統領ドゴールの拒否に遭い、ようやく加盟が実現したのは一九七三年のことだった。

しかしヨーロッパ統合が市場統合にとどまらず、政治や通貨を含む統合の深化に進んでいくと、イギリス側には違和感が募っていく。一九九三年にはマーストリヒト条約が発効し、統合は新たな段階を迎える。しかしイギリスは「国家主権の維持」にこだわりをみせ、シェンゲン協定や通貨統合など、大陸ヨーロッパ諸国の進めるさらなる統合の仕組みに不参加を選択した。またマーガレット・サッチャー首相はイギリスにおける反ＥＣ感情を喚起し、そこにタブロイド紙も飛びついた(Charmley 2008: 217-218)。そして保守党内のヨーロッパ懐疑派をはじめとして、統合に批判的な意識が高まっていく。

そこでベネルクス三国は、この「成功体験」をヨーロッパレベルに適用させることを目論み、共同市場の設立を各国に提案する。もともと小国であるベネルクス三国は国内市場が狭く、経済が輸出に大きく依存していたことから、人口の多いドイツ・フランスの国内市場を輸出先として確保することが、死活的な意味を持っていた。そこでベネルクス三国は、市場統合を優先するベネルクスモデルを、ヨーロッパ石炭鉄鋼共同体を構成する六カ国で実現することを公式に提案したのである。

当初、ドイツやフランス、イタリアにおいては、安全保障についての関心が強く、一九五〇年代前半には、軍事面でのヨーロッパ統合プランが注目されていた。しかし、軍事面の統合には各国の思惑が複雑に絡み、容易に進まなかった。そしてヨーロッパ防衛共同体の設立に失敗すると、各国の関心は軍事面のハイ・ポリティクスから、合意のとりやすい経済面のロー・ポリティクスに向かっていく。そこでベネルクス提案が注目され、六カ国の合意が成立し、ローマ条約に結びついたのである。このようにヨーロッパ統合の進展は、安全保障を重視した大国の思惑と、巨大な共同市場の設立を狙う小国の意図が絡み合って実現したといえよう。そしてその後、ＥＥＣからＥＣ、ＥＵへと続くヨーロッパ統合は、加盟国を増やし、政策領域を拡大しながら展開した。その結果ヨーロッパは、国際的にみても最先端の地域統合モデルの場となったのである。

ヨーロッパ統合とイギリス――ブレグジットという試練

しかしこのヨーロッパ統合の順調な展開のなかで、イギリスの位置づけはまたしても微妙なものであった。いうまでもなくイギリスは、大陸ヨーロッパのＥＥＣを結成した六カ国と海を隔てた場所にパ内部の「関係性」を強化させ、統合への道筋をつけていったのである。

第三は、ドイツ問題の解決の必要性である。そもそもドイツは二度にわたり世界大戦を引き起こし、ヨーロッパ全土に惨禍をもたらした国であるため、このドイツが再びかつてと同じままに経済大国・軍事強国として復活することは、決して認められないとの認識で各国は一致していた。特に隣国として二度にわたり国土を蹂躙されたフランスにおいて、ドイツ復活への強い懸念は幅広く共有されていた。この懸念に基づき、戦後当初、ドイツの工業生産と軍事力に厳しい制約を課し、その大国化を阻止するということがヨーロッパの周辺国における共通了解とされていた。

しかし、冷戦の進展が状況を変えた。一九四八年にはチェコスロバキアで政変が起き、ドイツでは東西の分断が進んだ。東西対立が深刻化し、西側世界では、ソ連・東欧諸国による共産主義の脅威が強く意識された。その結果、最前線に位置するドイツが、東側の脅威に対抗するために経済的、軍事的に十分な力を備えることが重要である、という認識が広がっていく。

このことは、西欧諸国に重大なディレンマをもたらした。ドイツが順調に経済復興を進め、軍事大国化して再びヨーロッパの盟主になることがあれば、東側に対する防波堤としては十分に機能を果たすだろうが、今度はその強国化したドイツの刃が、フランスなど西側に向いてしまう恐れもあるからである。ドイツがある程度復興して力を蓄えることは必要だが、単独で強国化するならば、他の西欧諸国にとっての脅威となってしまう。解決困難な問題が浮上したのである。

次に第二次世界大戦後に話を進め、ヨーロッパ統合の進展、そしてヨーロッパとイギリスとの関係についてみてみよう。戦後のヨーロッパにおける最大の変化は、各国が地域統合を進めて超国家機関の設立を実現し、そこに主権の一部を委譲していったことである。現在のEUの直接の起点は、一九五七年のローマ条約である。フランス、西ドイツ、イタリア、ベネルクス三国の合計六カ国がローマ条約に参加し、ヨーロッパ経済共同体(European Economic Community, EEC)の設立をうたい上げた。このEECが、現在のEUにつながる超国家機関となった。それでは、近現代のヨーロッパを特徴づけてきた主権国家、そして民族自決を旨とする国民国家が、なぜ自らその自立性を放棄し、統合を進める決断をしたのか。

ヨーロッパ統合が可能となった背景としては、以下の三点が挙げられる(遠藤二〇〇八などを参照)。

第一は、ヨーロッパ再生の必要性である。戦後のヨーロッパは、敗戦国も戦勝国も含め、いずれも経済的・社会的にも甚大な被害を受けていた。この荒廃したヨーロッパの没落を防ぎ、アメリカに対抗できるヨーロッパを復活させるためには、従来の国民国家単位の個別の対応では困難であり、何らかの形での統合・協力が必要であるということが、各国の指導者層に共有されていた。

第二は、アメリカによる積極的関与である。ヨーロッパの復興に必要な資金を潤沢に供給することを約束したマーシャル・プランは、ヨーロッパ各国が協調して復興計画を定めることをその条件として課していた。その結果、ヨーロッパ側も援助の受け皿としてヨーロッパ経済協力機構を設立し、各国間の協調をベースに復興計画を進めていくこととなり、後のヨーロッパ統合につながる枠組みを手にすることとなった。このようにヨーロッパは、アメリカからの強力な関与の結果として、ヨーロッ